東カザフスタン
アルタイ山脈
セルキオポール（アヤゴス）
コブド（ホブド
バルハシ湖
マナス
ウルムチ
トルファン
ハミ（伊州）
アルマ・アタ（アルマトゥマイ）
天山山脈
イシク・クール湖
キルギス
カラ・シャール
クチャ
コルラ
アクス
ロウラン（楼蘭）
タクラマカン砂漠
カシュガル
ミラン（米蘭）
チャルフリク（チャルクリク
パミール
高原
ヤルカンド
チェルチェン
ホータン
タシクルガン
（カシュクルガン・タジク）
崑崙山脈
スリナガル（シュリナガール）
チベット
高原
カシミール
ネパール

世界探検全集—12

ゴビ砂漠探検記

Across the Gobi Desert,
Riddles of the Gobi Desert,
The Silk Road

Sven Hedin

スウェン・ヘディン

梅棹忠夫 訳

河出書房新社

①砂漠を行進するキャラバン(上)。
②砂漠の道をさがすモンゴル人（中)。
③丸木舟の旅に出発（ドンドゥル・ゴル）(下)。

④隊員たち。左からワルツ、ハウデ、ハスルンド、セーデルボム、フンメル、ラルソン、ヘディン、フォン＝マーシャル、ヘンペル、ハイデル、フォン・カウル、ミューレンヴェーク。

⑤スウェン・ヘディン。

⑥左からユアン博士、ヘディン、シュイ・ピン・チャン教授（上）。
⑦左からリー、マー、リウ、ツイの学生たち（下）。

⑧パオトウで荷物を箱につめる（上)。
⑨観測気球（下)。

⑩マイダリの祭（ベーリ・ミャオ）（上)。
⑪のぞきからくりの絵（ハミ）（下)。

ナビゲーション

砂漠の顔

椎名誠

「固い砂漠」と「やわらかい砂漠」があるようです。やわらかい砂漠は童謡の「月の沙漠」のイメージでしょうか。

月光の下、ラクダに乗った旅人が並んでいくそのむこうに大きな砂の山がいくつも見えます。金の鞍をつけたラクダには王子さま。銀の鞍をつけたラクダにはお姫さま。ふたり並んで静かに進んでいきます。

涙が出るほどに美しいこの静寂の風景をあえて壊していくのはつらいのですが、このような砂漠の風景はいまもむかしも世界のどこにもないようです。そういう風景があったとしても砂漠のきまぐれな自然状況のなか、たとえばふいに強い風が吹いてきたりするとたちまち「死の砂漠」になる恐ろしい表情もチラチラします。

これに対する「固い砂漠」は本書で語られている探検記の舞台

「ゴビ」や「タクラマカン」です。サハラやナミブといった「やわらかい砂漠」に比べると、ここは土質の変化が激しく、その風景は自然状態によって激変し、いろいろ攻撃的です。

広大なこのエリアには「シルクロード」を構成するルートが走り、太古からいろんな目的を持った旅人が怪しく彷徨していた足跡がいくつもあります。

そうした砂漠の旅は多目的な国家的野心、政治的、あるいは宗教上の、伝達、戦略、襲撃、盗掘、情報収集、逃亡、などなど時代や国際情勢の変化によって激しく変わっていく幾多の表情があったようです。

長い年月にわたって砂漠をいちばん移動していたのは隊商と思われます。これらのなかには結果的に本書がとりあげている冒険や探検といった種類の旅もいくつかあったようです。

ゴビ砂漠は「ゴビ灘《たん》」と呼ばれることがあります。この「たん」は「硬い、固い、堅い」という意味です。ゴビ全体がこの土質といわれていました。砂漠とはいえ固い土質で、地形は複雑に変化し、砂の砂漠と同じく安定はしていません。

これらの砂漠の顔を変化させているのは「風」です。ゴビもタクラマカンも常に同じ方向にむかって強い風が吹いていて砂漠の表面

をずっと削り続けてきたので、大地は場所によって固い地質をむきだしにし、風の「研磨作用」によりいまだに変化しています。

わたしはゴビとタクラマカンに二度入りましたが、そのおりにここは「風の砂漠」だ、と思いました。二回目は日本人、中国人、ウイグル人による国際探検隊でした。ヘディン隊の足跡を追って、楼蘭、ロプ・ノールへとむかいました。本書の随所に出てきますが、ヤルダンあるいはメサという数十メートル規模で大地から躍りでてくるような怪物じみた造形物は「風の彫刻」とでもいっていいもので「風砂」や「流砂」によって形成された造形物でした。

サハラなどの砂漠がそんな地殻だったら、いたるところが土から生みだされた小怪物だらけに見えるのだろうな、と思いました。

とくに月夜は恐ろしい筈です。冒頭に書いたような「月の沙漠」にこれらが現れてきたら、旅人にはさぞかし恐ろしく見えたことでしょう。

もうひとつ、三九九年に長安からインドにむかうおり、タクラマカンに入った法顕《ほっけん》は「空に飛ぶ鳥なく地を走る獣なし」とその旅記録に書いています。あまりにも乾燥しすぎて生命もない、ということをいっているのです。

実際、砂漠を旅すると「命」と「水」を強く意識します。若い頃

にわたしがヘディンのこの探検記にのめりこんだ理由はいくつもありますが、最初に読んだときの驚きはヘディン隊がカヌーで砂漠を進んでいくことでした。どうして砂漠に川があるのか本書を読んでいくとわかってきますが、簡単にいうと、それらの砂漠を流れる川が「さまよえる湖」であるロプ・ノールを形成していた、ということでした。巨大な砂漠のなかの巨大な湖です。

日本には存在しない規模の湖が、数年ごとに移動しているなんて「探検の謎」としてはあまりにも贅沢すぎるのではないか、と思ったものです。

川をいくカヌーの製作方法が出てきます。ポプラの木をくり抜いてつくる古典的な丸木舟です。でも一艘ではすぐに転覆してしまうので、二艘を平板でつなげて安定させています。その上に机を乗せて砂漠の川を流れながらヘディンはその探検記を書いていきます。探検隊という常になにかしらの緊張を強いられる行程が続くなかで、こころやすらぐ風景です。

ゴビやタクラマカンでもっともよく見たのはタマリスクの存在です。楼蘭古城のような建築物にはそのタマリスクが使われ、建物が倒壊してから二〇〇〇年以上を経たいまでもホゾや木穴がそのまま残っていました。

カヌーなどの丸木舟の材料に使われたのはポプラが多く、それはまっすぐ伸びる材質だったからなのではないかと推測しました。むかしから不思議に思っていた謎の答えを、現地でつきとめたぞ、と思いました。

いまはもうタクラマカン砂漠には丸木舟でいけるような川はない、ということをわたしは出発する前から知っていたのですが、わたしたち自動車隊（トラックと四輪駆動車二十四台編成）は、砂漠に入ってまだ間もない頃に川に出あいました。偵察隊も出していなかったので情報なしにいきなり出あった謎の川でした。しかもその川は遠目に見ると光って、全部凍っているように見えました。

砂漠で氷結している川？　探検や冒険には何がおきるかわからない、と聞いていましたが、ついに我々もそういうコトに出あったか！　とコウフンしたものです。

近くまで行ってくわしく調べると、氷と思ったのは塩の川が光っていたのでした。

大地には塩が沢山含まれていますが、そこでは川の水全部が塩になっていたのです。不思議な風景でした。

不思議といえば、砂漠につきものの蜃気楼はいたるところで目にしていましたが、蜃気楼は村や森そのものに見えて惑わされます。

そう思いこむと絶対に間違いないという気になりますが、あと少しというところまで接近すると、それらの村や森は静かに空中に浮かび、はかなく消えていってしまいます。ラクダで進んでいったむかしの旅人の落胆ぶりを体感できます。

　地形と風の力によるのでしょう。沢山の小さなタツマキがいきなり激しく回りだしたりします。用心して見ていると晴天の魔王のように威圧的に収縮し無念そうに消えていきます。砂漠の旅はいろんなものが幻のように見えることがよくわかりました。

　遠くに見えていた蜃気楼が消えずにいると、それはまさしくオアシスです。探検隊のクルマは競争するようにスピードをあげます。クルマが水の匂いにひっぱられているとしか思えない状態でした。

　オアシスのまわりにはポプラの木が幾重にもなって囲んでいます。ポプラの木の先端がゆらゆら揺れて、そのあたりには「砂漠のいい風」が吹いているのです。探検隊にとっては「やさしい風景」でした。

　そのオアシスで、「さまよえる湖」にかつて流れこんでいたタリム川沿いに住んでいたというロプ・ノール人とでもいうべき老人と出あいました。ヘディンが沢山スケッチしている砂漠で出あった人々と、よく似ているのに驚きました。

「砂漠の顔」だと思いました。

それから数日して探検隊はまた砂漠に出ていきました。

おお、また砂漠だ、とわたしたち隊員が喜んだのは、それによって自由に大小便ができる、ということでした。

まったくの話、オアシスには思いがけないことがいろいろありました。そのひとつはびっくりするくらい沢山の人々が暮らしていて、それにしては生活環境があまりにも貧弱なことでした。たとえば井戸はありません。天山から流れてくるカレーズ（地下水道）は厳重に警備、管理される一方、下水道、とりわけ便所は劣悪です。それもその頃中国ではみんな当たり前の「開放便所」です。男女の区分けはありますがドアも流す水もなく、大勢の人々の前で動物のように用を足します。

牛、馬、ラクダ、羊、猪、犬、猫、ニワトリなどがうろついていて夜、そこらで大小便をひそかにしようとするとそれらの動物たちに囲まれ、排出したばかりの「便」が食われてしまうのです。砂漠という夢のような世界（旅のラクダの王子さまお姫さま、と歌にうたわれたような世界）を街の演劇団が再現しようとしているらしい、というマンガのような話も聞きました。砂漠がそれなりに安定した季節になると近隣の町とつなげたシルクロードハイウェイを日帰り砂漠観

光団なるものがオフロードで往復させようという計画もあると聞きました。

　さてわたしたちオンボロ探検隊の話に戻りましょう。テント生活ですから大便のときはそれぞれ適当に離れれば砂漠の地で自由に用をすませることができるようになり、またそれなりに安定した生活になりました。その単純な解放感は体験しないとわからないでしょう。

　我々はそこから三日ほどして、むかしロプ・ノールといわれていたらしいエリアに入りました。かつてその大湖に生息していたと思われる六〜七センチはある沢山の白い巻き貝が見わたすかぎり散在していたのです。風と陽光にさらされて輝いています。それが地平線までいっぱいです。感動しました。

　さらに丸一日進んでいくと白い木の林が亡霊のようにひろがっているところに出ました。同行していた植物学者は、おそらく二〇〇〇年ぐらい前に枯れたタマリスクの林でしょう、と言っていました。

　その近くに我々は最終キャンプを設営し、翌日から楼蘭へむかうアタック隊が出撃しました。

　幸福なことにわたしはそのアタック隊の一員に選ばれました。果てしなく続く「ヤルダン」を越えていく謎と体力の旅のはじまりで

す。ヤルダンは大きいものだと高さ五メートルほどもある巨大な畝々の連続です。数千年にわたって西から東に吹いている風によって削られてできた山を次々に乗り越えていくのです。この果てしない連続で午後になるとアタック隊からは倒れる隊員も出ていました。疲労と、枯渇していく「飲み水」とのタタカイです。水の枯渇といえば砂漠の全てがそういうところなのです。

　同時に砂漠の夜の火の明るさ、頼りがいのある暖かさについても、我々は「人間が発見、発明したものの凄まじさ」という感懐にたじろぎました。

　記録をみるとヘディン隊は我々のそれとは別のルートから楼蘭に入っています。ラクダとクルマの違いなのでしょうか。我々はヘディン隊のあとに楼蘭をめざす二番目の外国人探検隊、ということでしたが、かれるくらい喉が渇いてくるとそうだとしてもだからナンなのだ、という気分になりました。砂漠の旅を実際に体験していない人が砂漠を語ることは無謀なんだな、と思いました。

　徒歩でいく我々の実感では、砂漠の砂丘やヤルダンをいくのはやはりラクダがいいのだろうな、ということでした。ラクダなら月の沙漠をいく王子さまやお姫さまのようにじわじわ目的のところにせまっていけるかもしれない、という思いが強くなっていきました。

楼蘭には三泊しました。

星がものすごかった。

二〇〇〇年前に砂漠の夜を旅した人もそういう星空を見ていたのだろうなあと思いました。

でも違うモノがありました。わたしの頭の上、からだのまわりには気持がおかしくなるくらい満天の星空です。その星々のなか、不変の筈だった星々をつらぬいて天空を走っていくひとつの動く〝星〟がありました。

楼蘭の地に到達して疲れて倒れ、半分眠りそうだったわたしはそれを見て考えました。そしてわかったのはそれが「人工衛星」の光だ！　というコトでした。

現代の空も、古代の空も、見あげたそれはちょっと見たかんじなんの変わりもないのでしょうが、絶対違うものがあるんだな、ということを知りました。

幾多もいろいろに移動していったむかしの探検隊も、プルジェワルスキーもヘディンもそれは絶対見ていなかった風景の筈です。

二〇〇〇年の時空のへだたりのなかで科学の粋が唯一わたしたちに教えてくれた「文明のちから」の光です。砂漠にねそべって見あげていないとわからない〝命の光〟なんだろうなあ、とも思いま

した。

それらはそれこそかつて砂漠を旅した人々が見あげていた星空とも唯一違う風景なのだろうなあ、とも思いました。

流れ星は十分間にひとつぐらいのわりあいで発生し、ものすごいはやさで流れていきます。しかし人工衛星は天空の星々の海のようなところを目に見えるはやさで「夜空の光る虫」のようにゆらぎなく、じわじわと、はかなく力強く動いておりました。

椎名誠（しいな・まこと）

一九四四年、東京生まれ。東京写真大学中退。流通業界誌編集長を経て、作家、エッセイスト。『さらば国分寺書店のオババ』でデビューし、その後『アド・バード』（日本ＳＦ大賞）『武装島田倉庫』『銀天公社の偽月』などのＳＦ作品、『わしらは怪しい探険隊』シリーズなどの紀行エッセイ、『犬の系譜』（吉川英治文学新人賞）『岳物語』『大きな約束』などの自伝的小説、『犬から聞いた話をしよう』『旅の窓からでっかい空をながめる』などの写真エッセイと著書多数。映画『白い馬』では、日本映画批評家大賞最優秀監督賞ほかを受賞した。

目次―世界探検全集12―ゴビ砂漠探検記

世界探検全集12—ゴビ砂漠探検記

発端

一九二六年、冬のはじめのある晴れた日に、わたくしは中国の首都ペキンにやってきた。わたくしは、アジア高原への新しい探検の第一歩をふみ出そうとしていた。

それは、やむをえない二〇年の空白であった。わたくしはまたアジアへ帰ってきた。この前の探検は、主としてチベット方面を対象とした。それが終って、わたくしがアジアを去って故国スエーデンに帰ったのは、一九〇八年のことであった。その後、全世界をおおう第一次大戦の暗い雲が、わたくしをもアジアから遠ざけてしまったのだ。その二〇年間に、わたくしは前回の探検の報告「トランスヒマラヤ」全三巻を刊行した。そしてまた、来《きた》るべき機会にはアジア高原のいっそう徹底的な探検を行って、多くの解かれぬなぞを解くべく、新しい探検の構想をねり、準備をすすめていた。そして、いま準備はととのって、わたくしはアジアへ帰ってきた。

一八八五年に、二一歳にしてはじめてアジアの地をふんだときからかぞえるならば、すでに四十数年になる。わたくしは、その半生をすべて知られざるアジア高原の探検にささげてきた。しかし今度の探検は、わたくしにとっても、なおかつ未だ経験したことのない巨大な規模のものとなりそうである。もともと、探検家としては、わたくしは単独行を常とした。過去三回の大探検は、すべて、現地人従者以外の人間を伴うていない。わたくしは、計画し、測量し、観測し、記録した。すべてが、わ

たくし一人の仕事であった。しかし、今度のはちがう。わたくしは、このアジアの大陸においても、一人の探検家の単独行によってなしうる限りの仕事は、おおよそ終りに近づいたことを知っている。わたくし自身が、そういう状態をもたらすために、努力してきたのである。いまや、各部門の専門家による、いっそう精密な研究が要求されている。わたくしは、はじめて「探検隊」を組織する。ペキンの宿舎ワゴン・リ・ホテルにおけるわたくしは、孤独ではない。わたくしは、故国から幾人かの協力者を伴うてきていた。

　過去におけるわたくしの探検は、いわゆる地理学的探検であった。未知の土地にわけ入って、山を発見し、河を発見し、湖を発見し、水源を発見した。わたくしは、方位を測定し、道のりをはかる。歩きながら、ラクダの背の上で、船の上で、わたくしは、うまずたゆまず地図を描きつづけ、手帳を書きつづけた。その最大の関心は、地誌《トポグラフィ》にあった。今次の探検においても、それは変らない。わたくしは、地図を描きつづけるつもりである。

　しかし、今度の探検では、予定の仕事は、地学《ジオロジィ》一般にまで拡大されている。専門の地学者として、エリク・ノリン博士がきている。ノリンは、わたくしの旧友ゲルハルト・デ・ゲール教授の弟子である。前年の一〇月、かれの研究所を訪《おとな》うたわたくしは、旧友にその愛弟子《まなでし》を手ばなすことを乞《こ》う。デ・ゲール教授はいった。

「かれは今、ほかの仕事でまったくいそがしいのですが、しかし、かれは大きな任務に適した人物です。かれ自身にたずねて下さい。かれはいま、図書室にいます。」

　三〇分のちには、ノリンは探検隊の一員になっていた。この人物は将来性があることを、わたくしは知っていた。

ノリンは、探検のしろうとではなかった。かれは、カシミール、ラダーク、西部ヒマラヤおよび山《さん》西《せい》地方で地学的調査をやったことがある。それで、いままたアジア高原の全域にわたって仕事がやれることをよろこんだ。

高アジアはまた乾燥アジアである。海から遠くはなれ、まわりに高い山岳の障壁《しょうへき》をめぐらして、モンスーンのいっさいの影響からさえぎられている。そこは、極端な乾燥の支配する世界であり、酷寒《こっかん》と酷熱《こくねつ》の支配する世界である。そこは、大陸高気圧の発生の中心地であり、東アジア全域を黄塵《こうじん》の雲でおおわしめる強い西風の発生地である。この広大な地域に、気象観測所が一つもない。わたくしは、気象学者を隊員に加えることを忘れない。ドイツの気象学者、ワルデマール・ハウデ博士がそれを担当する。

わたくしは、前の探検で、ロウランの遺跡を発見した。それは、かつて二〇〇〇年前には、ロプ・ノールに近いオアシスとして、栄えた市街であった。砂に埋もれて幾《いく》世紀か、その町は行方《ゆくえ》しれずとなっていた。古い大陸アジアの、これはまた古い文明の栄えた土地である。あるいは、そこ中央アジアこそは、人類の発祥《はっしょう》の地であるかもしれない。そこには、古代人類の遺跡が、際限もなく豊富である。スエーデンの少壮考古学者、フォルケ・ベルクマンが参加する。

もう一人の隊員、ダヴィド・フンメル博士は医者である。隊長の侍医《じい》として、また隊付医師として、かれの役わりは重要である。ほかに、動・植物の採集と、人類学的計測を担当することになる。

ヘディン、ノリン、ハウデ、ベルクマン、フンメル。この五人が遠征隊の学術陣の主力ということになったが、わたくしはさらにつぎの構想をもっていた。現代の探検においては、あらゆる近代的装備が駆使せられるべきである。第一次大戦後、すでに航空機は急速に発達しつつある。地上を歩いて

到達し難《がた》い砂漠は、その上空を飛行機で探検することこそ、のぞましいといわねばならぬ。わたくしは、ドイツ航空界の援助を期待して、飛行機の使用を考える。

ドイツ航空界の大立者フーゴー・ユンカー教授は、きわめて熱心にわたくしのこの計画を支持し、やがて、ドイツの航空会社ルフト・ハンザが、探検隊と提携する。航空の経験にとんだドイツ人たちが、探検隊に加わる。主として、ドイツ陸海軍の退役将校たちである。

もう一人、ドイツ人がいる。写真技師パウル・リーベレンツである。写真および記録映画の製作を担当する。リーベレンツは、すでにエチオピアにおいて、さまざまな冒険の経験をもっている。

探検は長期にわたる予定であり、人員も多い。探検隊が輸送しなければならぬ物資は、膨大な量にのぼる。それは、過去数千年にわたって、砂漠をこえて中央アジアと交易している隊商たちとおなじように、やはりもっぱらラクダの背によるほかはない。そして、ラクダによる輸送の問題は、三四年間モンゴルに住むスエーデン人、「モンゴル公」ラルソンがひきうけてくれることになった。かれについては、のちにもっと詳しく述べる機会があるはずである。

ところが、ここに思いもよらぬ障害があらわれて、探検隊は出発できなくなってしまったのである。わたくしが本意《ほい》なくも二〇年のあいだ遠ざかっていたアジアは、すでに昔のままのアジアではなかった。それは、激動するアジアであった。

中国には、動乱が渦《うず》まいていた。各省の支配者たちは、果てしのない抗争をつづけていた。将軍たちは、ただ私《わたくし》の利益をだけ考え、内乱はいつ果てるとも知れない。満州《まんしゅう》方面には、チャン・ツォ・リン（張作霖）将軍がいた。華北《かほく》一帯はクリスチャン将軍フォン・ユイ・シアン（馮玉祥）の勢力下にあった。山西にはイエン・シ・シャン（閻錫山）がいた。南からは、新しきナショナリストたち、チア

ン・カイ・シェク（蔣介石）にひきいられる国民党の軍隊が、着実にその勢力を拡大していた。

しかし、わたくしたちがペキンで直面した困難というのは、そういう将軍たちの争いのせいではない。わたくしは、成長する新しい中国の「学者」たちの反撃を食《くら》ったのである。

中国は古い国である。中国の領土の中には、古代中国のさん然たる文明をものがたる多数の遺跡がある。外国人は、それを勝手に掘って持ってゆく。二〇世紀初頭、中国辺疆《へんきょう》における古代文明の遺跡の大発見がつづいた。イギリス人サー・オーレル・スタイン、ドイツ人フォン・ル・コック、グリュンヴェーデル、フランス人ペリオ。この人たちは、学術の名のもとに、貴重なる中国民族の宝を、勝手にもってかえってしまった。わたくしたちが奥地の大探検を計画していることが知れると、目ざめつつある新しい中国の、学界および文化人の指導者たちは考えた。

「ははア、また新手の猛禽《もうきん》がきたぞ。われわれの土地に秘められている宝物を掠奪《りやくだつ》して、もってゆこうとしているのだ。」

ナンキンの古物保存委員会はこの反対論をとりあげ、われわれ探検隊の出発をさまたげようとした。反対のあらしは、猛烈である。とうていそこには妥協の可能性はないように見える。しかし、根気のよい交渉がつづけられる。ペキンでは、ほとんど二ヵ月にわたって談判がくりかえされる。少しずつ、あゆみよりはできてくる。

交渉は妥結した。わたくしは、中国学術団体協会と協定を結ぶ。わたくしは中国側の要求を容《い》れ、ここに、探検隊は「西北科学考査団」という名称の、中国の団体となり、探検隊には、中国人の学者が参加することとなる。

中国側からは、総勢一〇名の学者または学生が加わることになった。その指導者としてえらばれた

のは、シュイ・ピン・チャン（徐炳昶）教授である。シュイ教授は、はじめは、もっともはげしいわれわれの反対派の一人であったが、今やかれは一行の一人として、数千キロの砂漠を渡る旅をともにすることとなった。わたくしは、この人選を、満足をもって迎えた。ペキンにおける長い交渉の間に、この人物が穏健《おんけん》で、謙譲《けんじょう》な人であることを、すでに知っていたからである。

　一九二五年の秋、この探検隊の原案を練《ね》っていたころから、わたくしは、アジアの中心部に恒久的な気象観測所を設立することこそ最大の科学的重要性をもつ仕事であると考えていた。その後、周囲の事情の圧力によって、最初の原案は多少の修正を受けなければならなかった。それにもかかわらず、わたくしは、この四か所に観測所をたてるという考えと意図は、ずっと持ちつづけていたのである。

　中国側との交渉の途中で、わたくしは自発的に一つの提案をした。これらの気象観測所において、ヨーロッパ人隊員が、少くとも一年以上の期間にわたって、一連の気象学的観測を行ったのち、この観測所を付属器械器具類一式とともに、全部中国政府に贈りものとして引きわたそうというのである。ただし、探検が終了し、ヨーロッパ人の隊員がかえってしまってから後は、中国側が、適当に訓練された所員をもってその観測所の維持をはかること、という条件をつけた。けだし、気象観測の資料は、一〇年二〇年にわたるものが得られてこそ、観測所の真の価値とそれが中国に対して与える利益とが、あらわれてくるものだからである。

　中国政府は、この申し出に対して、厚い謝意を表した。しかし、わたくしとその隊員がかえってしまったら、中国政府はこの観測所を、いったいどうあつかったらよいのか？　中国政府は、地上における気象条件を判断できるために必要なる情報というようなものを、まず手がけたことがなかったのである。

しかし、交渉がしだいに進み、最後に、中国学界が、これならば中央アジアの門をわれわれの前に開いてもよかろうという条件を議論しているときに、ちょうどこの観測所の問題も、それにふさわしい注目をうけることとなった。

さきにはわれわれの反対者であった人たちが、この恒久的な観測所を設置する計画についても、将来それをうけついで経営してゆくという考えと意図についても、今やわれわれの味方となった。これは、学者たちがその面子《めんつ》を救うために、うまい言葉で内容のない虚飾《きょしょく》をいっているのではない。それは、かれらが、四つの観測所に一人ずつ入所することを任務とする四人の学生を同行してほしいと、わたくしに要求したことからも、明らかである。学生たちは一人ずつ各観測所にわり当てられて、そこで少くとも一年間、ドイツ人から気象観測法について指導をうけるということにきまった。

観測所第一号はエツィン・ゴルに、第二号はハミに建てられるはずである。第三号はウルムチに建てる。第四号は、そこからロプ・ノール砂漠を横断したチャルフリクかチェルチェンに建てる。

その後、四月二六日の協定において、これらの観測所は政府に譲渡するのでなく、ペキンにおいて探検隊の利益を代表する委員会、すなわち「管理人会」に引き渡す、という修正条項が挿入されることとなった。いずれにせよ、協定は成った。中央アジアへの門は開かれた。

ついに出発

ついにペキンにおける最後の日が来た。隊員の大部分は、準備のために先発して、すでに各地にある。ペキンにのこっているのは、ただ、わたくしと医師フンメルだけであった。

その日、五月八日はおそろしくいそがしかった。荷造りをすますと、あいさつ廻《まわ》りだ。イギリス、アメリカ、ドイツ、デンマーク、ノルウェイの各国公使館をまわって名刺をおいて来た。この冬以来、これらの機関から、ずいぶんの好意をうけたのである。それから、V・K・ティン博士、W・H・ウォン博士、およびグラバウ博士を訪ねた。グラバウ博士は、わたくしの不在中、ペキンにおけるその利益を代表してくれることになった。最後に、モンゴルの探検家として有名なアメリカ人、ロイ・チャプマン・アンドリュースに会って、一時間ばかり歓談した。アンドリュースは、わたくしの探検隊のために、いろいろ親切につくしてくれた。また、よく馴《な》れた六五頭のラクダをゆずってくれた。かれは、モンゴルの探検をつづけるつもりであったのが、いろいろの都合から、今年はとりやめることにきめたのだった。

この日、ペキンにおける最後の夕べを、わたくしとフンメルは、スエーデン公使オスカー・エーヴエルレーフとともにすごした。こんな不安な時代に、こんな大探検を行うについて、中国政府の許可を得ることができたのは、全くこの人の精力と手腕のおかげである。この数週間は、なお計画を難破《なんぱ》

させようとする暗礁《あんしょう》が、いたるところにあった。それをぶじに乗り切ることができたのも、この人の手腕と好意によるところが大きい。今や勝利がもたらされた。三人はシャンペンの杯をあげて、探検隊とそれに加わるすべての人々の健康のために乾杯した。

　翌日、五月九日、出発の日である。手荷物はワゴン・リ・ホテルの前の路上におかれ、自動車を待っている。自動車は、銀行から、旅費の銀貨を積みこんでから、こちらへまわってくることになっている。自動車はおそい。汽車は一一時五〇分発だ。あと四五分しかない。自動車が来た。手荷物をつみこむ。重すぎる。スプリングが折れる。電話で他の自動車をよぶ。わたくしは一人、シーチーメン（西直門）の駅へ先行する。中国人たちが待っている。探検隊に参加する学者と学生たちだ。国立大学の教授連および「管理人会」の人たちも見える。これは、一行の旅行中、保護と後援のために公式に任命された委員たちである。

　興奮の三〇分がつづく。汽車が入ってくる。駅長は、もう一〇分だけ待ちますという。一二時半だ。旅費の銀貨はまだ着かない。この大金をフンメル一人の責任にまかせて、のこしておくわけにはゆかない。それならわたくしはここにのこらなければならない。わたくしは、そんなことはしたくないと考える。そんなことをしたら、ペキンの新聞は、ヘディンは最後の瞬間に打開できぬ障害にのりあげた、と書くであろう。友人たちは、銀貨をあとで送りとどけるための保証人になろうと約束してくれる。わたくしは、そこで、そのまま出発しようかという気になる。

　にわかに駅前の広場に砂ぼこりがまき上り、三、四台の自動車がかけつける。「フンメルだ！」スエーデン公使がさけぶ。ほんとうだ。銀貨が着いた。たちまち重い箱が車室にひきずりこまれる。万事ととのった。一行はエーヴェルレーフやそのほかの友人たちに、さようならをいう。汽車は動きは

じめる。「やれやれ、ありがたいことだ。」わたくしは考える。「今こそアジアを横ぎる旅のはじまりだ。」

汽車はナンコウ（南口）をすぎ、綏遠《すいえん》省に入る。翌日、綏遠省の首都クェイホア・チョン（帰化城）をすぎる。日がくれる。七時三〇分、終点パオトウ（包頭）につく。

駅には、ドイツ人隊員の八人が迎えに来ていた。スエーデン人の考古学者フォルケ・ベルクマンも来ていた。フンメルたちは、銀貨を牛車にのせてはこび、のこりのものはラクダで町に先行する。もう日暮れだというのに、ほこりの町はまだにぎわっている。兵隊がむらがって歩いている。山西省の主席イェン・シ・シャン（閻錫山）に属する守備隊の兵士である。ラッパがなり、いたるところ兵隊でいっぱいだ。探検隊は昨冬以来、ここに一軒の農場の建物を借りてある。そこに到着すると、門の前にラルソンが、脚をふんばり、堂々たる態度でひかえていて、わたくしを迎え、最後の勝利を祝う。わたくしは、中央アジアへの途上の最初の本部巡視を行う。ラルソンとドイツ人隊員フォン・マッセンバッハ男爵が案内に立つ。

本部の建物は、中国式に、平行な幾棟かから成り、あいだに中庭をはさんでいた。最初の棟は、炊事場と中国人の学生たちが入ることになっている大部屋である。つぎの中庭には、ラルソンがテントをはっていた。テントの前柱にはスエーデンの国旗がひるがえっている。つぎの建物には三つの室があり、一つは隊長の居室、他の大きい二つの室は、食堂とクラブ・ルームだ。

第二の中庭には山のように荷物がつみあげてある。その荷物は貨車二台分あった。これを汽車でここまで持ってくるのは、なんでもなかったが、これから、この四〇トンの荷物の山を毎日ラクダに積んだり下ろしたりしながら、砂漠の連なりを横ぎることを考えると、少々たじろがざるを得ない。こ

の中庭に面して、他の隊員たち全員の部屋がある。第三の中庭には、隊に買っておいたラクダが入れられて、まぐさを食っている。この二つの中庭の中間に、ハウデ博士の気象観測所がある。かれは、さっそく仕事をはじめているのだ。

隊長の最初の巡視がまだ終らぬうちに、外に牛車のきしりが聞える。銀貨の荷車が着いたのだ。牛が、重い荷を中庭に引きこんでくる。

一〇時になって、おそい夕食がはじまった。まだ隊員の全部はそろっていないが、それでも食卓の人数はかなりになった。みんな上機嫌であった。コーヒーがすむと、わたくしは立ち上って演説をした。中国人にもわかるように、英語で話した。前途にまちうけている仕事について語り、それから、この沸き立っている内乱の真最中に、他のヨーロッパ人たちがみなこの土地をあとにして海岸目ざして引き上げて行くというのに、今こうして中国の辺疆に向ってまさに出発しようとしているのは、まことに奇妙なことである、と語った。わたくしはまた、この探検隊の構成のいちじるしい特色、すなわちヨーロッパ人と中国人との共同という、探検史上例のない企ての意義について語った。ペキンでは、わたくしの友人のヨーロッパ人たちは、この点をみんな疑惑と懸念のまなこをもって見ていた。探検隊は、それがいわれなきものであることを立証しなければならぬ。白色人種と黄色人種とは、りっぱに生活と研究をともにすることができるであろう。知識は、政治的国境を超越し、異《ことな》れる人種の偏見を超えるものである。いらざる不和、近視眼的なナショナリズムはゆるすことができない。キャラバンにあっては、全員は友だちである。中国人たちはヨーロッパ人たちと同じ権利をもつ。その上、中国人たちは自分の国にいるのだ。それに対して、ヨーロッパ人たちは、いわばお客である。そこで、わたくしは一同に、各人がその義務をつくすことを期待する、もし探検隊の各人がその最善をつくす

ならば、隊が得るであろうところの成果は、まことに人類の幸福に貢献するところが大きいであろう、とのべた。

隊長のこのあいさつに答えて、ただちに中国側を代表して、シュイ教授が立ち上って、おなじ精神をひれきした。一同は、ながいあいだ、語り合った。

わたくしが床《とこ》についたのは、すでに夜半をはるかにすぎてからだった。それからもまだ、ながいあいだ、思いにふけって眼がさめていた。自分が、地上最大の大陸の中心に向って出発したところの、史上最大の学術探検隊の隊長であるとは、これはいったいまことであろうか？

探検隊は、まだ九日間も、この町から出発できなかった。ラクダがないのだ。ラクダを買いそろえるのはラルソンの役目だったが、ペキンでの交渉が長びいたので、それが妥結するまでは、必要な二五〇頭のラクダを買えという命令を発するわけにはいかなかったのだ。それだけのラクダがそろうまでは、傭《やと》ったラクダでがまんしなければならない。しかも、その傭いラクダも、ここから四日行程のところの山の斜面で草を食っているという。待つほかはない。ラクダは、五月一八日まで着かなかった。

しかし、仕事はたくさんあった。六〇人の人間、三〇〇頭のラクダ。その巨大なキャラバンの隊長のところへは、報告やら、要求やら、不平やらが殺到する。すべてをなめらかに運び、この移動する町を、有機的な一体としてまとめてゆくためには、何千という事項を相談し、決定しなければならない。何一つ忘れてはならない。隊の会計主任ミューレンヴェーク氏が、隊長の前に数字の表をもってくる。わたくしはそれをチェックし、確認しなければならない。今からもう、もっと金がいることが、わたくしにはわかっている。ペキンに請求しよう。パオトウの宣教師スヴェンソン氏にその件を委任

しておかなければならぬ。

建物の屋根から、ホアン・ホ（黄河）の悠々たる流れが見える。対岸はオルドスの平原である。ホアン・ホは、チベットの東北部、オドンタラに源を発し、甘粛その他の北部諸省を流れ、巨大な彎曲をえがいてオルドスの砂漠をかこむ。わたくしはかつて、オルドスで危うく凍死しかけたことがあるのを思い出す。

中庭は、箱や袋や桶《おけ》やテント包みや、そのほかの品物でいっぱいである。何百頭のラクダに荷物をつみこむには、ここはせますぎる。そこで、西北の城門の前にある隊商宿を借りて、五月一六日から、四〇〇個にあまる荷物を、そこに移しはじめた。五月一八日、重い金庫を最後に、全部の荷物を移し終る。ちょうどその日、二二〇頭の傭いラクダが到着した。いよいよ明日は出発である。わたくしはドクトルとともに、宣教師スヴェンソン氏にいとま乞いにゆく。スヴェンソン氏は、つねに親切に援助をあたえてくれた。暮れ方に、隊商宿にゆくと、中庭には一行のテントが張ってあり、となりの庭には二三二頭のラクダが入れてあった。

翌日、ラクダに積むために、すべての荷物に二重のロープをかける。太陽がやけつくように照りつける。暑さがやわらぎしだい出発したいと思う。午後、強い北西風がふき、ほこりが舞い上る。一同はわずかな蔽《おお》いをもとめてじっと待つ。ついにもう一晩ここで泊らなければならないことを知る。

翌日、五月二〇日の朝、五時。生き生きとしたすばらしい光景が展開していた。日は昇ったばかりであった。ラクダは、五頭ないし一〇頭ずつの一列につながれて、ならんでいる。荷物のところへ引いてこられた。荷物は、やすやすと手ばやく積み込まれ、ラクダは隊商宿の東側の空地へ引いてゆかれた。荷積みは間断なく進行し、ラクダは一列また一列とひき出されてゆく。空地のキャラバンは、

しだいに巨大な軍勢になってゆく。ラクダは、たいていは褐色だが、一、二黒いのがいる。いまは毛のぬけかわる時である。頭、わき、くび、脚から、もつれた毛のふさがたれさがって、風になびいている。この春着は、たしかにかっこうがよくない。しかし、暖《あたたか》い季節がはじまり、ラクダが完全に冬着をぬぎすてたら、ずっとよくなるだろう。

　スエーデン人とドイツ人の乗用ラクダが長い列になって引き出されてきた。ライフルのケース、革のケースに入った双眼鏡と写真機、黄色い革の鞍嚢《あんのう》が、丈夫な革製の鞍《くら》に当って、かつかつと音をたてる。鞍は、アメリカ製またはメキシコ製で、立派で、ぴかぴか光っている。鞍嚢の中には、魔法びん、軽い食べもの、ノート・ブック、ピストル、弾薬などが入れてある。

　わたくしは、のびてゆく列の間をあるきまわる。これでよし、と思って隊商宿へひっかえすと、まだずいぶんの数の箱がのこっている。腹のたれ下った黒いブタがうろつきまわり、地面を鼻でほる。宿のおかみさんがびっこをひきながら歩きまわる。そのまわりを、半分はだかの子どもたちが、きゃあきゃあさけびながらとりまいている。おかみさんは籠《かご》にラクダの糞《ふん》をあつめているのだ。八個の重い金庫が四頭の強いラクダにつみこまれる。最後に、三八本の水素ボンベが出てきた。観測気球用である。これには一五頭のラクダがいる。熱で爆発しないように、フェルトとむしろで十分に包んである。

　わたくしはキャラバンの前に立ち、思う。これは一つのキャラバンとはいえそうもない。五頭ないしは一〇頭ずつのキャラバンの、大きなあつまりだ。長年アジアに暮すあいだに、幾多のキャラバンを見てきた。自分自身のも見た。アラビアとメソポタミヤから来て、甘粛とモンゴリアへゆく商人たちのキャラバンも見た。聖地を訪れる巡礼のそれも、エルブールズにおけるペルシャ王のキャラバン

も見た。大戦中には、トルコ軍とババリア軍のひとこぶラクダのキャラバンが、ユダヤやシナイの砂漠を行くのも見た。しかし、それにもかかわらず、いまここにあるこのわがキャラバンこそは、今まで見たあらゆるものにもまして、堂々としているように見えるではないか。色どりにみちて、力づよく、堂々たる軍隊の行進。何という目をみはるばかりの壮観であろうか。

ラルソンが報告にきた。庭はからになり、ラクダは全部外に出たと。すべて準備はととのった。隊員たちはラクダに乗り、キャラバンは動きはじめる。中国人の隊員たちは、鞍をつかわないで、荷物の上に座を占める。まるで玉座にいるようだ。わたくしは例によってコンパス、時計、製図板、ノート・ブックを相手にいそがしい。わたくしのラクダには、のり心地がよいように特別の仕かけがしてある。両わきに、巻いたテントと寝具とをくくりつけ、それとこぶの間に、毛布や布や毛皮をひろげてある。わたくしは、まるで鳥の巣の中にいるように、そのまん中にすわっている。位置を自由にかえることもできるし、足ものばせる。ラクダの足どりにわずかでも仕事をさまたげられることのないように、わたくしのラクダは、信頼できるモンゴル人のメントーにひかせている。メントーも、大きなラクダにのっている。

パオトウの司令官が、一行の護衛のために、三〇人の乗馬兵をつけてくれた。かれらは、左腕に紅白の腕章《わんしょう》をまき、ライフル銃で武装している。かれらは、土ぼこりの雲をけたてて、キャラバンのまわりをのりまわす。果てるともなきラクダの隊列は、音もなく、這《は》うような足どりで、北方の山地に入る最初の峠路《とうげみち》を、のろのろとのぼってゆく。最初の組の先頭のラクダには、スエーデンの旗がたててある。

わたくしは感慨なきを得ない。ながい年月のあいだ抱きつづけてきた夢は、ついに実現した。一行

はいまや中央アジアへの途上にある。探検隊は、かわき上った河床《かしよう》のように、旧世界の全域を横ぎってながながと横たわるあの大砂漠地帯に向っている。一行はいまや偉大なる仕事と、神秘なるアドヴェンチュアに向って、あゆみつつある。

匪賊の天国

ここはまだモンゴル族の土地ではない。その平和な遊牧民たちのすむところにいたるには、なお数日の旅をつづけなければならぬ。そして、その途中は、いちばん危険な地帯である。そこは匪賊《ひぞく》の天国である。

にぶい黄色の単調な風景がつづく。地面は、ところどころ、萌《も》え出た草のあわい緑に映えているところもあるが、ときにはまるではだかに近い。その中を、壮麗《そうれい》なるラクダの隊列がゆく。先頭はすでに視界から消えようとして、黒いじゅず玉の連なりのように美しい。手前のラクダは、重い荷を負いながら、しっかりした足どりで、悠然とあるいている。ふりかえると、巨大な行列の終りは、見えるかぎりの果てまで続いている。ラクダの音は聞えない。かれらの軽い足どりは、軟《やわらか》い土の上では、ネコの足のように音を立てない。聞える音はただ、木の箱が荷物鞍の棒とこすり合ってきしる音と、鉄の取手や錠前ががたぴしいう音と、逃げたラクダのなく声、それから兵隊たち、モンゴル人たち、隊の幹部たちの話声、それと吹きすさぶ北風の音ばかりである。それにしても、あの、リンリンとなるキャラバンの鈴の音が聞えてこないのはどうしたのか。この匪賊の天国を旅行するには、なるだけ音を立てないのが賢いやり方なのだ。しかし、やがて自分たちのラクダが手に入ったら、青銅製の鈴をラクダの頸《くび》につけてやろう。そして、あの悠久の、しかもつねに新しいメロディーを砂漠の中にひび

かせよう。

わたくしは、ラクダの上から、最初の方向照準《サイティング》を行って、地図第一号に記入する。ながい行程の、屈曲、土地の起伏、山、流れ、かれ谷、そして宿営地の記入された概略の地図ができ上るまでには、このあとなお幾千回もこの方向照準線をつらねなければならないであろう。土地の位置は、天文学的測定によって最終的に決定される。隊は、いずれそれを行うはずである。乗用ラクダの歩度の長さを測るために、最初の一五〇メートルの基線が引かれた。これによって、進行した距離の長さを測るわけだ。これ以上正確な機械はない。わたくしの乗った優秀なラクダは、しかし、行進路の測量に果たしている自分の重要な役わりについては、もちろんなにも知ってはいない。

つぎからつぎへと方向照準線をつらねて、隊の歩んだ路は、すこしずつ地図上にのびてゆく。一行は、西北の方向にすすみ、山脈のふもとに近づきつつある。

四角い土の壁にかこまれたキャラバン用のかこいがある。その前で護衛兵たちは馬を下りて、つないだ。ここが最初のキャンプ地であると説明し、銀貨を塀の中の安全にまもられたところへ入れるようにすすめた。しかし一行は塀の外のひらけたところにテントを張ることにきめる。その方が、荷物や品物から目をはなさずに見張りできるからである。

中国人の従者たちが、ラクダから荷物をおろすときの手際のよさは、まったくみごとなものだ。各組は、到着したしりからつれてこられて、ラクダはすわらされる。二つの輪から棒をひっぱり出し、あっという間に二つの荷物は地上に下りている。翌朝は、おなじように簡単な操作をくりかえすと、荷物はもとのラクダの背におさまる。三〇分以内に、二三二頭全部の荷が下りた。箱は四角な空地につみ上げられ、隊員たちのテントの正面には、家と街路をもった小型の町ができ上る。メントーとマ

ッテ・ラマは、隊長のために気持のよい住居をつくる。毎日必要な箱と袋を運び、カーペットとベッドをしつらえる。隊員たちは各自かるい鉄製の折りたたみベッドをもっている。しかし、わたくしはこの最初のキャンプで、それを使わなかった。長年にわたるアジアの探検旅行のあいだに、わたくしは一度だけ木製の天蓋《てんがい》つきベッドをもって行ったことがあるが、それは数日旅行したのち、キャンプ・ファイアの中に投げこまれることとなってしまった。アジアの土にできる限り近くふれていることをよろこぶのは、おそらくはただ老「アジア人」だけであろうか。それで、「モンゴル公」ラルソンも、なによりも地面の上にねることが好きなのだ。フンメル博士もわれわれの例にならった。わたくしは確信している。西の方へ五〇〇里もゆかないうちに、そうとうの数の天蓋つきベッドがおいてきぼりを食うだろう。「さあ、ラクダの荷が軽くなったぞ。」これは、何かをすてたり使い果したりしたときの、ラルソンの口ぐせである。

　探検隊のテントは、モンゴル人たちがマイハンとよぶ、屋根型のモンゴル式テントであった。不老長寿を意味するという螺旋《らせん》形のかざりと、漢字が、青地に白ぬきになっていた。このキャンプで、はじめてこのテントの列が、ほこらしげに立ちならんだ。テントを一六もはったのに、それでもまだ六人のメンバーが来ていないのだ。テントの列の中心に、ひときわ高く、明るい緑色にかがやいて、クラブ・テントが立っていた。中に食卓があり、まわりに折りたたみ式の椅子をおいた。五時にはクラブ・ハウスの鐘《かね》がなって、みんなをお茶によびあつめた。こいつはいい。みんなよろこんだ。ラルソンはこれに二〇〇メキシコ・ドルを払ったそうだが、それだけの値打はある。

　匪賊にそなえて、夜警《やけい》を立てなければならない。二人のヨーロッパ人と、護衛兵の中から四人がえらばれた。兵隊たちは、隊員に、キャンプから離れぬようにしてくれといってきた。そんなことをし

たら、さらわれたり帰りに射たれたりするかもしれないというのだ。それで、なんぴとといえどもキャンプの範囲の外に出てはいけないという命令が出された。

西に向う長い旅行の第一日目の行進において、わたくしはすこしも疲れを感じていなかった。床の中に横になったまま、おそくまで眼をさましていて、運命のふしぎさを思いかえしている。一九年間の中断ののち、わたくしはふたたびアジアの探検隊の中にいる。いままではつねに、ただ一人で冒険にふみ出した。いまは二八人のヨーロッパ人および中国人のリーダーである。いずれも学者であるか、あるいはともかく教養のある人たちである。たいていの人が、わたくしの著書を読んでいる。かれらの中でも、ラルソンやノリンやユアンは、もっとも足跡の広い旅行家である。しかしかれらといえども、わたくしがかつて最良の幾年かを送ったアジアの中心部には、行ったことがない。隊員中のヨーロッパ人の大部分は、アジアの地をふむのは初めてであり、中国人たちは中国本土の境域内から足をふみ出したことがない。ガシュン・ノール、ハミを通ってウルムチに至る道は、一行中のだれもが知らなかった。わたくしは、わざと今まで知らなかった道と地方をえらんだのだ。新しい道をたどりつつあるわれわれにとって、すべてのものが新しい。新疆《しんきよう》省の首府ウルムチまで二一〇〇キロのあいだ、われわれは毎日目をみはりつづけるにちがいない。

多年、わたくしの眼前に浮びただようていた希望と夢とが、ついに満たされたのである。わたくしはアジアの土にねている。わたくしはテントをめぐる夜警の足音をきいている。テントを吹き越える夜の風のうなり声に耳をかたむける。もはや夢ではない。これは現実なのだ。わたくしは、かつて自らが計画し、自ら課した大きい任務に対して、最初の一歩をふみ出したのだ。

翌朝、四時半にわたくしは起される。眼をこすっているうちに、だんだんはっきりしてくる。わた

くしはふたたび古きアジアを横断しつつある。全大陸が、開放されて前にある。なんという誇らしくも栄《は》えある気持であろうか！

あたりには、よび声、叫び声、命令する声がある。スエーデン語、ドイツ語、中国語、モンゴル語もある。ラルソンは元帥《げんすい》のように歩きまわり、すべてにわたって監督している。ラクダは不機嫌にいななき、つばをはきかける。また荷物をつまれ、いやおうなしに立って新しい日程を歩まねばならないのが気に入らぬのである。テントはたたまれ、ベッドは巻かれる。炊事場は箱の中におさまる。巨大なキャラバンはふたたび動きだす。それは、すばらしいスペクタクルである。

クンドゥルン・ゴルのせせらぎを、しぶきをちらしながら渡る。黄色い野バラや青いアヤメの花がちょうど盛《さか》りである。ところどころ、谷のひらけた場所は、メドウになっている。車をきしらせてゆく牛車にであう。

サバサという村では、幾台かの牛車のほかに、このへんではペキン車とよばれている小ぎれいな乗物もあった。このへんでは、運搬用に用いている。サバサの村の上の方は、廃墟《はいきょ》で、人は住んでいない。村の通りのまん中に、野砲の榴霰弾《りゅうさんだん》が三発おちている。フォン・ユイ・シアン（馮玉祥）将軍の戦闘のあとだ。たたきこわされた二台の自動車の残骸が、なによりも雄弁にかれの戦闘をものがたっている。いくつかの村は、まったく見すてられ、荒廃している。しかし、どこにもすきを入れたしるしがある。ある村はせっせと仕事をしている。村は、ヤナギとニレの魅惑的な新緑の美しさの中に埋もれている。

なおすこし行って、ウ・フンツェの村に着いた。ここで泊ることになる。護衛兵はここで交代する。西日の残光の中で、ひっかえしてゆく三〇人の護衛兵たちの写真をとった。交代の部隊はすでにきて

いた。二〇人。こんどは赤と黄の旗を立て、おなじ色の腕章を左腕にまいている。中国人隊員の意見に従って、新旧両部隊の今夜の護衛の持ち場を分離した。古い方はキャンプの中、新しい方はずっと外の方をうけもった。おたがいに衝突したり、武器を盗み合ったりしないように、赤白隊と赤黄隊の任務をわけておかなければならないのだ。キャンプ地のまっただ中で小さい内乱がおこった、などということになればたまらない。非番の兵隊たちは、村の中へ馬をのり入れた。そこで泊るのである。

わたくしは、不寝番《ふしんばん》の件について、中国側隊員に相談をもちかける。かれらは、かれらもまたその仕事を分担するのは、もちろんきわめて当然だといった。ただ、必要ある場合に、夜の暗黒からかれらを護《まも》ってくれる、武装したヨーロッパ人が一人、いっしょにいてくれるのをのぞむといった。四人の学生はすぐに自分らの油断のないところを見せようと、不寝番の時間を割りあててもらった。その後は毎夜中国側の学者たちも不寝番をつとめはじめ、リーダーのシュイ・ピン・チャン教授までが、自分を除外するなと主張した。ヨーロッパ人の中では、わたくしとラルソンだけが、年のおかげで免除された。わたくしは、ひるまじゅうずっと仕事のいそがしいフンメル博士とハウデ博士の二人も除外したいと考えたのだが、この二人は、何ごとについても特権をもつことをのぞまなかった。

夜のとばりが下りた。不寝番ははじまった。半びらきのテントの入口からは、なつかしいともしびの灯影《とうえい》がもれる。語る声。笑う声。マンドリンの音。四周には偉大な静寂《せいじゃく》が支配している。一行はいまや北支における最悪の匪賊地帯に足をふみ入れたところであり、また、いつ新しい内乱のほのおがもえあがるかもしれぬ地方にいるのだと、いったいだれが信ずるだろうか？

翌朝、新しい護衛兵たちがいよいよ任務についた。二人の兵士が先頭に立った。土地はいたるところ耕されている。あるいは、少くともごく最近まで耕されていたと見える。エンバク、カラシ、ある

いはケシの畑である。この土地が純粋にモンゴル人の所有であったのは、決してそう遠い昔ではない。漢人の農民たちが、わずかな金額でその土地を買い、どうやら作物ができるところまでもってきた。わずかな数のモンゴル人がなおここに住んでいるのは事実だが、とても漢人とはたち打ちできるものではない。漢人は忍耐づよく、勤勉で、農業の秘訣《ひけつ》を知っている。漢人は土地を得て、遊牧民たるモンゴル人は北に追われ、外モンゴルとの境に圧《お》しつけられている。モンゴルの各地に見られるような徐々なる民族移動が、ここでも行われている。しかし、いま、ここでは、平和なる営みはさまたげられ、生命の血は涸《か》れ去った。内乱と匪賊の結果である。サン・フンツェの畑では、ただ一人の農夫が、黒い牛とすきのうしろを歩んでいる。サジャユの荒れはてた農家からは、ただ貧しさと困窮が口をあけているばかりである。ニワトリ一羽見あたらぬ。まれに、黒いブタがおり、少数の飢えやつれた見すぼらしい人かげを見るばかりである。かれらは物を乞おうともしない。この多数の人たちが、荒涼たる土地に向ってなんのために旅してゆくのかわからぬままに、ただ驚きのまなこをもって、一行を見送るばかりである。

　正午ごろ、強い北風がふきはじめた。正面の北の方角に、明るい青色の空に、きわめて奇妙な形の、まっ白の雲があらわれて、西から東へ、天空いっぱいに、太鼓橋のようにかかった。他のヨーロッパ人には閉ざされたこの神秘の国へ、いま一行が歩み入ろうとしている。その象徴的な凱旋門《がいせんもん》のようであった。

　午後、風は強さを加え、やっかいになってきた。毛皮や覆い布はバタバタとはためいた。わたくしは、ラクダの上にあって、地図や嚢《ふくろ》やコンパスが風にさらわれぬように、おさえるのにけんめいである。わたくしのラクダのかたわらには、ラルソンとベルクマンが徒歩であるいていた。われわれは全

隊列のしんがりにいた。行手の草原には、もやにつつまれて、陰鬱《いんうつ》な行列が、ぼんやりした色調の中を、えんえんと進み、ついにはまき上るほこりの中に姿を没している。先頭の列は全く見えない。風の精は集《あつま》って行進をさまたげようとする。しかし、何があろうと一行は進んでゆく。それは、進軍する軍隊であり、移動する部族であった。見知らぬ国への道をすすむ人と家畜の大群であった。風はラクダの荷を巻いてひょうひょうと鳴り、ごうごうと咆《ほ》えた。歩みゆくラクダとウマには、彗星《すいせい》の灰色の尾のように、砂ぼこりの厚い雲がかかった。一行はまき上るほこりと砂の川の瀬を渡るようにすすむ。あちこちに、局部的にほこりが舞い上り、草原の上にたつまきがおどっているのが見える。

黄灰色のたつまきの一つが、西北の方からまっすぐに走ってきた。下の方は、黒褐色ですぼまっていた。いかり狂う小型の台風であった。いままでにも、いくつかの旋風《せんぷう》は隊列の前やわきを通りすぎたが、今度のはまっすぐにこちらを目がけてすすんでくるようだった。そして手むかい難い力をもって、隊列の最後尾に向って突進してきた。

「帽子をおさえて」とラルソンはさけんで地面に身を伏せた。

まさにその瞬間、たつまきがわれわれを包みこんだ。わたくしは全力を出して風上側に身をなげかけ、しっかりと荷綱につかまった。旋風が鞭《むち》のように身体を打った。ラクダの荷物全体がゆらぎ、あやうく落ちそうになった。ラクダはよろめき、おどろいて、風下の方にそれて走った。小石と砂がヘルメットにあたり、手をびしびしと打った。しかし、すべては一、二秒のできごとであった。たつまきは草原をこえてその神秘な旅をつづけて行った。

その夜は、ノボ・デエンという小さな村のそばにテントを張った。夕食後、ヘンペル少佐とシュイ教授がわたくしのところへ来て、不寝番のことで相談した。中国人たちは、匪賊の奇襲をうけた場合

にはどう振《ふる》まうべきかについて、ながいこと論じ合ったのだという。あるものは、テントを這い出して地面に静かに伏せているべきだと考えた。かれら中国人たちは武装していないから、防衛陣に加われないし、匪賊はきっとテントを目標にするだろうからである。ヘンペルはかれらに、静かにテントの中にいて、外へとび出さないように忠告した。暗黒と混乱の中では、あやまって撃たれやすいものである。

　護衛兵たちがシュイ教授のところへきた。弾薬が足らぬと不平をいって、一行の薬包をくれというのだ。しかし、シュイ教授は、兵隊たちの弾薬はできるだけ少いことが結構だと考えたので、一行の薬包はかれらの銃には大きすぎるだろうと返事した。

　今日はまた四人の学生が六人の護衛兵とともに不寝番に立った。各すみに一人ずつ立ち、二人はパトロールした。二時間ごとに歩哨《ほしよう》は交代した。また、二人のドイツ人が見はりに加わることにきまった。かれらは大戦に加わったことがある。油断のないのは生まれつきである。とつぜん奇襲をかけられた場合には、中国人よりはるかに頼りになる。かくして、一行は安全に衛《まも》られ、見張りされていた。

　しかし、この夜は何ごともなくすぎた。ただ、夜っぴて嵐が咆え、風の混声合唱がつづいた。陽が昇って、飛んでいる土ぼこりを赤く照らし出した。一行は、人も物も一つも失っていなかった。テントには弾丸のあと一つなかった。

集合

毎朝、四時ちょっとすぎに、ラルソンが「整列！」とどなる声で、みな目がさめる。中国人たちは、その言葉の意味は知らないのだが、この「モンゴル公」の号令を聞くとみな笑う。しかし、ラルソンは容赦《ようしゃ》しない。すぐに起きて朝めしだ。そのあとで、テントをたたみ荷づくりする。これに時間がかかるので、そのあいだどこかよい場所で寝足しするくらいの余裕はある。しかし、実際問題として、まわりで中国人、モンゴル人が大声でどなり、ラクダが鳴きさけぶところでは、眠るどころではない。ストックホルムの家では、わたくしは朝の四時に床に入る。ここでは同じ時間に床を出る。しかし、わたくしは思う。何ごとも慣れればできるものだ。その上、ここではわたくしは九時に床に入る。

せまいかれ谷を上り、峠をこえる。まがりくねった道をたどり、谷を下りる。谷はしだいに広くなる。起伏はわずかになり、土地は平坦になる。漢人の開拓地がつづく。

五月二五日、漢人によって征服された文明地域の最北の境界地帯に到達した。この開拓前線の外側には、際限のないモンゴルの空間がひろがっている。ラルソンとその部下のモンゴル人たちは、その地をながく待ちのぞんでいた。他のものもまた、漢人のすきのあとをうしろにして、野生のままの、触れられざる砂漠の辺境、遊牧民とカモシカの国に足をふみ入れる日を待ちのぞんでいる。

道がある丘の頂《いただき》に達したところで、ラルソンたちがじっと立ちどまった。北のかなたに、広大な平

原が見えている。「モンゴル公」は帽子をとって叫ぶ。「あれがおれの国だ！」まったく、かれは故郷にかえってきた！

アボガイン・ゴルという、水の少い流れのほとりにキャンプした。まだ早かった。夕食まで時間つぶしに一寝入りするものもあり、三〇頭ばかりのカモシカの群れを見つけて狩りに行ったものもある。たそがれの中に、ラクダが放牧から帰ってくる。幽霊のように、かれらは音もなく荷のところにすべりこんでくる。ベルクマンは箱の上に鎮座して、リュートをかなでつつ、スエーデンの古い歌をうたった。静かなる草原が、その歌にきき入っている。かつては、その草原の上を、ジンギス・カンの大軍が、馳駆《ちく》していたのである。

翌朝早く、護衛隊は祝儀《しゅうぎ》をもらって帰っていった。モンゴルの地に入れば、もはや安全である。キャラバンは、短い草の生えた、気持のよい軟い土の上をすすむ。

五月二六日、フチェルトゥ・ゴルの河畔に泊る。翌日は滞在。二八日、キャンプを一時間行程だけ川をさかのぼったところに移す。川の水は美しく、よい放牧場にめぐまれている。長い期間、本部を置くに適当な場所である。長い期間だって？　そのとおり。一行はここに何週間もいなければならないことになった。

それは、ラクダを買わなければならないからだ。ここまでは、すべての荷物は、傭いラクダの背につんでもってきた。ペキンでの長い交渉がどっちにころぶかわからないあいだは、あとで損して売らねばならぬかも知れぬラクダを、二七〇頭も買ったりしたくなかった。だから、それはいま買わねばならぬことになった。ラルソンは、すでに各方面に信頼できる部下のモンゴル人たちを派遣している。しかも、かれらが帰ってきて報告をもたらすまでは、まだすこしまがある。一行は、忍耐づよく待つ

ほかはない。

この、キャンプ第八号は、すばらしいところだった。こんな開けた流れはモンゴルの地においてはざらにあるものではない。優秀な放牧場にめぐまれて、ラクダは腹いっぱいに食べ、ガシュン・ノールへの途上に待ちうけている困難にそなえて、エネルギーを貯《たくわ》えた。

固定キャンプにおける最初の昼食がすんですぐ、ラルソンが来て、北の方の小さい丘の頂に、二人のヨーロッパ人が立って、キャンプの写真をとっているという報告をもたらした。一人のモンゴル人と、四頭のラクダをつれている。ハスルンドとリーベレンツにちがいない。風があり、空気は濁っていたにもかかわらず、リーベレンツは写真をとっていた。まもなく、かれらはキャンプに着いた。途中ずいぶんひどい目にあったようだが、アンドリュースからゆずりうけた六五頭のラクダはぶじであった。リーベレンツは、途中、美しい、めずらしい写真をたくさんとる機会にめぐまれた。盛装のモンゴルの王子と妃。ユルトの中のかれらの日常生活など。

四時、テント村から新しい歓声が上った。「どうしたのか？」とわたくしはたずねる。「ノリンのキャラバンです」と答える。全くだ。ノリンがやってきた。隊列の先頭に立って。五一頭のラクダをつれて。匪賊とラクダ盗人《ぬすっと》にもかかわらず、かれはクェイホア・チョンにおける自己の使命を見事にはたしてきたのだ。かれは、みんなからはなれて、ずっと前を歩いて来る。髪はのび、ひげは垂れていた。日にやけて、野蛮人のように見える。しかし、元気潑剌《はつらつ》としていた。

すぐつづいて、ほかの隊員が到着した。ワルツは、力とエネルギーのかたまりだ。マーシャル・フォン・ビーバーシュタインは、ラクダの上につっぷしている。下りると、老人みたいに杖をついた。ラクダがあばれて落ちたのだ。かわいそうに背中をひどく打った。かれらは、新入りの隊員を一人つ

れてきた。スエーデン人、セーデルボム君。クェイホア・チョンの牧師の息子だ。これは言葉ができる。かれは司厨《しちゅう》長に任命され、台所と食糧の責任をとることとなる。

これで、隊員は一八名のヨーロッパ人と一〇名の中国人となった。テントの町はまた大きくなった。新しく来るもののために、いままでテントの通りに空地がとってあった。いまやテントは二一張りとなった。それはじっさい荒野における真正の町といってもよかった。ノリンはモンゴル風の槍《やり》をもってきた。穂先と馬の毛のふさがついていた。それはわたくしの住居の柱にむすびつけられ、そのさきに、スエーデンの国旗がキャンプの上をひるがえった。

その夜、ランプの光で、おそい夕食をたべる。そのとき、一同はここに新しい司厨長ばかりでなく、有能なコックを得たことを知る。ノリンがつれてきた従者である。まえのコック頭は、フォン・マーシャルがペキンからつれてきた狆《ちん》みたいな獅子っぱなの男だ。こいつはコック頭をやめさせられて、ふくれっ面をして、ヨーロッパ人たちの悪口を言いながら、従者テントにひきこもってしまった。

みんな上機嫌だった。はじめて、クラブ・テントのテーブルに全員集合した。慎重に打合せしておいたおかげで、ハルン・ウス（カルガンの北）、クェイホア・チョンおよびパオトウからの三つのキャラバンが、ちょうど同じ日に目的地に到着したのだった！

探検隊のひとびと

フチェルトゥ・ゴルの固定キャンプには、好むと好まざるとにかかわらず、一行はほとんどまる二た月のあいだ、滞在しなければならなかった。二〇〇頭のラクダを買うには時間がかかる。必要は欲求よりも強い。

みんなの仕事と生活、テント町の配置も、そのつもりできめなければならない。初夏の風が、たえまなく吹いている。テントをかためることはできない。風上をあるく人がほこりを立てるとそれがみんな風下のテントに吹きよせるからだ。テントは、全部一列にならべることにきまる。ラルソンは、テントの入口はモンゴル風に南に向けなければいけないと強く主張する。もしほかの方向に向けたりしたら、笑われものだ、とかれはいった。

テントの列と通りとの間には、荷箱が長い列をなし、また上に積み上げられていた。キャンプは威風堂々として、もしすぐ南にある丘の上からでも見たら、まことに印象的な外観を呈していたであろう。丘の上にはオボがある。はるかなる古代より、オボの祭りに鎮められてきたこの丘の神々たちも、いまやこの移動する市街の出現に、おもいもよらず気持をかき乱されていることであろう。

一八人の白人と一〇人の黄色人種、三四人の従者からなる探検隊の隊長とは、きっとむつかしい役にちがいないと、だれでも思う。わたくしにしても、今まではつねに単独行であったので、こんな経

験は初めてである。しかし、わたくしは、これは何でもないことを知る。参加者がすべて知性的で学識ある人であり、自分の仕事への熱情をもっているなら、こんなやさしいことはない、というわけだ。

フチェルトゥ・ゴル。「ソーダの河」という意味である。海抜一五七〇メートル。内モンゴル、ミンガン・ジャサク地区、漢人はマオ・ミン・アン（茂明安）旗とよぶ地方に属する。旗長は、北方五〇里のところに住んでいる。一行がここに到着するとすぐ、かれは一人の役人と三人の兵士をキャンプに派遣して、これは何者であり、何を求めているのかを見さしめた。この旗長の使いは、一行がすきなように何をしても勝手だが、土を掘ることはまかりならぬといった。それは、大地と山の神々のじゃまをすることになろう。なによりも、頂にオボのある山をさわがせてはならぬといった。翌日、キャンプからはワルツとユアン博士が、この首長のところへ答礼に行った。旗長の王さまは、愛すべき老モンゴル人であった。かれは矢つぎ早やに質問をなげかけ、なんでも知りたがった。そして最後には、自ら親しくキャンプを訪ねるつもりだといった。二日後、一人の高官がかれの名代としてキャンプを訪ねてきた。その人は、大きな目がねをかけ、暗青色の生地《きじ》の華麗な服を着て、銀の剣帯をして、武器をもっていた。かれとその従者の兵士たちは、お茶とタバコのもてなしをうけ、クラブ・テントの入口に腰かけて隊員と話しているところを写真にとられた。

ここで、この国際的な探検隊に隊員として加わってきた、いろとりどりの人たちとその仕事について、ひととおり紹介をしておこう。さいわい、今はみんなここに集っている。二〇〇頭のラクダが来たら、またわかれわかれにならなければならないのだ。

科学者のスタッフは、大部分がスエーデン人だ。エリク・ノリン博士は、地学者で、いまはこの固定キャンプの近所の五〇〇〇〇分の一の地図をつくっている。医師ダヴィド・フンメル博士は、隊員

や従者ばかりでなく、たくさんの遊牧モンゴルや漢人たちの治療もしなければならない。しかし、キャンプ内での保健の状態は上々だから、かれはかなりの時間を動物や植物の採集にさくことができる。標本は、どんどん増えている。機会あるごとに、かれは人類学的測定もやる。ペキンのロックフェラー研究所のスチーヴンスン博士が、かれおよび二、三のドイツ人に手ほどきしてくれたすぐれた方式によっている。隊員のあるものは、この事項について、かれから講習をうける。考古学は、フォルケ・ベルクマンにまかせてある。発見品は、ペキンにおいて妥結した協定に従って、すべて中国側のものになることになっている。それにもかかわらず、ベルクマンは非常な熱意をもって、かれの仕事に当っている。しかし、わたくし自身は、中国が、まことの気高い精神をもって、重複品をゆずってくれるであろうという、もっともな希望をいだいている。そうしたからといって、中国は何も損をしないし、わたくし、より正確には、ストックホルムの東亜コレクションは、かなりに豊富さを加えることができるのだ。

ラルソンは、五七歳の青年だ。スエーデン、ヴェストマンランドの生れ。モンゴルに三四年をすごし、世界中のいかなる白人よりも多く、その地を歩きまわっている。多年モンゴルにつくした功により、クローンのホトクトより、「公」の位をもらった。一般に、「モンゴル公」とよばれている。ここで、隊長のテントの前のスエーデン国旗を見たとき、かれの眼には涙が浮んだ。テント村の前の、マルコ・ポーロ通りを、かれが大またにやってくるのを見よ。両手をうしろに組んで、唇のあたりに親しみのある微笑を浮べて、ゆっくりと、しっかりと歩いてくる。しゃんと体をおこし、万事うまくいっていることを確かめるために、キャンプの上に吟味の眼をなげかける。

何ごともかれの注意から逃れられぬ。かれは至るところにいる。かれは、この町でおこるすべての

ことを知っている。かれは生きている新聞である。毎日のニュースを、かれはわたくしに報告する。帽子を手にもって、隊長テントの入口に来て、丸出しのヴェストマンランド訛《なま》りで、「ごめんなっし」という。しかしかれは決してじゃまにならない人物である。かれはいつでも歓迎される。ラルソンはわたくしの右腕だ。わたくしは、大小を問わず、すべての問題をかれに相談する。ラルソンは、わたくしの書きもの机の右の箱に座を占め、帽子の縁を指でいじくりまわしながら、かれの報告をする。かれなしでは、わたくしもやってゆけるだろうか？　ラルソンはラクダとモンゴル人の部下をもっている。かれらなしでは、一行はどこにも行けないのだ。

　ラルソンは、この旅行をまったく楽しんでいる。かれは本領を発揮している。かれは、自分の占めるべき位置にきちんとおさまり、いかにもエキスパートらしいまなざしと態度をもって歩きまわる。仕事を見、うまく行っていることを確かめる。こういう人物は、見るからに気持がよいものだ。かれはいう。「長い年月をモンゴルにすごして、まことの探検隊に参加したいというのが、つねづねのわたしの夢であった。しかし、まさかこんな堂々たる探検隊に加わろうとは、思いもよらなかった」と。かれはしかし、アンドリュース探検隊ほかいくつかの隊に、すでに参加した経験がある。

　ラルソンの右腕はハスルンドである。前に英米タバコ会社にいた。とびきり敏活で、有能で、熱意ある青年である。すでに、アンドリュースのラクダをこの本部までぶじにつれてきて、能力のほどを見せた。セーデルボムは、年はわずかに二二歳。これはおどろいた男だ。ここへ着いたとき、かれは着のみ着のままで、寝具も毛皮ももたず、ハブラシ一本きり、ほかに何もなかった。こいつあたいした利口ものだ。わたくしは思った。この隊みたいに四〇〇〇キロも荷物をひきずって歩くよりも、から身でアジアを乗りきる方が、よっぽど簡単だ！　しかし、セーデルボムは支度を給され、まっさ

、らの服をもらった。しまいには、一張羅《いっちょうら》を着た召使みたいなかっこうになった。かれは、どんな事態になっても冷静である。匪賊もオオカミもおそれない。そして、気の弱いコックたちのあつかい方を、とりわけよく心得ている。

ドイツ人の中ではハウデ博士をまずあげなくてはならない。かれは気象学者である。専門の気象学およびその補助科学に通暁《つうぎょう》している。かれはすばらしい人物だ。すべての人に、中国人たちからも、愛され、敬われている。気象観測所にかれの姿が見えぬときは、どこかの丘の上で風や温度の観測をしているか、さもなければ、日に二度の観測気球を上げているかである。仕事が終ったら、計算とノートつけをしている。かれのいろいろな仕事の助手として、かれはドイツ人と中国人たちをつかう。気象観測の仕事に対しては、四人の中国人の学生たちは、おどろくほど大きい興味をもっている。

デットマン氏は海軍士官だった。かれは、ハウデ博士をたすけて、天文学的観測を受けもち、無電による時刻決定を行う。その上、かれは素人《しろうと》画家で、気楽なときには、たいした道化者である。かれのマンドリンは、とくに人気がある。

リーベレンツ氏は、映画技師兼第一写真技師である。何かおもしろいことがあらわれた途《と》端《たん》に、かれはカメラをかかえてそれにとびかかる。

ヘンペル氏は、退役陸軍少佐で、わたくしの参謀長である。かれはキャンプ内の秩序を維持し、隊長の命令をつたえ、不寝番を決定し、通信・報告を出す。ミューレンヴェーク氏は金のことを見る。かれのテントには銀貨の箱が入れてある。その中から、かれはすべての支払いをする。ワルツ氏とチンメルマン氏は、ハウデ博士の常任助手である。フォン・マッセンバッハ男爵とマーシャル・フォン・ビーバーシュタイン男爵は、荷物の世話をする。そして、ミューレンヴェークとともに、四〇〇

個の箱の中身を全部知っている。かれらは、荷物の正確な一覧表と、くわしい在庫目録をもっている。ハイデルは隊の狩猟係で、射撃は名手だ。フォン・カウル氏は、あらゆる仕事をひきうける。

シュイ教授は、一〇人の中国人学者および学生の指導者であり、長である。かれは、この新しい国民党の時代の要請に従って、わたくしがのぞむとのぞまざるにかかわらず、この探検隊に参加し、そしてそれによって、少くとも形式的には、この隊を中国側の監督下におくことを命ぜられてきているのである。

シュイ・ピン・チャンは一八八八年に河南省南部の湖北省境に近いところで生まれた。一七歳のとき、両親のもとを去ってペキンに学んだ。一九一三年、かれはパリにゆき、ソルボンヌで六年間哲学を学んだ。かれはフランスからかえって、河南省の首都カイフン（開封）でフランス語および中国文学史の教師に任ぜられた。一九二一年、かれは国立大学のヨーロッパ哲学史の教授になった。

シュイ教授は、盲目的な民族主義者ではない。少くとも外国人に対する憎しみなどにはかぶれていない。かれは、民族自決の自由と権利に対しては、きわめて熱心である。モンゴル人やチベット人が自分たちの道をゆき、ひとり立ちできるならば、決してそれを抑えようとはのぞまない。しかし、中国の土地で外国人がみつけた美術品や古物の宝物は、輸出禁令の下におくべきであり、中国国内の博物館やコレクションにつけ加えるべきだというのが、かれの希望である。この国の文明の最高峰に立ち、祖国の歴史、文学および哲学の大家であり、しかも加うるにヨーロッパ人の生活と思想に浅からぬ知識をもつこの人物を道づれに得たことを、わたくしはよろこんでいる。

ユアン・フ・リ（袁復礼）教授。自分ではPh. L. Yüanと署名する。かれは一八九三年ペキンで生まれた。アメリカで地学と考古学を勉強した。この隊において、かれは、熱心かつ多才ぶりを示してい

る。かれは、地学上の問題や地形測量のことと同様に、新石器時代の遺跡にも眼が利く。これらの問題に関するかれの知識は、まことにしっかりしている。かれは、ヨーロッパ人の隊員を相手に、自分の発見した品物を見せ、その意義を説明するのを楽しみにしている。スエーデン人の共同研究者ノリンおよびベルクマンとは、かれは最上のあいだがらである。仕事の分担についてのそねみやいさかいは全くない。この三人はただ、ヨーロッパおよび中国学界のために、最大の成果をあげることだけを考えている。

隊に加わった第二の考古学者は、ホアン・ウェン・ピ（黄文弼）である。三三歳。湖北の生れ。学位をとってから、シュイ教授の指導する中国学研究所に入った。そこの考古学的陳列物の整理を手伝っているうちに、古代の研究に大きい興味を覚えた。わたくしの探検隊に数人の中国人学者が加わることになると聞いて、かれは、その同行者を選抜し条件を規定する委員会に申し出て、同行の許可を乞うた。

第四番目の中国人学者は、ティン・タオ・ホン（丁道衡）といった。貴州省の名家の出である。二八歳。古生物学者である。

第五番目は、チャン・フォン・シュン（詹蕃勲）という名である。三五歳。安徽《あんき》省生れ。学業を終えてからは故郷にかえり、省の首都アンキン（安慶）に住んでいた。

このように、四人の中国人学者とそのリーダー、シュイ・ピン・チャン教授とは、それぞれちがった五つの省、すなわち直隷《ちょくれい》・河南・湖北・貴州・安徽の出身である。厳密にいえば、かれらは五つのちがった民族を代表している。自然・気候・住民・言語に関するかぎり、中国の各省は、おたがいにひどくちがっているのである。

ペキンにおける交渉の結果、隊には四人の中国人学生が参加することとなった。ペキンの国立大学の雑誌や、そのほかの研究所の刊行物に、この探検隊の企画の短い記事がのった。そして、数学および物理関係の科学――とくに気象学の学生で、参加希望者は自由に名前を申し出よという告示があった。出願者には試験を行う。英語およびフランス語の知識も考慮に入れるというのであった。

三〇人の数学と物理学の学生が志願した。その中には、若い一人の女学生までいた。彼女の志願を受けつける前に、その両親あてに、彼女がアジアを横切るこの淋しい道を探検隊について旅行するのを許すかどうか、問い合せが出された。どういう返答がきたのであろうか。両親が許さなかったのか、あるいはこの若いお嬢さんは試験におちたのか、どちらかわからないが、とにかくこの人は隊には加わっていない。

試験官は、ユアン教授と数学のリー教授であった。三〇人の若い人たちはまず最初に語学の試験をうけた。つぎはユアン教授の数学と物理学だ。各人に対して八つの問題が出た。ユアン教授は、八人が及第点をとったことを知った。この八人は、医師の診察をうけて、大丈夫との診断を得てから、もういっぺん試験をうけた。こんどはリー教授である。八人のうち、マー（馬）だけは、診断の結果疑問があった。脈が早すぎるというのだ。しかし、ドイツ病院のディッパー博士が診察して、大丈夫と診断したので、かれも最終試験をうけることを許された。八人の候補者の中から、最良の四人がえらばれた。マーもその中に入った。あとの三人は、それぞれ、リウ（劉）、ツイ（崔）、リー（李）という名であった。学生のうち、三人は直隷の出身で、もう一人は山東だった。

一〇人の中国人のうち、もう一人のこっている。それは、写真技師のクン・ユアン・ツン（龔元忠）である。かれは、独立の一班をなしている。

クンはシュイ・ピン・チャン教授と同居している。四人の学生は、一つの大きいりっぱなテントにすんでいる。その中は、外壁にちかくベッドがおかれ、まん中には書物や衣類のつまった箱がおいてあって、それが机にもなる。わたくしは、ときおりこのテントを訪れて、学生たちとも言葉をかわす。学生たちはいつでも陽気で人なつっこい。ちょっとした珍談やわずかな冗談にも笑いころげる。かれらのテントは秩序があり、気持がよい。間に合わせの机の上にはローソクとランプが立ち、本とノートのあいだに、巻タバコやら何やらかやらがころがっている。気象学便覧がつねに手近においてあって、じっさいに使われていることがわかる。

　こういう雑多なキャラバンでは、たいへんな言葉の混乱がおこらざるを得ぬことは、だれでも想像がつくだろう。食卓においては、隊長の右側に、ラルソン、ハウデ、リーベレンツ、ユアンがすわる。左側には、フンメル、シュイ、ヘンペルがつく。まず、スエーデン語とドイツ語が話され、シュイとはフランス語、ユアンとは英語で話す。シュイとユアンとはおたがいに中国語で語る。ハスルンドがそばにくるときには、かれはスエーデン人と話すときはもちろんデンマーク語でやる。ラルソンはシュイと中国語で語り、キャラバンの連中が問題をもちこむときにはモンゴル語で命令を下す。わたくしは、フォン・カウルと語るときには、ときどき気分転換にロシヤ語をつかう。フォン・カウルは、セント・ピータースブルグ（サンクト・ペテルスブルク）生れである。これで八ヵ国語である。ハミおよび東トルキスタン地方に入ると、これに第九番目として、東トルコ語が加えられなければならない。この言葉にかけては、わたくしは他のだれよりもうまいはずである。

　キャンプは、ヨーロッパおよびアジアの諸言語を練習する上に、ゆたかな機会を提供している。わたくしが、ほんとうにすばらしいと思うのは、スエーデン語が話せることだ。わたくしは、かつて、

幾年もアジアを歩きながら、ただの一言もスエーデン語を発する機会がなかったことがあるのだから。

「ソーダの河」にて

モンゴルの土が、一行をひきとめている。フチェルトゥ・ゴルの固定キャンプに着いてから、いつのまにか、もう一月《ひと》がすぎた。だれも退屈ということは知らない。みんな働いている。毎日何か新しいことがおこる。みんな、出発の日を待っている。ラクダがまだそろわない。

探検隊は、あちこちにラクダ買いを派遣した。かれらは、たいてい一〇〇〇頭からのラクダ群を所有しているような外モンゴルの金持たちと連絡のある商人や仲買たちを利用している。数日前、ラクダ買いのモンゴル人が二人かえってきた。第一級のラクダ一〇〇頭を、一頭一〇〇メキシコ・ドルで買ったと報告した。しかし、それぞれのラクダの持主は、ラクダをこっちに渡すまえに、先に銀貨をくれと要求した。時勢がわるい。取引きの相手が、どういう種類の人間か、わかったものではないからである。

こういうわけで、まだこのラクダの一頭の影も見ぬうちに、一〇〇〇〇銀ドルがこの代理人の手に渡されることになった。

その払い渡しの情景は、ちょっとロマンチックな見ものであった。太陽は傾き、いちごのように赤々と、まどろむ草原に光を注いだ。夕べの涼気が地上を這ってしのびよってきた。あるものは毛皮を着こむ。クラブ・テントの前には銀貨の列がつみ上げられている。武骨なモンゴル人と、器用な中

国人とがならんで立ち、銀貨をかぞえてはカバンにつめた。それをさらに木箱に荷造りして、翌朝、フォン・マッセンバッハとミューレンヴェークが護衛して、ラクダの持主のところへ輸送した。

六月一六日、最初のラクダが二四頭、到着した。みな大きく、肥えていて、美しかった。こぶはこえて、かたく、円錐《えんすい》形で、つき立っていた。すでに冬毛はおおかたぬけ落ちていたから、ほとんど裸かのように見えた。

隊のラクダは、現在二〇〇頭である。荷物の数と重さをはかりなおしたところ、全部で二九四頭のラクダが必要だということになった。荷をつくりなおして、二七〇頭まで減らすつもりである。六三頭は隊員と従者のための乗用ラクダである。三日に一頭が不要になる。ハミに着くときには、そうとうの数のラクダが、荷物なしになっているだろう。いまたとえ二七〇頭のラクダに対して、一五〇〇〇ドルを金で払ったとしても、ラクダは生きている資本であることを忘れてはならない。需要と供給の関係で損得はあるにしても、それはいつでも金にかえられる。

見知らぬ連中の中へ、強情なモンゴル人たちに一〇〇〇〇銀ドルも持たせて送りこむということは、冒険のように見えるかもしれない。そして、そのモンゴル人たちから、なんの報告もなしに、日一日とすぎてゆくと、しまいにはいくらか不安になってくる。フォン・カウル、セーデルボム、ハスルンドの三人には、パオトウ、クェイホア・チョン、ペキンおよびティエンツィン（天津）での仕事を、一八日間で片づけてくるように言いつけて、送り出した。その期間はもう四日もすぎたが、なんの音さたもない。

渡ってゆく中国人たちから、国民党がパオトウにその旗をかかげ、チャン・ツォ・リン（張作霖）がペキンの独裁者になったという噂《うわさ》をきく。真偽を確かめるべくもない。もしまこととすれば、ペキ

ン、パオトウ間の鉄道が、軍隊以外のいっさいの旅客に対して閉鎖されたとしてもふしぎではない。もし、すでに三人が銀貨と荷物の残りをもってクェイホア・チョンを出発し、途中で匪賊に襲われたのなら、そのニュースは必ずベーリ・ミャオをとおり、この本部までとどいてきているはずである。

六月二八日、二人のモンゴル人が、四頭の上等のラクダをつれて、売りに来た。一頭九〇ドルで買った。ついでに、かれらがつれていた黒い犬も買った。

六月三〇日は、うれしい驚きの日であった。いつものように昼食の座についていると、隊のモンゴル人の一人が、ラルソンに報告にきた。ラクダの群れがやってくるという。いそいで双眼鏡を目にあてる。北東の方へ派遣した二人のモンゴル人が、ラクダの群れをキャンプへ追うてくる。かれらもラクダにまたがっている。かれらは、草原の上を速い調子でやってきた。すっかり近くなったとき、ラクダたちはテントにおどろいて、ふたたび北を向いて大まわりして、土ぼこりの雲につつまれて、逃げ出そうとした。しかし、乗り手はたちまちかれらをとりしずめた。かれらはふたたび進みはじめ、小さい流れに近づき、とびこんで水しぶきをあげながら渉《わた》った。わたくしとラルソンは、新着の四二頭をしらべた。かれらは肥えて、良好である。ウルムチまでの夏の行進にも耐え得るという印象をあたえた。

本隊の出発を待たずに、ノリンは別の一隊を編成して、一足先に出発することになった。ハイデル、フォン・マッセンバッハ、ベルクマンおよびティンがその隊に加わることになった。ほかに、採集人のチンと、苦力《クーリー》が二人、モンゴル人二人、それに料理人が加わった。かれらは、六週間の食糧と三張りのテントをもっていた。七月一日の早朝、かれらは出発した。かれらは、ガシュン・ノールまでの道を、念入りに測量するという任務をもっていた。

はじめの計画では、わたくしが昔からやってきたように、単にただルートの簡単な測図をするだけのつもりであった。それに加えて、ノリンとユアンが、そのためにさき得る時間に従い、かつ地学上および考古学上の重要性に応じて、このルートの測量に関連する若干の測図を行うはずであった。まったく考古学上の興味だけをもつ若干の地図が、ベルクマンとホアンによってかかれるはずであった。全体として、この計画では、一行のルートはただの線となるはずで、それにところどころ、わずかの平面的ひろがりをもつだけになるだろう。

そこへ、ノリンが大きな提案をもってきた。ガシュン・ノールまで三角測量をやろうというのだ。連続した三角形の系列ができるであろう。三角形の頂点には、石の堆積をつくり、三角形の各角度は、セオドライトで測る。一辺は一〇ないし一五キロメートルとする。三角形の系列の主軸は、ガシュン・ノールへのキャラバン・ルートに沿う。三角形の測量は、ハイデル氏に委任される。ハイデルは各定点から定点へとラクダでゆく。そのあいだに、忠実な人夫のワン・クェイは、たいせつなセオドライトをかついで、徒歩で行かねばならぬ。

ノリン自身は、各定点をたよりにしながら、三角形の内部の地域を、地誌学的な事項で埋めてゆく。この仕事に関して、フォン・マッセンバッハがかれをたすける。かれは、すべての水路と、谷を通ずる明らかな道路とを測量する。二人とも平板を用いる。ノリンはこのほかになお、地学上の観察と地学的測図のための時間を必要とする。ハイデルとマッセンバッハは、将校として、地誌学の課程を通ってきていた。それで、ノリンがキャンプの近所に数回の実習遠足を行って、そのなすべき仕事を教えると、二人とももはや初心者とはいえぬ腕まえになった。

例によって、この計画も、中国側の人たちとの協議にかけられた。中国人たちは、心から賛成し、

また、鋭い興味をしめした。そして、ノリンの隊が概して本隊の右側、すなわち北方約二〇キロメートルの線をすすむのに対して、中国人たちは、本隊の左すなわち南側を、本隊から約一〇キロメートルの間隔をおいて進む、かれら自身の地誌学班をつくろうという申し出をした。こうして、隊は、三つの隊に分れ、だいたいにおいて平行してすすむこととなった。北方隊はノリンが指揮する。中央隊は本隊で、わたくしが指揮をとる。南方はユアンの指揮に入る。ユアンは、七月三日に出発する。かれの隊には、考古学者ホアンと、採集人チュアンおよびパイ、それに料理人と、二人の人夫、二人のモンゴル人が従う。かれは、四週間の食糧をもち、一五頭のラクダを必要とする。

北方隊にはベルクマンがいる。かれは考古学上の興味ある発見を求め、ティンがそれを助ける。ティンは古生物学をやる。北方隊は、仕事のもっとも困難な部分を受けもっている。角度の測定は最大の正確さを必要とするからだ。それで、七月一日には早くも行進を開始する。ユアンの隊は、本隊とおなじ歩調で進める機会が多いわけだが、それにもかかわらず、すこし先にすすむために、七月三日に出発した。それは、地誌学上の仕事のほかに、ユアンが、考古学上または古生物学上の発見と研究を行う機会を得たいと望んでいるからである。それには時間がかかるのだ。

もちろん、両側の支隊は、つねに本隊と連絡をとる。通信は、俊足のラクダにのったモンゴル人の伝令によって保たれる。

水と放牧場が、例によってキャンプ場を決定するであろう。だから、二隊あるいは三隊ともが、おなじ泉や流れに泊りあわせることもあり得る。あるときは、三隊とも別々にいる。しかし、行程の半ばを行ったところで、シャンデ・ミャオという名で知られる僧院において、少くとも一度は、三隊ともすべてが落ちあうことだけは、全く確かである。そこに最初に着いた隊は——まずまず本隊にきま

っているが——他の二隊の到着を待たねばならぬ。ラクダはそこで数日間やすまねばならぬ。そのあいだに、地誌学者たちはかれらの労作を比較して、おたがいの連絡を完成しなければならぬ。すべてがうまくゆき、結果が満足すべきものであるならば、測図はおなじ方法でガシュン・ノールまでつづけられ、一連の三角形の網目が形成されるはずである。

三隊に分れる

本隊はなおフチェルトゥ・ゴルの固定キャンプにのこっている。ラクダはまだそろわない。七月八日、数人のモンゴル人がラクダの群れをつれてキャンプに向ってくるのが見えた。北から来た一九頭の優秀なラクダを加えて、一行のラクダは二二〇頭となる。

二人の兄弟の中国人が生後八日ばかりのカモシカの子をもってきた。五ドルであった。ラルソンは警告した。そんなものを買ったら、四方八方からカモシカの子の洪水がおしよせてくる、というのである。かわいそうな子カモシカは、なまぬるいミルクを与えられ、できるかぎり大事に世話をしてもらった。かれは、覆い布につつまれて、わたくしのテントの前におかれる。しかし、全くのところ、わたくしはこのけものをどうあつかってよいのかわからないのだ。わたくしは、もしこの子の母親がどこにいるのかわかっていたら、そこへかえしてやりたいとおもう。しかし、草原は広大無辺で、カモシカは地表をかすめて滑ってゆく雲のかげのように軽やかである。一行のモンゴル人たちは、カモシカのことを、奇妙な名でよぶ。「ラルソンのヒツジ」というのだ。ラルソンはまことに「モンゴルの太公」。野のカモシカは、かれのものだ。

一行の動物園には、もう一つ、小さい、きれいな、優美な動物がいる。カンガルーネズミ、あるいはトビネズミというやつだ。フンメルが大きな空箱の中に飼っている。もうほとんど馴れている。箱

の底に、大きなつめものを入れた檻《おり》が、戸をあけたまま入れてある。トビネズミは毎晩そこに寝床をつくる。お碗に水と米、パン、それから一束のキンポウゲをもらう。キンポウゲの花びらは、大好物らしい。後足が不釣合いに大きく、強力に発達している。その後足の上にすわりこんで、ちんまりした前足と爪で、花びらを口にはこんでいるときが、いちばんかわいらしい。色は灰色がかった褐色で、広がった薄い耳と、大きな褐色の眼をもっている。この動物は夜行性で、太陽が沈むとたちまち眼をさまして元気になる。じっさい、フンメル博士がこいつを捕まえたのは、不寝番のときである。地面を動きまわるには、ただ後足だけを用いて、体はほとんど直立したままである。尾は長く、力があって、さきには黒い横縞《よこしま》のある白いふさがついている。これもまた体の支えになっている。フンメル博士はすっかりこいつの信頼を得ている。かれは、それを檻からとり出して、肩や腕の上をあるかせる。みじんも恐れたり恥ずかしがったりしない。なんにでも大きな興味をしめす。しかし、こいつのメニュは全く奇妙だ。菜食とはかぎられていない。ある日フンメルは、トビネズミも仲間がほしかろうと考えて、流れのそばでカエルをつかまえてきて、入れてやった。翌《あく》る朝、カエルは頭まで食べつくされていた。もう一つのできごとでは、トビネズミはしばしキャンプの中での人気を失ってしまった。つめものの巣の中に産みおとした自分の小さいか弱い二ひきの子どもを、食ってしまったのだ。子どもたちは二、三日のあいだ生きていたが、親は、自分の子にほとんど興味をもっていないようだった。乱暴にふんづけて、子どもがちゅうちゅう鳴いても、ほったらかしだった。ある説によると、これはひどい貪食《どんしょく》のように見えるが、ある種の英雄的精神かもしれない。子どもたちを、この不安なとらわれの未来から守ろうというつもりであったのかもしれない、というのだ。これはわたくしの説である。

　この日はまた、キャンプにはセンセーションがまきおこった。ラクダをつれてきたモンゴル人のい

うところによると、かれらは三日前に、ベーリ・ミャオとクェイホア・チョンのあいだの隊商路で、中国人のキャラバンに会った。その隊長が、三日前にクェイホア・チョンにいたとき、ラクダを買っているヨーロッパ人たちを見たと語った、というのだ。それ以上のことは、その中国人は知らなかった。いまごろ、クェイホア・チョンにおいてラクダを買っているヨーロッパ人が、フォン・カウル、セーデルボムおよびハスルンドの一行のほかにあろうとはちょっと考えられない。キャンプの中ではたちまち意気が上った。いまや、あと数日で、この長い幽囚の生活から脱出することができよう。

　七月九日、何ごともなく過ぎた。夕方、わたくしとフンメルとは、例によってカモシカに餌《えさ》をやり、寝床をつくってやってから、赤十字旗のひるがえるドクトルのテントの前で話していた。と、ラルソンが空中に手をふりまわしながら駈けてきた。つね日ごろは、あれほど静かなかれが……。かれは何ごとか大声でさけんでいたが、なんのことやらわからなかった。

「何だ、何だ。」と二人はたずねた。

「かれらがやってくる。全キャラバンがやってくる。」

「どこに？」

「あそこだ、東北の丘をこえて。」

　ほんとうだ。ラクダがやってくる。夕やみがせまってくる中に、黒いかげが見える。一同は、道が小川を渡るところまで迎えに急ぐ。かれらはやってきた。アメリカ・インディアンのように、銅色に日やけして、ほこりにまみれ、ぼろをまとい、ひどい身なりをしている。まるで追いはぎか何かのようだ。しかし、みんな元気で意気さかんであった。ラクダたちは静かにしていた。みなよく手入れがゆきとどいていた。

キャンプの中は大さわぎだ。三人の立役者《たてやくしゃ》は、全員の集会のまん中にすえられて、四方八方から質問ぜめだ。フォン・カウルがわたくしの前に出て、かかとをカチンと打ち合わせて、帽子に手をあげた。そして、キャラバンはすべての命令を遂行し、異常なく本部に到着いたしました、と報告した。わたくしは、歓迎と慰労の言葉をかけた。

「パオトウとペキンからの郵便物をもってきたか。」

「はい。ひとつのこらず。」

「金は受けとったか？」

「はい。すべてうまくゆきました。旅費とラクダ代と手数料をさしひいて、ここに残額全部あります。」

「腹がすいているか？」

「はい。おそろしく。」

コックはとび上った。たちまち食事の準備ができた。ラクダの荷はおろされ、郵便物の包みがあけられた。みんな自分の分をうけとった。新聞の山がつみ上げられた。

七月一五日、わたくしはラルソンにたずねる。

「君の意見だと、われわれのキャラバンは何日に出発できると思う？」

「おそくとも、七月の二〇日ですな。」

「ウルムチまで、何頭くらいのラクダがたどりつけると君は信じているか？」

「全部ですよ。わたしは三四年間モンゴリアに住んでいるが、第一級のラクダをこんなにたくさん見たことがない。こいつらは、はじめは難物でがんこだけれど、まもなく静かになりますよ。」

考古学者ホアンは、たいへん博学な人である。かれは、漢籍の古典を、木箱に六ぱいももってきた。これは、一行の考古学者たちにとっては、たいした役に立つ。この漢籍の中に、すでに漢書すなわち前漢の王朝の年代記があった。この、キリスト誕生前二世紀以来の古文献の中に、すでにガシュン・ノールのことが出ているのである。漢文の読めないわたくしのために、シュイ教授は、ガシュン・ノールへの途上、この書の中で、この湖とエツィン・ゴルにふれた九つの節を訳してくれることになっている。今日《こんにち》いま通りすぎつつある地方が、はるかなる古代においては、いかなる姿をしていたかを示す漢籍の典拠を、いま座右にもっているということは、まことに重要である！　ガシュン・ノールとソホ・ノールのかわりに、前漢書はただ一つの湖、クイエン・ハイ（居延海）だけをあげている。かれらはまた、クイエン・チョン（居延城）地方のことは知っていたが、一方、クイエン・シェン（居延県）の名は、紀元三および四世紀中にいたるまではあらわれてこない。その湖をまだ見ぬさきから、わたくしたちはすでに一つの確信をもちはじめている。この二つの湖は、今日のロプ・ノールがそうであるように、前漢の時代には、連なって一つの大きな湖をなしていた。後世、おそらくは乾燥の度がすすむに従って、今日見られるように二つに分裂したのであろう。

　キリスト前四世紀、中国には七つの王国があった。最北の三つ、イェン（燕）、チャオ（趙）、チン（秦）は、モンゴリアに接していた。考古学者のホアンは、ベーリ・ミャオの南方五〇里のところから、フチェルトゥ・ゴルの本部の西南に向けて走っている、きわめて古い城壁の廃墟をたどり、調査している。シャンデ・ミャオとガシュン・ノールへの途上で、一行はそれを横切るはずである。ホアンは、シュイ教授にあてた手紙の中で、一つの仮説をのべてきた。この城壁は、さきほどあげた古代の三王国が、北方の蛮族にそなえて、それぞれ独立にきずいたものだ、というのである。

携えてきた漢籍の中か、あるいはじっさいの城壁を見て、かれの説に対する何か有力な手がかりを発見したのかもしれない。シュイ教授は、これは重要な歴史上の発見をふくんでいるかもしれないという印象をもっている。

　中国の土地をゆく探検隊にとっては、中国人の学者の協力は、じつに偉大な意味をもっている。かれらの協力がなければ、探検隊は、二一〇〇年前にこのガシュン・ノールで演ぜられた歴史上のできごとについての知識を得るために、帰国後に、中国学の専門家を訪ねなければならない。しかし、一行は、いまこの地点において、漢籍の原典のみならず、それを訳して聞かせてくれる学者たちをもっている。知りたいことは直ちに知ることができる。中国人学者の参加は、この探検隊に、はかり知れぬ価値を加えたのである。

　フォン・カウルたちは、ペキンから新しい乾電池をもって帰ってきた。一行の無電台は、息をふきかえした。それまで、無電塔は、いたずらに星をにらんでつっ立っていただけである。さっそくに、ナウエンの放送がよく聞えてくる。報告をうけて、わたくしは、ハウデのテントをのぞく。ハウデはフォン・カウルとともに、敷物の上にねそべって、受話器を耳にあてている。ちょうどナウエンの正午の時報を聞いたところだ。ここでは夕方の八時である。わたくしも受話器の一つを受けとって、耳にあてる。カチカチという音が、はっきり聞える。この、ベルリンからのメッセージを聞いて、わたくしは強い印象をうける。もし乾電池が充分に強力であるならば、一行は全世界からくるニュースをとらえ、毎日その関係者たちと語ることができたはずである。わたくしは、もともと完全な無電機をもってゆくつもりをしていた。しかし、多くの困難な事情もあり、慰みにしては高価すぎた。一行が知らねばならぬのは、ただ経度だけである。それは、ナウエンの時報を捕えればわかる。

フチェルトゥ・ゴルの固定キャンプから、さほど遠からぬところに、この地方最大の寺、ベーリ・ミャオがある。ほんとうはパイリン・ミャオ（百霊廟）というのだが、スカンジナビア人たちは、みんな短くベーリ・ミャオといってしまう。この「トーライ・ジル」すなわち兎の年の、第七月の第一六日には、この寺で、マイダルの祭が行われる。祭は三日間つづき、今年は七月の一三日から一五日にあたる。本部はまだ行動を開始しない。その暇を見て、フンメルとハスルンド、それに映画技師のリーベレンツの三人は、この祭を見に出かけた。

　僧院長は、チーレン・ラマの名でとおっていた。かれの次に最高の地位にある僧は、ダー・ラマおよびドウン・ケレという称号でよばれていた。この僧院には、また、一人の「神」がいた。すなわち、仏の化身、ゲゲン（活仏）である。これはチベットのリンポチェにあたる。ゲゲンの名は、ヨルロス・ラマといった。かれは一行をこの上なく鄭重《ていちょう》に迎えた。一行はかれの家に泊った。そこには、若い王子、ドウムロ・ナムチルも客として泊りあわせていた。この地方の首長、ダルハン・ベール・ワンももちろん、祭に参列するために来ていた。この地方におけるこの前の戦乱で、ベーリ・ミャオも中国兵の兵火にかかって灰燼《かいじん》に帰したが、その後一〇年を経て、今日では再建されている。ゲゲンの新邸は、中国風の建て方であった。材木は、ボグド・クーレンすなわちウルガからもってきた神聖な木であった。

　祭の三日間は、熱狂の渦であった。奇妙な楽器をならべて、ラマ僧たちがオーケストラを奏した。舞踏があり、行列があり、読経《どきよう》があった。骸骨《がいこつ》や、牡《お》鹿《じか》や、野獣などの仮面をかぶったラマたちのおどりがあった。リーベレンツは、見物の群集におされてもみくちゃになりながら、この、とてもおもしろい見ものの一部始終を映画にとった。礼拝者の群れは、すべて最上の着物を着、女たちは、銀の

かざり、頭かざり、耳環《みみわ》、ネックレス、腕環《うでわ》、指輪をつけていた。色とりどりの美しい細工がしてあった。全体が、一場の華麗なるながめであった。その壮観はとうてい忘れがたいものがあった。

ヨルロス・ラマの接見は、最初の日に行われた。かれは、玉座室の玉座にすわっていて、無数の巡礼たちに祝福を与えていた。みんなかれに供物をささげた。ゲゲンはかれら一人一人を祝福するために、手に黄色い本をもって、それでかれらの頭にふれた。七歳になるカンボ・ラマ（チベット語ではカンポ・ラマ）が、他の者とともにこの「神」の前にあらわれると、ヨルロス・ラマはかれをだき上げて、玉座のかたわらに坐らせた。そして、かれをあやし、話しかけた。まことに心を魅する忘れがたい情景であった。二人とも、類いまれな、高貴かつ貴族的な容姿の持主であった。

フンメル、リーベレンツ、ハスルンドの三人は、この上ないもてなしをうけた。かれらの安全をはかるために、特別の命令が発せられた。かれらは寺に五〇ドルの寄進をし、高僧たちには目ざまし時計やナイフなどのこまごましたものを贈った。かれらがゲゲンのもとを辞して帰途につくとき、ゲゲンは、寺でとった写真をくれといった。そして、紹介状を書いてやろうと約束した。それは、これから西の方へ旅をつづけるについて、きわめて有効な効力をあらわすであろう。一行からはやがて、特使が出て、かれの望む写真そのほかの贈りものをかれにとどけ、同時にこの「神」の約束したたいせつなパス・ポートをもらってくることになるだろう。

七月一六日の夕方、フンメルはさきにラクダをとばして本部に帰着した。他の二人は、夜中に、流れるような月の光を浴びて、キャンプにかえってきた。

必要な数のラクダはすでにそろった。ながい固定キャンプの生活にわかれをつげて、探検隊の本部

が、西の方へ移動を開始する日がせまってきた。

一行のラクダは、第一級のしろものであった。ラクダというものは、後から見ると、その腹が、卵を縦にしたような形をしているものだが、このラクダたちは、その卵形が横になっている！ ラルソンは夕食のときにそういって、みんなを笑わせた。それほど肥えている。腹は気球のようにふくれ上って、はり出している。しかし、かれらは、あんまり栄養がよすぎて、太りすぎてしまった。そこで、もう数日の後には二〇〇〇キロ以上の砂漠の旅に出ようというラクダたちを、三日間も絶食させるという、前代未聞のとりあつかいをやらねばならぬことになった。とくによく肥えた約一〇〇頭が、キャンプの中につながれて、この旅行のためにぜひ必要な美容術をうけている。

ラルソンは、心配でねむれない。かれのモンゴル人の部下も同様だ。このラクダたちのように、まる七週間も、草を食って太るほかなんの仕事もないと、かれらは気が立って暴れやすくなる。首をへし折るようなひどいことをやりかねないのだ。また、あんなに横腹が丸々とせり出してしまうと、荷物鞍や積荷は、ゆれるたびにくずれて、バランスを保てない。一つでも荷がころげおちたら、いや、乗り手のヘルメットが風にふかれて転りでもしたら、もうたいへんだ。そばのラクダは完全に気が変になって手におえなくなり、全速力で草原を走って行ってしまうだろう。そうしたら、ほかのものこらずそのあとを追う。箱も粉の袋も、荷物鞍からほうり出され、箱はつぶれ、中身は地上に散乱する。そして、なによりもわるいことには、すっかり荷物をふりすててしまうと、ラクダは何時間も暴走をつづけた後でないと、静まり、止まらないのだ。こういう破壊的な暴動のあとでは、品物をひろいあつめ、箱をつくろい、荷物をつくりなおすのに何日も要するかもしれない。

もちろん、とり得べき予防手段は忘れずに講じてある。その一つは、いちばん強い連中の腹をすか

せておくことである。もう一つの方法は、キャラバンを、一〇〇メートルほどの間隔をあけたいくつかの組にわけて進めることで、こうすれば破局を局所に食いとめ、伝播《でんぱ》をふせぐことができる。第三の方法は、いまキャンプの付近でテストしているところであるが、全群の中からもっとも足の早いのを数頭選《え》り出して、これに若い敏捷《びんしょう》なモンゴル人たちをのせる。かれらは、逃げたやつに追いすがって、これをとりしずめる。

わたくしは、腕や足を折るような危険に身をさらすのはありがたくない、と考える。そんな暇もない。ラルソンは、わたくしのために、おとなしく、冷静なラクダをえらぶ。一八歳の牝《めす》ラクダに白羽の矢が立った。大きくて黒く、性質は温和で優雅である。目や鼻の上を撫《な》でても、彼女はそしらぬ顔をしている。ほかのラクダにこんなことをやろうものなら、ひどい目にあう。あっというまに、顔から着物から、口からはきだした黄緑色の汚物をぶっかけられる。しかし、この年寄りラクダは行儀よしで、ふるまい方を知っている。このラクダの持主だったモンゴル人は、こいつは手ばなしたくないといった。かれの息子をのせてチーナン・フ（済南府）へ行ったことがあるが、その街のやかましい鍛冶屋の通りをとおったときも、かの女はまたたき一つしなかったというのだ。しかし、ラルソンが、こいつには隊長がハミやウルムチまで乗ってゆかれることになるだろうといったら、モンゴル人は気を変えた。

「御大将が乗りたいとおっしゃるなら、よろこんで手ばなします。」

このラクダは、「椿姫」という名をもらった。

出発に当って、この地方の旗長には、一〇〇ドルの金といろいろのこまかい品物を贈った。かれの方からは何も要求はなかったのだが、一行のラクダが、かれの領地の中で食った柔《やわらか》い草の代償のつも

りである。この地方の他の住人たちも、モンゴル人も中国人も、一行のためにつくした奉仕に対する支払いとお礼をうけた。会計主任のミューレンヴェークの事務所はたいそう仕事があった。

七月一九日、「ソーダの河」のほとりにおける最後の日は明けた。至るところ、旅立ちの気分がみなぎった。昼の一時までに、ラクダは全部集った。ラクダに荷鞍をつけるのにその日一日かかった。ラクダたちは、左の頬《ほお》に、ヘディンの頭文字をとって、Ｈの字の烙印《らくいん》をおされている。リーベレンツは全部の勢ぞろいした壮観を映画にとろうと望んでいたが、ひどく雨がふって、暗く、いくらか寒かった。

人間の胸算用《むなざんよう》は、しばしば当てはずれになるものだ。わたくしとラルソンは、相談して、出発を延ばすことにする。雨が降っている。

雨はひどく降った。荷物はもうすっかり二つずつの組にして、ラクダの背につみこむばかりになっていたが、またもう一度あつめて、上から覆い布をかけなければならなかった。ラルソンはもう一度全部を点検する。これでは明日の出発など思いもよらない。荷鞍も覆いも綱もすっかりぬれた。これが、すでに出発してどれほどかたった後なら、さほど危険ではない。しかし現在はラクダはあまりにも食べすぎている。元気がよすぎて、半ば野生のようなものだ。今荷をつめば、綱は乾くにつれて、しだいにゆるんでくるだろう。荷物はずり落ち、たとえ一つでも落ちたら、ラクダは駈け出し、荷物を放り出すだろう。また、ぬれた覆いはくさりやすく、発生する熱のために、むれていらいらさせる。ラクダの横腹は、今ではほとんど毛がぬけおちたので、冬や春にくらべて、はるかに感じやすくなっている。

二〇日の夜になって、二二日以前には出発できないことがあきらかになった。荷物の覆いは、表面

は乾いたが、中はまだぬれていた。すべてをととのえるのに、二一日という追加の日が、もう一日いったのである。

ラクダの反乱

ハウデ博士は、このフチェルトゥ・ゴルにおける気象観測を、七月中つづけたいと、強く希望して、わたくしに許可をもとめている。これは、たいした困難なしに実行することができる。本隊が出発したあと、チンメルマン、フォン・マーシャル、リウ、およびモンゴル人が一名ここにのこって、七月三一日まで観測をつづける。これによってハウデは、まる二ヵ月間の観測値とその平均値を得て、アジアにおける他の観測所の値と比較することができる。これは大きい利益であると、かれは考えている。観測が終れば、九頭のラクダより成るチンメルマンの小キャラバンは、毎日長距離をとばして、本隊に追いつくために後を追う。多分、シャンデ・ミャオの僧院か、それともガシュン・ノールとの中間で、追いつくことだろう。

ついに七月二二日の夜が明けた。五時きっちりに、ラルソンはわたくしを起す。空は明るくなりはじめていた。テントの中はまだ暗くて、灯《あか》りなしには動けなかった。従者のミンが、洗面器にお湯を入れてもってきて、服と洗面道具をそろえた。わたくしは、いつもより手早く身支度をととのえて、外に出る。

偉大なる日がやってきた。わたくしにとっても、一行のだれにとっても、この日は一生忘れがたい日となるであろう。今や一行は自分自身のすばらしいラクダをつれて、旅立とうとしている。もう、

パオトウからのあの傭いラクダではない。キャンプの町は、物音と人声にみちていた。ラルソンは命令を与え、ラクダは背に荷をつまれると、おこって金切り声をあげた。モンゴル語、中国語、スエーデン語、ドイツ語、デンマーク語、英語と、ありとあらゆる言葉で、熱のある会話と問答がきこえた。たいそうな出発であった。小さな軍隊が見知らぬ国を通って今遠征にいでたとうとしているようであった。

　六時一五分前、一同はフチェルトゥ・ゴルにおける最後の食卓についた。ラルソンは平静でそんなことには無関心のようだった。かれは、行進にうつることをよろこんでいた。ついにかれが一行の最初のキャラバンの総指揮をとるべきときがきた。かれは、ほかのものに先立って用意をととのえ、外に急いだ。

「すっかり用意はよいか？」かれはアメリカ・インディアンそっくりの偉丈夫、モンゴル人のメーレンに聞いた。

「はい、ラクダ全部に荷をつけました。」

「かぞえたか？」

「ちょうど一五〇頭をつれてゆきます。九八頭をここにのこします。」

　ラルソンは、徒歩で第一番目の隊列を引きつれるために、キャラバンの先頭へ歩きながら、あとの連中に向って、「さよなら」とさけんだ。二番目の列はミューレンヴェークだ。ほかのヨーロッパ人は、かれらといっしょにはゆかなかった。ラルソンはたった一二人しかモンゴル人をつれていなかった。これは、ラクダの数にくらべて、ひどく少い数だ。本隊の方には四人のモンゴル人がいる。本隊は、あと二時間すれば出発だ。

六時かっきり、ラルソンの姿は頂にオボのある丘のかなたに消えた。かれは二〇頭のラクダの列をひきいていた。後に、それぞれ約五〇頭ずつのラクダの列が三組従っていた。この方向は、土地の起伏はたいへんゆるやかで、七時一五分になっても、望遠鏡で見ると、まだ三つの隊列があきらかに区別できた。最後の組は、七時半になっても、明るい緑色の中の黒い線として、見分けることができた。かれらは進んでいる！　なんという安心感であろう。じっさい、なんの不安を抱く必要もなかった。ラルソンがついている。もし、一、二の荷物が投げだされても、なんということはないだろう。その荷物は、食糧と、比較的重い個人装備、それから銀貨の入った箱などで、こわれる心配のないものばかりだった。

　その間に、あとのテントは撤収された。ベッドと敷物は巻かれ、ラクダは荷をつまれ、炊事場は片づけられた。一同は辛抱づよく、出発の時間を待っていた。ハウデ博士は、観測気球第七八号をあげた。それは八〇〇〇メートルまで上り、雲の中に消えた。強い風が南から吹いてきた。空は晴れていた。太陽がやけつくように照った。しかし、この睡気《ねむけ》をもよおすような雰囲気は、嵐の前の静けさであった。

　とつぜん、モンゴル人がさけんだ。

「ラルソンのラクダだ！」

　そして北西の方を指さした。とたんに、モンゴル人たちは色めき立った。かれらは、足のはやい乗用ラクダにぱッと飛びのって、東をさして全速力で逃げている九頭のラクダの前をさえぎろうと、東北にむかってまっしぐらに突き進んだ。九頭のうち一頭はまだ背に荷をつけていた。二頭は荷鞍をつけていた。他のものは、すべてをふりおとしていた。

何がおこったかを理解するのは困難ではなかった。九頭のラクダがものにおどろき、綱をひきちぎって、むちゃくちゃに逃げ出したのだ。丘の上はるか後に、もう一五頭のラクダをフンメル博士が見つけた。かれらは、地平線上に浮き出して、狂ったように北の方へ走りつづけていた。災難は少数のものに限られなかったのだ。すでにキャラバンの七分の一が見えている。

ラルソンの隊のモンゴル人が一人、全速力でかけてきて、ラクダを下りずにキャンプの中まで乗り入れた。

「何が起ったのだ。」わたくしはたずねた。かれはただ手をぐるぐるふりまわして、頭を振って、さけんだ。

「何もかもめちゃくちゃだ！」

そしてまた、ギャロップで駈けて行った。

八時二〇分すぎであった。わたくしたちは、ラルソンからの使者を待った。わたくし、フンメル、デットマンの三人は、オボのある丘まで上って、西の方に望遠鏡を向けた。二キロ向うに、五〇頭ばかりのラクダが草を食《は》んでいたが、それは中国人の商人たちのものだった。もっと西の方に、明るい点々の列が見えた。あきらかにふりおとされた荷物だ。黒い列は、多分ラルソンの隊のラクダたちであろう。左方の南西の方向に、白いラクダが荷をつんだまま走っているのが見えた。すぐあとを、モンゴル人たちが乗用ラクダを駆って追っかけていた。それに追いつかれ、おさえられた。モンゴル人は、それを本部のキャンプの方へつれてきた。こっちの方が近いのだ。ラクダは強情で、ついて来たがらない。デットマンとフンメルがモンゴル人に手を貸し、荷物を下ろしてキャンプにひいてこようと、いそいで丘を下りた。北東の方から、最初に見えた九頭がやってきた。わたくしは近よってその

逃走者たちをながめた。白いラクダはとがった箱の角で、左側の太ももと横腹を破って、血を流していた。もちろん、箱はこんなスピードに合わせて設計してない。ラクダがゆっくり歩くなら、体が荷物にふれることはない。九頭のうち、ほかにまだ数頭が、血を流し、疲れ切っていた。

　ワルツは、災難の現場を見にかけて行ったのだが、もどってきて報告した。

「おそろしいありさまだ。何もかも地面に投げだされて、大混乱だ。一〇〇頭以上ラクダが逃げた。」

「ラルソンはどういっている？」

「かれはバケツに二杯水がほしいといっている。キャラバンは、新しいキャンプで編成しなおさなければならぬようだ。」

　午後、本隊の方からも、特別の仕事にたずさわっているもののほかは、全員ラクダと荷物をさがしているモンゴル人たちを手つだえという命令が出た。

「この事件で、どういうことになるかな？」

と、だれかがたずねた。

「二週間という時間と、たくさんのラクダを失うことになるだろう。それから、ミューレンヴェークの銀貨の箱も、外モンゴルに向って走っていってるだろう。そしたら、銀貨もラクダもおしまいだ。」

　昼食をすますとすぐ、わたくしとフンメルは出発した。まもなくわれわれは、中国人の商人のラクダの群れのところについた。わたくしは地図の方にいそがしく、動物のことなんか考えていなかったが、フンメルは、その中の数頭が荷物鞍をつけているのを見て、はっと思った。そこで、われわれは立ちどまってしらべた。中国人のラクダ番人が手つだって、群れの中から、かれの主人のものではないラクダを六頭さししめした。そいつらは、みんな頬にHの烙印をもっていた。二人はそれをむすび

あわせ、フンメルがそれを引いた。ラルソンのところへ手ぶらでゆかずにすむのを思って、二人はよろこんだ。それから、ラルソンのためにもう一つ大事なもの、すなわち第八号キャンプの近くの泉から、木のバケツに二杯、冷たい水をくんで持って行った。

　災難の現場に着くずっと前から、鞍覆いが、一つずつ、あるいはほかのとからまったり、綱ともつれたりしながら、草原の上に散乱しているのが見えた。荷物鞍は、六枚の覆いからなっている。それが、二つのこぶの、前とまん中と後とに合せて置いて、縦に二本の棒でしっかりとおさえ、二本の棒の両端は、綱でしばるのである。道に近く、あるいは遠く、箱、袋、トランク、テーブル、テントの支柱、椅子などが、おそろしい混乱の状態でころがっていた。恐慌が起ったのは新しいキャンプ地においてであった。そこでは、惨状はその極に達していた。だれも、本能的に戦場をおもった、そこにないものはただ、手足を失った馬だけである。しかし、ここにはその代りに、傷ついたラクダがいる。約五〇頭は、鼻綱をそのへんの木箱にくくりつけられて、ふたたび集められていた。おどろいたことには、ぱっくり口をあけた箱は、比較的わずかである。血のついたのもあった。ラルソンが出てきた。いつものように平静だが、しょんぼりしていた。

「のどがかわきました。」かれはいった。バケツがはこばれると、かれはさっそく飲んだ。かれがどれだけたくさん飲んだかは、ちょっとわからない。ほかの二人ものんだのだから。

　それから、ラルソンは物語りをはじめた。かれは、ラクダたちのいら立った不穏な空気を、最初の瞬間から見てとっていた。かれらは、神経質で、地平線をにらみ、頭をしきりに振った。しかし、かれらは出発した。キャラバンはゆるゆると前進した。かれらは、荷物がよくバランスがとれているかどうかを見るために、しばしば立ちどまった。三キロメートルばかり進んだところまでは、かれらは

三つの組にわかれて進んだ。そこでラルソンは、全体を五つのグループにわけた。その各グループは、たいへん接近してすすみ、一列縦隊というより、雁行《がんこう》隊形をとっていた。かれらは、水の涸れた河床をわたり、その右岸に沿うて、平原上を西に向ってすこし進んだ。ラルソンは、もはやラクダたちをこれ以上おとなしくしておくのはできない相談だと見てとって、ここに休み、キャンプすることにきめた。

しかし、ちょうど全キャラバンは河床のくぼみの中にいた。もしひどい雨がふったら、洪水の危険がある。かれは、なだらかな安全な斜面に達するために、全キャラバンをもう二〇〇メートルばかり前進させなければならなかった。もしかれが、このくぼみにとどまっていたならば、何ごともおこらなかったであろう。しかし、不運なことには、ちょうどこの短い行進のあいだに、一つの縦列のいちばん後にいたラクダが、索を切って列の横を先頭に向って走った。

かれはたちまち歩調を早め出した。箱は上下にゆれ、中身はがたぴし音をたてた。ラクダはおどろいて駈けた。となりの列にいたラクダは、おたがいにもつれ合って、これもまたおどろいて全速力で駈けだした。同時に、他の全部もそれにひきずられた。おそろしい混乱がおこった。もしかれらが、われずに一団となって西に向って走ったのなら、ラクダにのったモンゴル人たちは、それに追いついて取りおさえることができただろう。しかしかれらは、はじめに数回、円をえがいて走った。かれらの大部分は荷物をふり落そうとして、跳びはねた。荷物はマッチ箱のように、左右にふりとんだ。家がつぶれるときのように、がらがらがたんと音がした。耳を聾《ろう》するばかりの音がひびきわたった。この騒動の渦まきのまん中にいることは危険であった。

ラルソンは徒歩だった。左手にラクダの列の曳《ひ》き綱をもっていた。あばれるラクダをしずめようと

して、右手にもった節のあるステッキのようなムチで、鼻面を思いきりひっぱたいた。かれは自分の曳いている二〇頭ばかりを全部抑えておきたいと思ったが、横から暴れラクダが突進してきたので、かれのラクダの列は真二つになり、七頭がのこっただけだった。

ミューレンヴェークは勇敢に戦った。かれは足のはやいラクダにまたがって、逃げるラクダを追いかけては連れもどった。そしてまた新しいのを捕えるために走った。ラルソンにいわせると、ミューレンヴェークは奇蹟《きせき》をやりとげた。モンゴル人のメーレンもあっぱれであった。一五〇頭のラクダのうち、引きとめられたのはわずか一三頭だった。あとは全部風にふかれたモミガラのように、どこかへ消えてしまった。

モンゴル人たちは、この気狂いダンスの口火をきったラクダを見つけ出してきた。かれらはこのラクダに重い荷をつんで、悪魔を追い出そうとした。モンゴル人たちの主張するところによれば、この破局は、ラクダたちが肥えすぎたとか、栄養がよすぎたとか、休みすぎたとか、あるいはびっくりしたためとかでは決してなく、前日までのキャンプ地の近くにまつられた聖なるオボに宿る土地の精霊に、かれらがいけにえをささげなかったという、自分たちの神を無視した行為の当然の結果であるといった。

リーベレンツがやってきた。かれは、ラルソンとともに出発しなかったので、がっかりしていた。ラルソンはかれに向って、あんな光景を映画にとったら、世界に類のないものになっただろうといった。しかしまた、これからガシュン・ノールへゆくまでには、一〇度や二〇度はそういう機会があるだろうと、慰め顔でいった。わたくしは、もしかれが騒動のところに居合せたら、きっと映画撮影機もこっぱみじんになっていただろうといって、リーベレンツをなぐさめた。

一時間たった。みんなラクダをさがしに出かけていた。わたくしとラルソンがのこっていた。わたくしは、何かたいせつなものがなくなりはしなかったかとたずねた。

「四〇〇〇ドル入りの銀貨の箱が二つありません。特別にそいつをさがしているのですが、まだ見つかりません。ミューレンヴェークはちょうどそれをさがしに出かけました。」

「それでかれは、それを積んだラクダが逃げた方向を、おおよそでも知っているのかい？」

「いや、皆目見当がつかないのです。全体が大騒動だったもんで、特別の一頭から目をはなさずにいることはできなかったのです。」

「金がなくなれば、どうしようか？　もし匪賊や泥棒がみつけたら、あとかたもなくなるだろう。四〇〇〇ドルは、われわれの資金にとっては、まったく大きい損失だ。」

「ああ、あとのこりで、ハミまではやってゆけるでしょう。しかし、われわれは、金が見つかるまでは捜索をやめませんよ。ここにあるこの箱は、ぱっくり口をあけていましたが、幸い銀貨はころがり出ていませんでした。」

「よし、なるように任せよう。もう一度ペキンから金をとってくるように使いを出すことはするまい。われわれはハミに着くまで節約しなければならぬ。ハミまでゆけば、三〇頭のラクダは荷物なしになるだろう。それを商人に売ろう。それでウルムチまでどうやらゆけるだろう。」

七時、一人のモンゴル人が一五頭のラクダをつれて帰ってきた。あるものは背に荷物をつんでいる。かれらを坐らせて、荷物をおろし、次々に箱にしばりつける。

「ばんざい！」ラルソンが叫んだ。「銀貨の箱があるぞ。」

「ありがたい！　たすかった。ハミまでラクダを売らなくてもよいぞ。ほかのものは何がなくなって

もたいしたことはない。もうできるだけ早く西に向って出発しよう。」

半時間後に、また二人のモンゴル人が丘の上にあらわれた。かれらは二〇頭の列をつれていた。かれらは全部、あちこちに散乱していた荷物を拾って積んでいた。

「やあ、わたしとハウデの荷物があった。」

とラルソンがさけんだ。

「これでラクダは何頭になったか？」

「第八キャンプにつれてゆかれたのと合せて、約一〇〇頭です。まだ約五〇頭足りません。」

「さがすあいだ、われわれはここで二日待たなければならんだろう。しかし、ここにはもう止まりたくないね。最悪の場合でも、損失に耐えられる。みんな徒歩でゆけばよい。」

夜になると、みんな疲れていた。徹夜のラクダさがしに出なかったモンゴル人たちは、しばりつけたラクダのそばでねた。かれらがさわぎだしたら、すぐまに合うようにである。しかし、動物たちも、むしろ静かにしていた。かれらもまた、おそらくは疲れたのであろう。

この日の事件は、それ自身全く興味あるものである。それは、一種の集団精神病である。一頭のラクダがびっくりするか、あるいは重い箱をとりのぞくために長いたくましい足をのばしたいという、抗しがたい感情にとらわれるかする。かれは走り出し、荷物をふりすてる。それは近くのラクダたちに伝染する。自ら事態を考えたり、何故ということを知るまえに、かれらは駈け出す。すべてのものが例外なく感染して、一〇分か一五分のうちに全キャラバンは支離《しり》滅裂《めつれつ》となる。紀律はすべて消失し、ラクダは四散する。それはちょうど、公衆の集会において、迫力と活気にみちた人気のある演説家が、聴衆を思う方向にひきずってゆくのと似ている。かれらは、思いかえしたり理由を考えたりする暇も

なく、かれについてゆく。かれがイニシアチブをとっている。かれは説得せずんば止《や》まぬ。かれが何を言ったかは、全く重要ではない。もしラクダたちが、駈け出して角のとがった箱で太ももや横腹をひどくすりむけば、傷をこうむるのは自分たち自身なのだということを理解するならば、かれらはおそらくはじめの扇動者を一人で走るにまかせるだろう。しかし、かれらは考えない。かれらはただその後に引かれてゆくばかりである。

　そこにはまた、反抗、反乱、革命に似た何ものかがある。もしラクダがほんとうに考えることができるならば、かれらはわが背におかれた束縛のかせに対して反乱をおこしたのだと信じてよい。かれらは、このかせをいかにして振りすてるかを教えるところの指導者に従う。かれらは貴重なる箱を地上に投げ出す。それは圧政者に対する戦いである。人間に対して、かれらは叫ぶ。

「お前たちがこの荷物をガシュン・ノールまで持ってゆきたいのなら、自分で曳いてゆけ。おれたちはもはやお前さんたちのどれいは真っぴらだ。おれたちの苦労に対して、お前さんたちがお返しにしてくれることは、草原の半日の放牧だけではないか。しかも、そんなことは、お前さん方のきびしいむちから逃げだせば、おれたちが独りでできることだ。よし。では、自由ばんざい。荷物なんかくそくらえ！」

　そして、電気の火花は全群にとぶ。かれらの筋肉は鋼鉄製だ。かれらは草原の上をすっ飛ぶ。箱はまるでボール紙の箱のように放り出される。どの箱も木でできていて、じっさい一〇〇キロ以上もある。あるものはたいへんしっかりしばってあるので、荒れくるって走るあいだにも落ちない。しかし、おそらく荷は一方の側にずる。問題の箱は荷物鞍の覆いの下にぶら下り、ラクダのももは一歩ごとにその鋭い角ですりむける。しかしラクダは何も知らない。傷から血が出ても、気がつかない。それは

放心状態にある。全くの白痴《はくち》である。かれらは革命をもたらすことに参加しているのである。数か所の皮膚が破れて血が出たところで、それがなんであろうか。

翌日も、逃げたラクダの捜索にくれた。ある一頭は数か所で目撃されている。それはすでに四八時間やすみなしに走りつづけている。捜索に出た二人が夜になって帰ってきて、そいつが北に向って走っており、今はたしかに三〇〇里向うに、外モンゴル共和国への道にいると報告した。だれもそれが草を食っているのを見なかった。ただ走りに走っている。完全に気が狂ったのだ。わたくしは、まえにもこの種のラクダに会ったことがある。かれらがもどってくる見込みはない。かれらは心臓麻痺で倒れるまでは止まらない。こういう動物には何か印象深い神秘的なものがある。かれらは、草原の広大な距離を事もなげに横断する。かれらは幽霊に似ている。かれらは砂漠の船の中の幽霊船である。しかし、かれらは座礁《ざしょう》する。早い、軟い歩調で、かれらは暗夜に遊牧民のテントの村をかけぬける。騎者や遊牧民は、かれらが草原の上を足速に滑ってゆくのを見る。みんな、何ごとがおこったのか知っている。だれもかれらを捕えようとはしない。できないことを知っているのだ。こういう動物は、魔ものにつかれていて、人間の用には立たないのだ。かれらは永遠に失われ、必ず死ぬ。

この夜、ラクダの街では人口調査が行われた。ワルツとフォン・カウルとミューレンヴェークとラルソンとハスルンドがかぞえた。メーレンとゴンボーもかぞえた。一一回かぞえた結果、失われたのは三頭だということがわかった。そのうち一頭はまだ見つかる望みがあった。しかし、それなしでもけっこうやってゆける。かれらはすっかり狂っている。かれらがいなくなってよかったかもしれぬ。

隊には、ラクダの数にくらべて、それをあつかう人数が少なすぎるのだ。シャンデ・ミャオまでの途上、中国人をもう一〇人やとうことにした。かれらは百姓だが、ラクダを扱うすべを知っている。

ラクダの騒ぎのおかげで、また一週間が消えてしまった。まったく、隊の歩みはのろのろとして進まない。だれかが、これではあんまりのろすぎるというかもしれない。しかし、わたくしは考えている。われわれは何も急ぐことはない。われわれはマラソンの走者ではない。行進がおそければおそいほど、考古学者たちは仕事をする機会を見つけ、他の成果も上るというものだ。行進が早ければ早いほど、成果は乏しくなり、考古学者は発掘し研究する時間がない。前の場合にはわれわれは成果を得、あとの場合には時間を得る。どちらにせよ、何かは得る。しかし、われわれは時間を得るためにここに来たのではない。アジアの土の上で探検を行うために時間を捧げに来たのだ。そしてそれゆえに、毎日が利得である。われわれは自分たちの活動に、時間の制限はいっさいつけていない。そして、全大陸がわたしたちの前に開かれている。

七月二九日、隊列はふたたび動き出した。天気はすばらしかった。寒暖計は零下三度を指していた。霧のヴェールが高地のあいだのくぼみをみたしていた。土地も草も、朝露をふくんで湿っていた。太陽が昇り、霧は散った。風のそよぎもなかった。

ラクダたちはすでに荷をつけて立っていた。一週間まえにあの大破局をやらかしたのと同じラクダ、おなじ箱である。ラルソンは一五一頭を一〇列にわけた。かれとともに一三人のモンゴル人と七人の中国人、二人の召使、ミューレンヴェークとリーベレンツが同行する。リーベレンツは、すでにつぎのラクダの反乱をフィルムにおさめようと、まちかまえている。

最初の列が西に向って行進をはじめた。他の列が適当な間隔をあけて続いた。六時一五分には、最後の列が動き出した。一キロもゆかぬうちに、一つの列が少々あばれて走りはじめた。しかしモンゴル人たちが矢のように素早く突進して、かれらをとめた。他のものに感染せずにすんだ。今度は、危

険は回避され、堂々たる行列はその黄色い箱をつんでゆっくりと立ち去って行った。

夕方、ラルソンから報告がきた。かれの部下のモンゴル人がラクダを乗りつけてきて、わたくしに一枚の紙を渡した。

「拝啓、わたしたちは貴下のキャンプから二五キロはなれたところにいます。旅は見事にはこびました。リーベレンツは仕事がありませんでした。早く出発するようにつとめられたし。勝利はあなたのものです。ここではたっぷり雨がふりました。今はすばらしい天気です。敬具」

ありがたや！　すべてはこのようにうまく運んでいる。もはや手におえぬラクダたちに引きとめられることもないであろう。一同はこの上もなくしあわせである。

キャンプ一三号

七月三〇日は、行進中にどしゃぶりの雨にあった。何もかもびしょぬれだったので、乾かすのに一日必要だった。翌三一日は、ちょうど日曜で、太陽は輝き、暖い風がふいていた。

　土曜日のうちからラルソンは、キャンプから一キロメートルほど離れた山のすそに、いくつかの墓があるといっていた。ホアンとシュイ教授はこれにたいそう興味をもって、すぐそこへ向ってフンメルおよび数人のドイツ人とともに出かけて行った。夕方、シュイはわたくしのテントにやってきた。そしてホアンをここへとどめて、墓の一つを発掘させて見てはどうかと提案し、異議があるかどうかたずねた。異議は全然ない。わたくしは、かれが何かを発見すればよろこばしいと答えた。しかし、そのためには数日、少くとも三日かかるだろう。かれはそんなに長くここに滞在していてもよいか？　もちろんかまわない。かれはあとを追いかけねばならぬだけだ。それに多分、八月一日にキャンプ第八号を出発してくるチンメルマン、マーシャル、リウの隊に合流できるように手配することもできるだろう。

　ところが、日曜日に近所のモンゴル人たちがキャンプを訪ねてきて、一行の中国人たちが墓の平和を乱していると訴えた。そのために、中国人たちが仕事を妨げられるのを承知するかどうかは、わたくしにはわからない。

夕食後、わたくしとフンメルとは、墓を見に行った。墓は石で仕切られていて、石は一辺二、三メートルの矩形《くけい》をつくっていた。矩形の内側にも石があった。この深さが、もしコズロフがウルガの近所で発掘したものの程度なら、三日で多すぎないだろう。いちばん大きいのは、長さ八メートル、幅五メートルあった。もう一つは、六メートルに四メートルあった。大きい方のでは、外側にならんでいる石は、直径が一メートルからあった。それは、孤立した石が立っている矩形の内面を、垣根のようにとり囲んで平たい石を立てたものであることは明らかであった。わたくしたちは、ここでホアンに出会った。かれはここで五個、別のところで一〇個の墓を見つけたといった。それで、みんなそこを見に行った。垂直に立てられた平たい石の列が、二二個も、数メートルの間隔をおいてならんでいた。これはおそらくは酋長《しゅうちょう》の墓であったろうか？　墓の場所は、キャンプから一五分ばかりの距離にあった。かえり途《みち》は、夕陽がすばらしかった。フンメルは、新しい種類のバッタを一五ひきつかまえた。

　翌日、八月一日、キャラバンは隊商路を西に進んだ。小さい丘の連なりに近づき、そこでふたたび例の墓を、数世紀以前からの平和にかえした。中国人たちは、昨日のモンゴル人たちの希望を尊重して、墓に手をふれなかったのだ。モンゴル人たちは、ノリンの隊が山の上のオボから石を一つもって行ったので、その結果一人の男が病気になり、三頭のヒツジが死んだと主張した。あと半分はほんとうだろうが、ノリンが石を持って行ったということはなかった。

　キャンプ一一号は、ホンネン・チャガン・チョロー・ゴル、すなわち「白いヒツジの石の川」のほとりにある。この川は、南の方、ホアン・ホすなわち黄河にそそぐ。黄河は、モンゴル語では、メレン・ゴルあるいはハットゥン・ゴル、すなわち「王妃の河」とよばれる。

このあたりは、ジュン・グン・ホショ（東公旗）とよばれる地方である。西どなりは、ドンドゥル・グン・ホショ（中公旗）である。その旗は、シャンデ・ミャオまでのびているといわれる。「あなた方が今日よりもっと行程をのばさないと、シャンデ・ミャオに着くまでに一ヵ月もかかるだろう。」土地のモンゴル人の一人がこう宣言した。しかし、今日の行程が一六・二キロにすぎなかったとしても、この言葉は誇張である。

　このあたりでは、冬も雪は少い。しかし、今年は例年の二倍も長い期間雪が降り、量も多かった。最悪の暑さはもう過ぎたということだ。たいていのキャラバンは、冬に旅行する。もっと西へゆくと、匪賊が出没したが、現在この地方は平穏である。オオカミはここでは少い。北の方には多分もっと多いだろう。カモシカはいる。アルガリ羊（盤羊）と野生ロバはいない。

　八月三日は、四〇・六キロを踏破した。八月四日、さらに西へすすんだ。ヨモギの草原がつづき、放牧の羊群を見る。ところどころに、モンゴル人の白いユルトを見る。午後、本隊は北方ルートを先行していたノリンの隊に出あう。ノリンは折悪《おりあ》しく外出していていなかった。本隊は、さらにすすんで、ほど遠からぬところに、キャンプ一三号を設営する。

　本隊は、全部隊のうちの大部分を占めている。ラルソンは食糧をもち、ハウデは機械類をもっている。それに中国人の大部分がいる。ある班はたそがれ時にキャンプ一三号に到着し、ある班は暗くなってから着いた。しかし、探検隊はまだ分裂したままで、各所に散っていた。フチェルトゥ・ゴルにのこったチンメルマンとフォン・マーシャルが、なんの連絡もよこさないのは、どうしたのだろうか。ユアンの南方隊も、なお、はるか後方にいた。しかしかれは一ヵ月分の食糧をもち、金をもっている。ノリンの北方隊は、すぐそばのキャンプにいる。東の方一〇里のところには、ハスルンドのラクダが

暴動をおこした。つね日ごろはたいそうおとなしいのだが。そこのようすは、さっぱりわからない。キャンプ一三号では、すべてを新しく再編成しなければならない。翌日もここに滞在することにきまる。

奇妙なことには、ウルムチに向ってのこの長い行進を始めるについて、運動と進行を決めるものは、隊長のわたくしでもラルソンでもなく、ラクダであった。しかもかれらは全権をもっている。かれらは、休日を持ちたいと思えば、荷を放り出して逃げる。そうすればかならず翌日は休日になることを、かれらは知っているのだ。しかし、隊員たちにとっては、こういうふうに動物たちの無慈悲な気ままにひきずりまわされるのはたまらないし、不愉快きわまる。ラクダは、たしかに隊の荷物を西に向って運んでくれる手伝い手ではあるが、同時にかれらは、いつまた新しい損失と遅滞とをひきおこすかわからぬ四足の反逆者たちの群れである。

ノリンの隊に対して、伝令が送られて、かれのキャンプと全部隊を、キャンプ一三号に移動せよとの指令が与えられた。その夜半の一時ごろ、ノリンは単身やってきた。かれのキャラバンは途中でとまり、翌朝早く到着した。

その日は一日じゅう、重要会議の連続であった。最初の会議は数時間を要した。ノリンの大テントで行われた。そのテントにはベルクマンとセーデルボムが同居していた。ハイデルが作製した三枚の巨大な地図がしめされた。わたくしのように、長年地図を手がけてきた者にとっては、ありとあらゆる形と大きさの三角形のこみ入った系列からなるこの地図を見ることは、まことに芸術的な御馳走であった。固定点としては、ハイデルはオボをすべて利用した。オボは、その地方の各所に見出され、展望の利く山頂や高地にあって、遠くからセオドライトによって明らかに見ることのできる点をつく

っている。オボのないところでは、かれはしばしば高さ二メートルにも達する石積みをつくった。こうして、これらの点の間の角度をくりかえし測った。全体が、三角形の密な網目模様になってゆき、あとはただ二点を天文学的に観測しさえすればよかった。それでこの全系列は、緯度と経度の網目の中の正しい位置に、ぴたりと収めることができるのだ。ハイデルの三角形の系列から、ノリンはいつでも、すきなところで、かれのつくる部分図とマッセンバッハの測量のための基線をもとめることができた。

本隊においてわたくしがつくったルート・マップが提示され、ハウデとデットマンは天測の結果を示した。ノリンの地図は、その等高線と地質学的彩色にかけては名人芸だ。マッセンバッハは谷の道と浸蝕溝《しんしょくこう》との地図を見せて、それがノリンの地図とハイデルの三角形の系列の中のどこにはまるかを示した。

みんな、その仕事に実に熱心である。わたくしは、隊員たちの仕事ぶりを見て、全くよろこんでいる。まことに学術探検隊というものはこうでなければならぬ。科学的任務をもった隊員各自は、喜びと熱心さとをもって仕事に当らねばならぬ。この隊員は、みんなそのとおりだ。隊長から注意を促して思い出させなければならなかったようなことは一度もない。わたくしはむしろ、かれらが働きすぎにならぬよう、ブレーキをかけなければならぬと思った。とくにノリンは心配だ。ほうっておけば、全中央アジアを一人でかかえこんでしまうだろう。それまでは十分休養をとろうとはしないのだ。

夕方、フチェルトゥ・ゴルから後を追ってきたチンメルマンとマーシャルが、すぐそば、東一五里のところでキャンプ中という報告がきた。連絡の使は、かれらがキャンプ一三号の本部まで、できるだけはやくくるようにという命令をもってかえった。

翌日午後二時、かれらは一二頭のラクダのキャラバンをつれて到着した。両人および学生のリウも、たいへん元気だった。小さいカモシカもいっしょにやってきた。かれは詰めものをした箱の輿《こし》にのっていた。これも陽気でたっしゃだった。長旅になんのけがもなかった。

一時間後、ユアンがただ一人ラクダにのってやってきた。かれは自分のあげた成果に満足していた。かれの地図はよくできていて、きれいに描いてあった。これももうノリンとマッセンバッハの地図とつなぎ合わせるところまでできていた。ハイデルの三角形の系列の中にはめこむこともできた。みんな、長時間すわりこんで、地誌について語った。

あとで、ガシュン・ノールについてからの仕事について、討論を行った。わたくしの提示したプログラムには、つぎのような項目がふくまれていた。

1 ガシュン・ノールとソホ・ノールの地図を描くこと。全体の形とともに昔の湖岸線をふくむ。

2 二つの湖をめぐる考古学的研究。

3 ガシュン・ノールの西の砂漠への探検。そこには、前漢の歴史書によると、ロウランより六〇〇年古い古代都市があるにちがいない。

4 エツィン・ゴル下流およびそのデルタの支流の地図作製のための測量。

5 同じく沿岸の考古学的研究。

6 状況によっては、一九〇九年コズロフが発見した「黒い町」、すなわちハラ・ホトへの訪問。

ただし発掘は企図していない。コズロフはもう一度ここへ帰ってくるつもりであると聞いている。かれは当然その先占権がある。全く新しい仕事がえらばれた。コズロフもスタインも、これらの川と湖の先史考古学には、なんらいうに足る注意も向けていない。この仕事こそ、新しさの魅力をもち、

一行の考古学者を満足させた。

ノリンは第一の仕事を与えられることを希望した。ユアンは特別の希望をもっていなかった。任されればなんでもやりたいといった。ホアンは有史時代の考古学者として、どれよりも第三の仕事をやりたいと望んだ。ベルクマンとユアンとの仕事の分担は、湖についたらすぐ決めることになった。

ここからまた一行は分れ分れになった。ノリン、ハイデル、ベルクマン、フォン・マッセンバッハ、ティンは、その仕事をつづけ、本隊よりおくれてすすむ。ユアンは仕事をいそいで、七週間あるいは最大九週間で、ガシュン・ノールに着く。ホアンと採集人のチュアンは、その希望により、ここにもう三、四日とどまり、発掘をつづける。他の隊員は全部いっしょに、西への旅をつづける。

シャンデ・ミャオの僧院

八月九日、行進は再びはじまった。至るところに、砂漠の船が座礁していた。道ばたに倒れたラクダの骨があった。風と雨と、やけつく夏の太陽の熱で、それはいろいろの分解の段階にあった。乗用ラクダは、その匂いをかぐと、足を速め、すこし廻り道した。生と死。永遠の輪廻《りんね》。生けるものは、人間の荷物を運べなくなるときにかれらを待ちうけているおなじ運命を、おそらくは予見しているのであろうか。

　八月一一日、空はきらきらと晴れわたり、八時にはすでに暖かった。風はここちよく背中にふいた。太陽が照りつけていた。一行は低い丘と高みの連なりを横切った。いちばん高い丘に、オボが立っていた。山の神に捧げられたこの祈りの印のすぐそばに、ここにも一頭の死んだラクダが横たわっていた。この倒れた殉教者は、ふつうの死の姿勢をもっていた。頭と頸を、つよく背の方へまげていた。もはやほとんど骸骨ばかりになっていたが、アジアの砂漠を数十年にわたって踏んできた角質の足は、そのままのこっていた。それはあたかも、死に臨んだラクダが、救いを求めてこの聖なる場所まで上ってきたが、ちょうどこの石の印のかたわらで、神の怒りに打たれて、ここでそのさすらいを終ったかのようであった。

　ここから少しゆくと、隊商路は分れている。右は北の方、ダー・クーレンすなわちウルガに通ずる。

左はシャンデ・ミャオの僧院に至る。一行は左をとる。

　西北に、ボンビン・スムという僧院が見える。かつてはラマの数は九〇〇をかぞえ、家畜は数千頭もっていたのであるが、今はわずか二〇人ばかりの貧乏坊主が、寺のねずみのように住み、悪い時勢と打ちつづく旱害《かんがい》とをこぼしている。漢人たちは、もっと勤勉である。かれらは、その生活と時間を仕事に用いる。寺のお勤めや無意味な読経などに使いはしない。

　単調な旅はつづく。八月一三日、遠くにキャラバンの姿が見え、こちらへやってくる。それは、しだいに近くなり、大きくなる。五人の中国人が一〇頭のラクダを引いていた。疑いなくアヘンを積んでいるのだ。かれらは通りすぎてゆく。

　さわやかな風がふいている。草のそよぎは、憂愁《ゆうしゅう》を帯びている。近く、遠く、風がふきすぎるとき、人はふと奇妙な音を耳にする。ときには、だれかが自分の名をよんだと思って、はっとする。かれはふりかえる。生きたものは何もいない。

　一行はまた密輸者の宿場をとおる。そこには、ニンシア（寧夏）やワンイェ・フ（王爺府）からのアヘンのキャラバンが休む。かれらは一日に一〇〇里をゆく。かれらは、朝と夕方と、二段にわけてすすむ。五五キロの行進にたえるために、かれらのラクダは世話がゆきとどいていなければならぬ。かれらのテントの前のむしろの下には、穀物がつみ上げてある。かれらは、ライフル銃とモーゼル拳銃とで、匪賊に対して武装している。

　八月一五日、この日はわたくしにとって、たいせつな記念日である。わたくしは四十二年前を回想する。はじめてアジアに向けて出発した日である。あの日と今日との間には、ほとんど全生涯にわたる時間が横たわっているが、わたくしはその日をありありと明らかに思いだす。最後の数時間の長か

ったことよ！　父は聖歌集から讃美歌を声高に読み上げ、息子の安全と幸福な再会を祈った。母は、勇気と忍耐をもって別離の不安をかくしていた。わたくしはバルチック海をロシヤに渡り、西アジアに旅した。そして、それ以来、偉大なる大陸は今なおわたくしの心をとらえて放さないのである。

八月一六日、わずかな土地の波の高まりに上ると、ふたたび前途にさえぎるものなき眺望がえられ、ついに、西南西の方向に、ながらく待ちのぞんだシャンデ・ミャオが見えた。これは、クェイホア・チョンとガシュン・ノール間の道のりの、ほぼまん中であるといわれている。

この部落は二つの部分からできていた。一つは九つのパオから成る商人の部落で、もう一つは坊主の部落、すなわち僧院である。前から、シャンデ・ミャオは税関であって、箱一つごとに五ドル払わなければならないと聞いていた。しかし、一行が着いてみると、関税のことなど全く聞かれず、一セントも払わなかった。逆に、西へゆくのにあまり北寄りに行かぬように、という好意ある忠告をうけた。外モンゴル共和国のうるさい収税吏にとっつかまるかもしれないから、というのだ。共和国の税関は、わずか一二〇里北にあった。

シャンデ・ミャオの近くのキャンプ二一号では、数日間とどまった。その間にまた、二、三の編成がえがあった。考古学者のホアンの小さいキャラバンは、本隊に追いついた。ラルソンは、荷物をもって二二日に出発し、本隊に先行することになった。ハウデは、できるだけ早くガシュン・ノールに気象観測所をたてたいと望んでいたので、ラルソンといっしょに、かれの隊員と機械とともに、先発させてもらいたいと望んだ。デットマンとフォン・カウルとリーがついてゆくことになった。ホアンも、ラルソンといっしょにゆくことになった。

この土地の商人の話によると、ここから黄河の大屈曲地点までは二日行程であるという。八月二一

日から二二日にかけての夜中、わたくしは、横になったまま、新しいプランをしきりに考え、ついにこの黄河の大屈曲点との連絡を再び確立しておくことは、地図作製上有益であるという結論に達した。そこで小さいキャラバンが編成され、ヘンペルとチンメルマンがその役に当ることになった。かれらは、ラクダでいちばん近いベルギー人の伝道所へゆき、そこで情報をあつめ、道の地図をつくる。かれらの通訳として、二人の学生をつけてやってくれるように、わたくしはシュイ教授にたのむ。リウとマーがこれにえらばれた。二一日の午後、この軽装の小キャラバンは出発した。しかしかれらが出発したあとで、疑問が出てきた。匪賊団がもっとも跳梁《ちょうりょう》するといわれている地域に、こんな小部隊を送り出して、いかがなものであろうか。何か事がおこり、かれらが帰ってこなかったら、どうしたらよいか？　わたくしは心配になった。

　探検隊は今やすっかり散りぢりになった。本部には、わたくしのほかに、スエーデン人一名、ドイツ人一名、デンマーク人一名、中国人二名――すなわちフンメル、フォン・マーシャル、ハスルンド、シュイ・ピン・チャン、ツイしかいなかった。いちばん前を進んでいる隊は、ラルソンとドイツ人六名――リーベレンツ、ワルツ、ミューレンヴェーク、ハウデ、デットマン、フォン・カウルである。それに中国人二名、ホアンとリーがついていた。ノリンの隊にいたのは、ベルクマン、セーデルボム、ハイデル、フォン・マッセンバッハ、それにティンである。ユアンの隊にはただ二人の中国人、チャンとクンが加わっていた。全探検隊は今や五つに分れている。これは、全部が一所に集って行進するよりも大きい成果をあげ得ることは、明らかである。各小部隊はより独立的であり、より動きやすい。

　キャラバンがこのように再編成をうけているあいだ、わたくしは病気で寝ていた。持病の胆石病にやられたのだ。フンメル博士はわたくしをフォン・マーシャルの大きいテントに移し、シーツつきの

本もののベッドに寝なければいけないと命じた。これは、パオトウ出発以来知らなかったぜいたくである。病人の両側に箱をおき、二つの脇机にして、くすり、茶、水、本、地図、そのほかいろいろとおいた。

　ここはまだドンドゥル・グンの地方であった。ここの旗長は、外国人に敵意を抱く専制君主であった。以前この地方にいた三人のスエーデン人の宣教師の生命についても、かれにはやましい点があったはずだ。一行はただわたくしとシュイ・ピン・チャンの名刺をかれにとどけさせただけで、それ以上の注意を払わなかったが、かれは手出ししなかった。もう数日行けば、かれの領分をはなれる。そこで一行は、わたくしが若いときに横断したことのあるアラシャン地方に入る。アラシャンの王、すなわちワン・イェ・フのワン・イェには、シュイは紹介状をもっていた。

　僧院からは、一人の身分の高いラマが、わたくしを見舞いにきた。幸いにしてわたくしの健康状態は良くなってきたので、キャンプを僧院のすぐそばに移すことにきめた。僧たちは、テントは聖所の上手《かみて》の山の上には張らずに、下の砂地の谷に張ってくれとたのんできた。わたくし、シュイ、ハスルンドと、二人のモンゴル人、セラト、メントーの五人は、見舞いにきたラマに答礼のため僧院を訪れた。かれはちょうどそのとき不在であった。僧として、遊牧民の家庭を訪れるために出かけたところであった。そこで一同は、僧院長のところへ案内された。かれは、丸い頭のしわのよった小さな老人で、調度のととのった小さな一室に、真鍮《しんちゅう》や色つきの仏たちにかこまれて、足を組んですわっていた。

　一同のあいさつに、かれは答えなかった。かれはただ驚き当惑して一同をながめ、ただみんなから脱《はな》れたいように見えた。しばらくのあいだこの老人をながめてから、一同は退出した。

　わたくしたちは、丘の上の本堂へ上って行った。ここにもきれいなチョルテンの列があった。一人

のラマがそこへ進んで、入口の正面にある金属製の器の中の香に火を点じ、本堂の広間の右端のふとんの上に座を占めた。かれの前の朱塗りの机には聖典がおいてあった。かれは歌うようなリズムで声《こわ》高《だか》にそれを読んだ。ときどきかれはひざのにょうはちを合わせ、また白鳥の頸のような形の棒で、吊り下っている太鼓をたたいた。その棒は垂直にたもたれ、一方の端に球がついていた。ときどきかれは机の上の小さい鐘をならした。机の上にはそのほかにも儀式用の物品がいろいろそろっていた。かれのしていることは、すべてみなこの歓迎されざる訪問客によってよびおこされた神の怒りをそらすためなのだ。

　心もち長目の本堂の天井は、四本の朱塗りの柱で支えられていた。柱の間には並みはずれて大きく美しいタンカス、すなわち宗教画を描いたのぼりがあった。両端の壁は赤いわくに入った絵で飾られ、後の壁には、聖典のカンジュル経を入れる本棚や、ガラスの食器棚に入ったいくつかの美しい仏像があった。室のまん中には、チョルテンすなわちモンゴル語でいえばソヴルガが立ててあった。チベットで見なれたものと同じである。仏壇の机の上には、真鍮の器と香をたく碗があり、その中央の前に織物でできた天蓋がかかっていた。

　それからわたくしたちはその辺をあるきまわった。すべてチベットの僧院そのままであった。二、三の建物は、正面の繰形《くりがた》や彫刻や絵画などは中国風であったが、建築様式としては、やはりチベット式であった。シャンデ・ミャオ、すなわちモンゴル式にいえば、バイン・シャンダイ・スムは、丘の間に絵のように横たわっている。そのすそに、せまい谷がある。その底の泉から、ズックのひしゃくで水がくみあげられ、木の槽にうつされる。何頭かの動物がそこに立って水をのんでいた。ウマが数頭、ロバが一頭、それから立派なラクダがいた。そのラクダは、クク・ノールから来た青い上衣のモ

ンゴル人のものであった。北の方にははがね色の険悪な嵐の雲がうかび、赤々とした暖い入日の光をあびて、全体のながめは、一枚の美しい絵のようであった。

黄河の大屈曲点まで派遣されたヘンペルたちは、ぶじ任務をはたしてかえってきた。

ラクダの苦難の道

八月二九日に至って、一行はやっと出発することができた。道は、キャンプのあった谷筋の中を上り坂が、ほとんど一日じゅう、真南にむけてつづいた。シャンデ・ミャオから西の方向に、水のない砂の砂漠がのびているので、それをさけるために、数日行程のあいだ、まわり道をしなければならないのだ。行手には、ハラ・ナリン・ウラの山なみが、低く黒い稜線を見せていた。キャラバンは砂丘の間をゆく。砂丘は、ときには植物で覆われ、ときには裸かである。裸かの砂丘は、盾の形に、三日月形に、ピラミッド形に、あるいはイルカの背のようにそびえていた。景観は、東トルキスタンのステップと砂漠との推移地帯を強く想いおこさせた。二つの高い砂丘のあいだの平らな低地に、ついにホブリン・ノールの湖が見えた。この日はここにテントを張った。正確にいえば、ここには二つの小さい池があった。一つは淡水で、もう一つはソーダをふくんでいた。この低地は、ほとんど全く裸かの、非常に高い砂丘に、すっかり四方をとりまかれていた。そのうちの二つを、チンメルマンが測ったが、一二・五および一八メートルの高さがあった。この砂丘の景観は、隊員たちの大部分にとって、目あたらしいものであった。

　翌日、一行はさらに砂丘の間をまっすぐにつき進んだ。しかし、砂丘地帯はただせまい帯状の地域であって、景色はまた突然にがらりと変った。砂はなくなり、ステップの中に丘のある平らな土地が

また始った。右手には高い砂丘が見える。この移動する砂丘の黄色に対して、まばらな植物の緑が、あざやかで力強いコントラストをなしていた。もしも一行が水なき砂原をま一文字に横ぎる道をとっていたとすれば、軽い荷をもって毎日一〇〇里を楽にゆくラクダだけを用いるほかはなかったであろう。そんなことは、キャラバンにとっては、でき得《う》べくもない。

八月の最後の日に、一行がふたたび西の方角に向いて進んだ日には、左手に、くっきりと縁のかぎられた砂地があり、右手の砂の帯は、もはやますます狭くなり、ついに全く尽きてしまった。

涼しい、すばらしい天気の中を、九月一日、一行のラクダたちは、西へ向ってつきすすんでいた。南にある高い砂丘が、太陽に照らされて、すばらしい絵のようであった。その翌日、丘の間をすすんで、きわめて平坦な波状地に達した。それでも、その頂からは、壮大な眺望を得ることができた。景観はたえまなく変りつつあった。最後に一行はサクサウルのしげみにふみこんだ。それは、暗緑色に美しかった。キャラバンは、サクサウルの森の中であやうく道を失いかけたのち、その夜をシェネ・ウス、すなわち「新しい水」という泉のほとりですごした。

九月三日、谷ぞいのくぼ地をゆくうちに、絵にかいたようなキャラバンに出会った。一五人の漢人たちで、男も、女も、子どももいて、一二頭のラクダをつれていた。かれらは、チェンファンで生活の可能性をさがすつもりで、そこへ行ったのだが、耕作できる土地はすでに全部占領されているのを知って、荷物をまとめて、黄河の屈曲点にあるもとのすまいへ帰ってゆくところであった。一人の小さな少年が列の先頭を歩いていた。女たちは、ぼろをまとい、よごれ、貧しそうに、腕に赤子をだいて、荷物の上にすわっていた。男たちは歩いていた。三つの銅の鐘が、とむらいの鐘のように鳴っていた。

月の表面といえども、ここ、この土地のように荒涼としていることはあるまい。不毛で、乾ききって、ごくまれにいじけた植物の株があるばかり。キャンプ二九号の近くの泉は、かなりの水量であったが、牧草はたいへん乏しい。

九月七日、道は、低いが傾斜の急な二つの丘の間にある谷をとおっていった。ふたたび堂々たるノニレの大木が見られるようになった。道はちょうどその木の一本の下をとおり、ひとびとは一瞬のあいだ、その梢《こずえ》の葉ずれの音をきき、その葉の厚い天蓋の蔭《かげ》をたのしむことができた。これはすばらしい気晴らしであった。葉むらを渡る風のしらべは、たぎりおちる滝のように、また遠い国からのあいさつのように聞えた。しかし、その瞬間は束の間にすぎて、ふたたび焼けつくような太陽が一行をてらしていた。

道は谷をはなれ、左へまがって、その岐《わか》れ谷に入り、峠にのぼった。その峠の入口から、かれ谷が平原へとつづいていた。それはまことの死の谷であった。ここに、一か所に一〇頭のラクダの骸骨が横たわっていた。

一日一日と、一行は西に向って進んだ。しかもつねに果てしない砂漠の中心にいた。そこにはほとんど植物も生えず、その日その日の水もなく、生けるものの姿はない。ただ一度だけ、一匹のトカゲが走りすぎた。キャンプは、シャラ・ホルス（黄色の葦）という泉のそばに設《もう》けられた。この小さな土地のくぼみは、石づみがその位置を示していなかったら、みつけるのに苦労するだろう。この石のピラミッドの上には、ラクダの頭蓋骨がのせてある。口をあんぐりあいて、中に石をくわえている。そのようすは、おそろしく、皮肉めいて、憎々しげで、残忍であった。それは、希望なきこの国の入口に立つ、警《いまし》めの像であり、象徴であった。人間は、きっとなんとか通りぬけられよう。しかし、ラ

クダは死ぬ運命にある。

その夜は、すばらしく涼しかったが、月の光は氷のように冷たかった。そこの景観のもつ死の印象は、月光によっていっそう強められた。静寂をやぶる音はなかった。人は、ラクダのゆっくりした息づかいや自分の心臓の鼓動さえ聞くことができた。

その翌日、空は厚い雲でおおわれた。南風がいつにない強さで吹いた。隊は、左手に低い丘の連なりを見て進み、峠をこえた。峠にはオボが二つあった。峠の神はそれによって気持をやわらげられているのだ。それからまた砂丘の中にふみこんだ。砂が目の中にふき込んだ。冬になり雪がくれば、この道は希望がない。あちこちにたててある石づみは、旅人のためか神さまのためかは知らぬが、必要欠くべからざるものである。道ばたに、一頭のラクダが死んでいた。これは先行しているラルソンの隊のものだ。それは行進半ばにして倒れ、四本の脚はすべて伸ばし、頭が背のこぶに触れるばかりに頸を深く後にまげ、おきまりの死の姿勢をとって、今ここに横たわっている。それは、まったく新しく、生《な》まなましく見えた。じっさい、それが殉教者の死をとげてから、わずか一日経っただけである。しかし、すでに三匹の大きなハゲタカがその上に見張っている。わたくしのラクダはそのかたわらを通るとき、それを見ておびえた。かれは悲しみをもって犠牲者をながめた。それは友であり、旅の道づれであった。それはその義務を果し、もはやこれ以上ついてゆくことができなかったのだ。ハゲタカどもがその仕事を終えたのち、その骸骨はなお白く日にさらされることであろう。

ある黒い丘の上に、またオボが二つ立っている。遠くからは、それはテントのように大きく見える。濁った空気の中では、人はもののつりあいを見そこなう。

九月一〇日、空は一面に雲におおわれている。日ごろのようなひどい暑さはない。道は砂におおわ

れた黒い山のあいだのかれ谷に入り、ときどき乾いた木を組んで叉銃《さじゅう》のような形につくられたオボのそばを通った。ただ、砂丘と小さい山と、高さ五メートルに達するタマリスクがあるばかりだ。風景はたえず変りつつある。何日間ものりつづけても、いうほどの変化もなかった大きなステップとは、だいぶんようすがちがう。右手の山の連なりの切れ目には、大きな砂丘が立ちふさがっている。行程のある部分は全く不毛であるが、他の部分には美しいタマリスクが生気をそえる。一行は、シャラ・ホルステの泉を右手に見て過ぎ、さらに進んで、塩気をおびた水がいっぱいによどんだ河床に出た。また、砂丘の迷路をくぐりぬけ、ついに先行のラルソンの隊のキャンプ地に達した。

　シャンデ・ミャオ以来、ハウデとデットマンとフォン・カウルの「気球隊」は、ラルソンの隊といっしょに行進した。しかしかれらは、この先鋒隊《せんぽうたい》と行動をともにするのは実際的でないことを悟った。先鋒隊は、毎朝四時半には前進の準備ができる。観測気球の方は毎日七時になって明るくなるまで上げられないのだ。かれらは毎朝ラルソンが出発してから何時間も待たなければならない。そこでかれらはふたたび本隊にもどることになった。ラルソンはますます身軽になって、ガシュン・ノールに急行することとなった。

砂漠の泥棒狩り

ラルソンの隊は、もう一人ラクダの御者《ぎよしや》をほしがっていた。本隊には十分以上の手があったので、モンゴル人がオボゴン（爺さん）とよんでいる年配の漢人をラルソンの隊に引きわたすことになった。オボゴンはシャンデ・ミャオの近所で、傭い入れられた。行進中はかれはいつも徒歩で、荷物ラクダの列のひき綱をもち、キャンプでは雑役につかわれていた。かれは毎朝まっさきに三時ごろから起き出し、燃料をあつめ、炊事場に火をおこした。かれは自分の仕事を完全に果たし、なんの手落ちもなかった。シャンデ・ミャオでは、毛皮やそのほか衣類を買う金として、一八ドルをもらっている。

さて、九月一一日の朝五時半、ラルソンの出発である。かれはオボゴンを連れてゆこうとして、よび廻らせたが、見つからなかった。多分、炊事場に火をおこすために、燃料あつめに行ったのだろうと、人は思った。人間一人のために大キャラバンをおくらせることはできない。キャラバンは出発した。

すぐあと、メントーがわたくしの乗用ラクダがいないのに気がついた。椿姫は長路をあるいて蹄《ひづめ》が減ったので休ませ、数日前から、新しいのがわたくしの乗用にあてられていた。それが居なくなっている。ハスルンドはすぐにラクダをかぞえて、そのほかに、一行中のいちばんよいラクダが消えていることを確かめた。ようやくみんなおかしいと感じ始め、全員をよびおこした。だれもオボゴンを

見たものがなく、なんの消息もわからなかった。しかし、中国人隊員の召使のワンが、夜中の二時ごろ、いつも炊事場の近くにおいてある食糧箱をだれかがいじくっているのに眼がさめた、と語った。「だれだ、そこにいるのは！」とかれはテントの中からどなった。オボゴンが自分だと答えて、炊事場の火をおこそうとしているのだといった。これはめずらしいことではないので、ワンは別に疑いもせずに、また眠りにおちた。

食糧箱をしらべて見て、コックのウーは、夕べのうちに米が一袋と、メリケン粉一袋、それから茶、砂糖がそれぞれなくなっていることを、ただちにみとめた。かれ自身の五ドルの金も消えていた。その上、乗用鞍が一つなくなっていた。泥棒は、あきらかに夕べの二時から三時の間に、一行中のいちばんよいラクダ二頭に盗んだ品物をつんで、乗りにげしたのだ。かれは、このへんの道をよく知っている。エツィン・ゴルへ数回行ったことがある。

今やハスルンドがその追跡をひきうけた。モンゴル人のバトー、メントー、セラト、マッテとともに、五頭の乗用ラクダをつれて、逃亡者をさがしにかれは出発した。モンゴル人たちは大きな獲物にかかろうとしている猟犬のように、たけり立っていた。かれらは、ラクダの世話をするについて給料をうけているので、ラクダに対しては責任がある。ラクダが盗まれたとあっては、それはかれらの不面目である。モンゴル人はラクダを愛する。ラクダに危害を加えたる者に対しては、ひとは神の慈悲をねがわずにはいられない。ラクダ泥棒は、モンゴルの地では、考えられる限りでの最悪の悪漢と考えられている。ラクダ泥棒がつかまったら、かれは容赦なくたたき殺されるか射殺されるのである。

わたくしは、テントから出てきて、最もすぐれた、最も勇敢な四人のモンゴル人たちが、虎のように怒ったハスルンドの指揮をうけて捜索に出発したということを聞いた。かれらは悪漢を見つけたら、

即座に射ち殺してしまうだろう。わたくしは、それを考えて慄然《りつぜん》とした。わたくしは、いかなる代価を払っても、探検隊を血で彩ることを望まなかったのだ。もとより、わたくし自身もこの悪事にはいきどおり、その犯人はそれ相当の罰に価するとは考えていた。

ハスルンドはその手兵をひきいて進んでいた。二〇〇頭のラクダが数日間あるきまわった場所で、二頭のラクダの足跡を見つけるのは、容易なことではない。しかし、かれらは探しまわったあげく、それを見つけた。それは、南の方、草のない砂の高地へと通じていた。風は強く、足がたは不明瞭になった。セラトとマッテは南の方角に追跡をつづけ、ハスルンドとその他のものは、悪漢が東に逃げるために、一行の前のキャンプ地オタコイの方へ行ったのではないかと考えて、そっちへ行って見ることにきめた。

はじめから泥棒の方にかなりの分《ぶ》があった。四時間も先に出発し、キャラバン中の最良のラクダを二頭もっていた。おまけに、かれは前からこの地方をよく知っていた。最後に、新しい風が起って、かれの足跡を判読できなくして、かれをたすけた。あとをたどることは、困難で時間のかかる仕事であった。かれは、ラクダの力のつづくかぎり、長くかつ速やかに走らせて、すべての足跡が吹き消されてから、どこかの行き着きにくい谷間を見つけて、そこではじめて休むだろう。かれは、自分のやったことがすぐ発見されるかもしれないということも計算の中に入れているにちがいない。かれはモンゴル人というものをよく知っていたから、かれらに追いつかれたら、生命もさっぱりねうちがないことを承知していた。

三つの高い砂丘を越えたところで、足あとは砂の中に消えた。マッテとセラトはハスルンドたちとわかれた。すこしして、セラトがあるくぼ地にまた足跡を見つけた。二人はそれをたどって、たっぷ

り四〇里も東へすすんだ。それは、おそろしい砂の中を、丘に上り谷に下り、右にまがり左によっていた。泥棒が、十分につもりがあって道をえらんでいることは明らかであった。かれは、ラクダの角質の足のしるしがすぐに吹き消されるように、できるだけもっとも風にふきさらされている砂丘の斜面をえらんで通っていた。追手はまもなくこのトリックを見やぶって、それに応じた捜索法をとった。

　道はいまや南に転じ、それから東に向い、砂の中に砂丘群よりもひときわ高くそびえ立つ岩山の頂にのぼった。マッテは西の方角をさがした。セラトは円をえがいてさぐり、泥棒が追手をまよわすためにループをえがいて歩いているのを発見した。二か所では、ラクダを下りて、徒歩で後もどりして、ラクダの足あとを手で消したあとがあった。足あとはふたたび見つかり、北東に向っていた。しかし砂原が終り、かたい礫《れき》の地面がはじまるとともに、また消えてしまった。

　八方を懸命にさがすと、逃走者は低い砂丘地帯に向っているのが見つかった。かれの行った道は、ここで向う一五里ほどははっきりわかった。突然、二人はラクダの手綱《たづな》を引いた。二つの砂丘の間のくぼ地に、かれらは泥棒を見つけた。泥棒は地面に腰をおろして休み、盗んできた食糧袋をあけて食べ、きゃはんをしめなおしていた。二頭の盗まれたラクダは、すぐ近所で草を食っていた。距離はほとんど一キロもなかった。セラトはまっすぐに進み、ラクダをできるだけ速い歩調で駈けさせた。途中でかれは高い砂丘でかこまれた低地を横切らなければならなかったので、しばらくのあいだ、泥棒とラクダの姿が見えなかった。かれがふたたび高みに上って見とおしがきくようになったときには、逃走者はすでに休み場を発って、逃亡をつづけていた。しかし、かれがまだこちらに気がついていないことは確かだった。かれはまもなく二人の正面にあらわれた。かれはありとあらゆる奇妙なごまかしをやりながら、ラクダを進めていた。二人はラクダをいっそう速い足どりですすめようとしたが、

ラクダは、ふめばくずれる砂の中を速く走ることをきらって、ラクダのくせで、腹をたてて金切り声をだした。その声で、泥棒は最初の警告をうけた。かれは気づいて歩調をはやめた。高い砂丘がしばらくかれの姿をかくしたが、モンゴル人たちは忠実にその足跡をたどって、あえて近道をしようとはしなかった。砂丘の頂上まで上っても、かれの姿は見えなかった。しかし、かれがもうすぐ近くにいることは疑いなかった。しかし、そのあたりは砂丘のほかに岩山や丘が横切っていた。そこで二人は、両方からはさみうちにしようとして、別々の道をとって進んだ。オルタ・ブルク（長い泉）という泉のあるくぼ地の中で、セラトはかれを見つけた。セラトは、高い葦《あし》の中に身をかくした。不幸にもセラトのラクダは疲れていた。そして、このかんじんの瞬間に横になった。乗手が立たせようとしたとき、ラクダはいなないた。泥棒はふたたび警告をうけた。かれはただちにラクダにまたがり、のりつづけた。セラトは、後から一発射ったが、わざと高く射った。ラクダに傷をつけることをおそれたのである。泥棒は知らぬ顔でまっすぐにのりつづけた。セラトはかれの疲れたラクダをあとにのこして、走って追いつこうとした。

　岩の丘から、かれはさらに逃走者の背後から三発射撃した。マッテもラクダを下りたが、セラトのラクダのところに達するとすぐそれにまたがり、しゃんと立たせ、駈け足で走らせた。泥棒は後にひいていたラクダを解きはなした。それでいっそう身動きが自由になって、前よりはやく走り出したので、モンゴル人たちは、かれを逃がしはしないかと心配した。それでセラトはかれの頭をねらった。弾丸はかれの耳のそばをかすめたにちがいない。

　いまやかれらの距離は一〇〇メートルばかりであった。マッテは声をかぎりにさけんだ。

「止まらぬとうつぞ！」

ついに悪漢は勝負は負けと観念してラクダを下り、追跡者を待った。二人が着いたときに、かれはセラトにぬすんだラクダの鼻綱をわたして、ふくれっ面をしていった。

「さあこれでお前さんたちは二ひきともラクダをとりかえしたのだから、もうわしを帰らせてくれてもよかろう。」

返事のかわりに、かれは鞭のお見まいをうけた。そこでかれはへたばってあわれみを乞うた。セラトはかれを射ち殺したがったが、ラマのマッテがとめた。マッテは、罪人は隊長のところへつれて行って、隊長の判決をうけるべきだと考えた。もちろん、かれがぬすんだラクダは隊長のものなのだから。二人とも血に飢えた虎のようだった。息をきらし、疲れはてていた。マッテも、自分がラマであることを忘れて、捕虜を殺したい欲望にかられたと、あとで白状している。しかし、そのときはかれはこう提案した。

「おれたちはちょっと休んで元気を回復しなければならん。」

かれらはとうとう、こいつを生かしておくことに意見一致した。

もし、ラクダがかれのもちものだったのなら、かれらはこの男を犬のように射ちころしていただろう。マッテは、この事件には一団の匪賊たちが総がかりで関係していると信じていたから、この瞬間にもし頭が一つでも砂丘の向うに見えでもしたら、敵を一人でも少くするために、たちどころにこいつを殺しただろうと、あとで語った。

すでに時刻は午後四時で、かれらはキャンプから東南五〇キロのところにいた。悪人をしばってから、その鞍嚢から盗んだ品物をとり出して、食べものを食べ、水をのむために、腰をおろした。囚人は、水をほしがったが一滴ももらえなかった。

四時半、かれらは全部徒歩で帰途についた。泥棒は首と手になわをうけていた。かれは地面に身を投げて、もうだめだ、死にたい、といった。しかし、そんなものはお芝居にすぎないと、モンゴル人たちは思った。こいつはずるい悪漢で、死のうなんて考えるものか。ただもういっぺん生きて、正直な人たちのラクダをぬすんでやろうと思っているだけだ。

暗くなってからも、かれらはかなり足をのばした。もしかれらがほんとうに匪賊団全部を相手にしているのなら、キャンプ地を見つからぬようにしなければならなかった。水をもとめて土を掘ったがだめだった。かれらの用意していた水も尽きた。一方、草は良く、ラクダは近所で自由に草をはむことをゆるされた。囚人はかたくしばられたまま、地面にころがされていた。かれは、なわが手首に食いこむといい、すこしゆるめてくれとたのんだ。またマッテがとりなしたので、セラトも機嫌をなおして、なわをいくらかゆるめてやった。

しだいに疲れが出てきて、二人のモンゴル人たちは、相ついで眠りにおちた。

しかし、眠らなかったのは泥棒である。かれはこの機会を利して、手をしばってあったなわを歯でかみきって、見張りが眠っているあいだに、ネコのようにこっそりと闇の中に這いこんだ。セラトは、ふと眼をさまして、囚人のいた場所が空になっているのに気がついた。かれは急を告げて、ただちに跡を追った。マッテは賢明にも、まっすぐにくぼ地へ走ってゆき、そこで案にたがわず逃走者とぶつかった。泥棒はまたしてもつかまったのを知ると、きっとこんどこそは殺されると信じたのであろう。死ぬまで闘う覚悟をきめ、やにわに毛皮をぬぎすてて、相手にとびかかってきた。マッテは、どんなことでもやると決心したこの男のものすごい形相《ぎょうそう》を見た瞬間、思わずぞっとした。かれがかかってきたとき、マッテはセラトをよぶことがやっとであった。マッテにとっても命がけであることは明らか

であった。かれは全身の力をふりしぼり、敏捷さの限りをつくして、相手が打ちかかる前に、右手のこぶしで顔のまん中に一撃を与えた。泥棒はうしろへひっくりかえった。こうなればこいつを取りおさえるのはやさしいことだった。

　さきほどのキャンプの場所にもどって見ると、ラクダの鞍がなくなっているのがわかった。この囚人に、どこへやったかとたずねたが、何もしらぬと言いはった。拳固《げんこ》がかれの記憶をたすけた。かれはその鞍を近くの丘の斜面においたことを白状した。かれの計画は、ラクダのところに忍びよっていちばん良いのをとり、砂丘のかげで鞍をおいて、闇にまぎれて逃げようというのであった。

　夜が白むと、かれらはふたたび歩き出した。囚人はうめいて、死にそうだと訴えたが、ひどくぶんなぐられた。

「夜中にラクダをぬすんでまた逃げ出そうとしていたときには、ちっとも死にかけてもいなかったじゃないか。この悪漢め！」

　ある場所では、かれの足あとは、しばらくのあいだ、馬にのった人といっしょに歩いていたことを示していた。かれはそれを否定して、また鞭を頂戴《ちょうだい》した。かえり道で、セラトとマッテは、キャンプではどんな刑罰がかれを待っているか、言って聞かせてやった。かれに許されるただ一つのお慈悲は、自分の墓をどこにするかを決めることだけだろうといった。かれはすっかりへこたれてしまった。

　朝のうちに、かれらは本部のキャンプについた。罪人は首になわをかけられ、その端をセラトとマッテがとっていた。罪人は後ろ手にしばられていた。かれは、うつむきかげんに、足をひきずって歩いていた。かれらはちょうど、刑場へゆくところか、少くとも法廷に出るところのように見えた。

　かれらは隊長のテントに向って、まっすぐ進んだ。入口には、わたくしがただ一人、威厳にみちて

立っていた。

「油断のならぬ奴だ。」とわたくしはいった。囚人は、ただ頭を振っただけで、まったくあわれに見えた。

「炊事部へ引っぱって行って、厳重に見張りしておけ。」

セラトとマッテは、その功績をほめられて、それぞれ五〇ドルの賞をもらった。泥棒を捕えようと全力をつくしたバトーとメントーも、二五ドルずつもらった。

この事件について、わたくしはシュイ教授と相談した。そして、囚人の処置はシュイに一任された。わたくしは、すでにラクダは二頭とも戻ってきたことであるし、この男のことは自分はなんとも思っておらぬ、自分としては、この男が罰せられることを望んではいない、と言明した。しかし、今まで通ってきた道にこの男を放すことは望ましくないと考えた。後にはまだ、ノリンとユアンの隊がいる。そこからまた盗むかもしれないのだ。シュイは、法と正義は正しく行われるべきであるという考えだった。かんたんにかれを放すことは正しくないといった。それは他人に良からぬ影響をあたえる。かれはエツィン・ゴルのマムーの法廷に引きわたすべきだ。そこでかれは入獄を宣告されるだろう。そこで、この不運なオボゴンは、エツィン・ゴルまで、一行につれられてゆくことになった。

しかしかれは、マムーの法廷には引きわたされなかった。のちに、エツィン・ゴルの固定キャンプで、六〇里南の森林の中へつれてゆかれて、ほうり出される、という判決をうけた。かれは、この寛大な判決に感謝して叩頭《こうとう》した。森の中で放されて、つれて行ったモンゴル人たちが遠ざかると、かれはどなった。

「お前たちのラクダに用心しろ。おれはもう一度ゆくぞ。」

しかしそれは空いばりだった。かれは、こんどこそはモンゴル人たちは、かんたんにかれを射ちころすだけだということを、十分承知していたからである。

浮遊

遠野遥

高校生のふうかは、会社経営の男の家で柔らかいソファに座り、男の元恋人を象ったマネキンの下、夜毎ホラーゲームで悪霊たちから逃げ続け――。芥川賞受賞作『破局』を超える衝撃。

▼一六五〇円

食わぬきみたちへ

新胡桃

向き合わずにいられて、安全圏で生きられて、いいな――。イジメを見てみぬふりした自分に嫌悪を抱く伏見と、障がい者の兄と暮らす敦子。傷だらけで世界への違和にあらがう高校生たちの物語。

▼一五九五円

ポの主人公
ガ再々読

かめはめ波は出ないのに理屈ばっかり出てくる――。爆笑必至、だけど哲学的!?大人になってしまったあなたへ贈る、名作マンガ深読みエッセイ。超人気ウェブ

ハラ・ホト

あたりの風景を支配するものは、さびしさと乏しさのみである。それは、見るものの心を暗くする。しかし、同時にそれはアジアにおけるもっとも壮大なる風景の一つでもある。それは、誇りに満ちて、挑戦的である。旅ゆく者は、巨人の麻痺《まひ》した患部をはいまわる虫けらである。巨人は、傲然《ごうぜん》と、ひややかに、それを眺める。旅ゆく探検隊は、その巨人の力と偉大さを、敬意をもってながめる。しかし、われわれもまた挑戦的である。われわれは、この尊大なる砂漠を降《くだ》し、その誇りを引き下げようとしている。それは、敵同士である。砂漠は一行のラクダを全滅させようと欲している。それは、あくなき飢えをもって、隊商路にどくろと骸骨の列をきずく。砂漠は一行からすべての水を奪おうと欲する。しかしわれわれは忍耐づよく、一つの水穴から他の水穴へと這ってゆく。夜になって、テントの中に横たわり、闇の沈黙と孤独に耳をすませて見よ。人は、たしかに必要なものをすべて持っている。かれは安全感をもっているであろうが、事実は、かれは不確かなる地盤の上に休んでいるにすぎない。かれはただひたすらにラクダに頼っている。この「砂漠の船」が、人をこの禁断の国にはこび、かれらなくしては人は再び生きてその国から出ることができぬのである。かれらラクダたちの健康に、すべてがかかっている。もし、かれらが倒れるならば、人は難破船の乗客のように、ただ万事休するのみである。

九月一六日、神秘的な、伝説的な、無限的な、何ものかがある。つねの日には感ぜられぬ、一種の感じがただようている。一行は、巨大なるゴビ砂漠の内奥ふかく一歩を印《しる》し、いまや、まことのオアシスに行きついたのだ。

西の地平線に、二本の短い、黒い線が見えている。それはしだいに大きくなる。まもなくそれは、高い、太い幹をもった、葉のしげった木々の、二つの森であることがわかる。二つの森はたがいにごく近くならんでいて、その間のすきまは、せまい並木道になっていた。ペキン出発以来、こんな風景を見かけたことはなかった。わたくしは、自分の眼を信ずることができない。木だ！　この果てしなき砂漠の中に、高い、生きている木がある！　これは、目のまよいではないか？　夢ではないか？　これがまことの真実であろうか？

左の小さい森には、約五〇本の木があった。右の方には約一五〇本あった。大きい方の森の西の緑の、すずしいさわやかな木蔭に、テントがはられた。キャンプの配列は、いつものようではなかった。テントは輪をなしてならび、そのまん中の木々の間に、小さな空地があった。ここは、夜に火がたかれる場所である。わたくしのテントは、一本の巨大なポプラの下にある。わたくしは、その密にしげった樹冠のかげのすずしさを、心ゆくまで楽しむ。

一行は、不死鳥《フェニックス》の伝説の島に上陸したような気持になる。しかし、憩いの喜びは束《つか》のまである。明日にはまた荒涼たる砂漠の行進がつづく。それだけに、いっそうこの日のよろこびは強く、その印象は強いものがある。

この小さなオアシスは、貴重な水をあたえるいくつかの泉からなっていて、オロン・トロイ、すなわち「多くのポプラ」という名でよばれていた。わたくしは、ポプラの葉を見て、すぐこれが昔なじ

みであることを認める。タリム河の、ホータン・ダリアの森の、こんもりと丸くしげったアジアのポプラ、*Populus diversifolia* である。

すぐに気がつくことは、この二つの小さな森が、どちらもきわめてはっきりした縁をもっていることだ。それは、いわば砂漠の海の中の島である。一本の樹も境を越えていない。まるで火で焼いて境をきめたようである。ポプラはすべて老木であった。若木は一本もなかった。このすばらしい森が、ながく生存をつづけてゆく希望はないようである。さまよい歩くラクダが、一本の新芽をも残さぬだろうから。木の大部分は、まさに光彩と美の絶頂にある。二、三の木は年老いて、ただわずかに生きているというだけである。あるものはその王冠を失って幹ばかりとなっているが、そこにはまた、とがった形の葉をもった新しい枝の芽が出ている。枯れたのもすこしはあるが、地中にはまだ根がある。嵐が吹いて、二、三の枯れた幹をふき倒した。それは倒れた英雄のように地上に横たわっている。生きている木のもっとも高いものは、一八メートルから二〇メートルあった。その幹の間や、深い樹冠の下をゆくと、まるでゴシック式の伽藍《がらん》の廻廊を通りアーチの下を歩むような気がする。

一行は、砂漠の船で、大旅行の途中に、ヤシの木かげに冷たい清水の待つ環礁の岸に上陸したのである。これは地上の小楽園である。ポプラの間には葦が密生している。ラクダたちは見事な食欲をしめす。かれらは柔い肉質の唇で、瑞々しい緑の葦の束を、つぎからつぎへと口の中に送りこむ。固い茎をやすやすとかみちぎり、強い歯で数度かみくだくと、それをのみ下す。すぐまた新しくほおばる。それがまた三〇秒もするとおなじ道をたどる。つばと胃液で柔くされて、ねり上げられ、混合される。あとで、夜にゆるゆると反芻《はんすう》がはじまる。長い、苦労の多い砂漠の旅にあって、もっとも大きい喜びの一つは、草を食うラクダを見ること、とくにこのオロン・トロイのような気持のよい場所で、それ

を見ることである。

その日も終りに近づいた。日は西の海に落ちた。テントのあいだの空地には、大きなたきぎの山がきずかれた。その膨大な材木は、一本のポプラの幹をのこぎりでひき切ってつくられた。それはピラミッド型をなし、内部には乾いた枝がつめられていた。暗くなると、一行はそのまわりに円座をなして腰を下した。焔《ほのお》はものすごい速さと猛烈な貪欲さで薪をなめていった。

九月一七日、出発は午後の一時になってしまった。一行は、ポプラの森をあとにして、また西への旅をつづける。あるときはタマリスクの森をとおり、あるときは不毛の砂の平原を横切り、あるときは塩気をおびた小さな泉のそばを通り、あちこちに再び豊かに草の生いしげる島を見て、たゆみなく、くる日もくる日も、西への旅がつづいてゆく。

九月二二日、出発はまた午後になってしまった。道は砂丘地帯を通ってゆく。砂丘は高く、草が生えていない。ある一つの大きな砂丘のかげを通った。太陽はその砂丘の頂にかかっていた。そのとき遠くに、重々しいひびきの、おごそかな鐘の音がきこえてきた。それは近くなり、しだいに大きくなる。二〇頭のラクダから成る最初の列が、太陽を背にくっきりと輪郭を見せてあらわれる。かれらはゆっくりと右にゆれ、限りもなく長い影を砂の上になげかける。葬いの列のように、静かに、荘厳に、このキャラバンは通りすぎる。先頭のラクダには、身なりのよい商人がのっていた。おきまりのあいさつと質問がかわされる。

「你従那裏来《ニーツンナーリーライ》？——あなたはどこからきたか？」

「你往那裏去《ニーワンナーリーチユィ》——あなたはどこへ行くか？」

そのキャラバンは一〇〇頭のラクダと三〇人の人から成っていた。かれらはグーチェン（古城）か

らきた。中には帳《とばり》のある吊台《つりだい》にのって、幕のあいだからのぞいている人もあった。かれらはあいさつして、おなじ質問をくりかえす。この長い行列の最後の一列は、大きいのや小さいのや、いくつもの鐘をもっている。その響きは、筆舌につくしがたいほど美しく、荘厳である。その調べは、背後の、クェイホア・チョンへの道を、ゆっくりと消えてゆく。砂丘の影は、夕やみの中に消える。

まもなく一行は、シュブン・ブルクの泉に達する。西の地平線は、一面に、タマリスクの枝の間に、妖しい光を放って燃える。新しい鐘の音が近づく。大キャラバンの第二の組である。しかし今度はもうすっかり暗い。ラクダたちは、あお白い星の光の中に、幽霊のようである。

砂丘の軟い砂をこえ、タマリスクの間をとおって、七月二三日も、一日じゅう西への行進がつづく。この日はほとんど一日じゅうを通して、ソチェイン・ヤフの泉につくまで、その景色が変らなかった。ここでもまた、グーチェンからきた一〇〇頭のラクダのキャラバンがとおりすぎて行った。それは、秋の隊商交通がはじまったことを示している。隊商の大部分は、グーチェンからくる。そこは今や通商上はウルムチよりも重要な街であると思われる。

キャンプ地のすぐ西に、三五メートルほどの高さの丘が、平原からそびえ立っている、翌日の朝、二、三のものがその上に上って見た。その頂上にとりでがあったのだ。ホアンによると、これは漢代のものであるという。たくさんの陶器の破片があり、炉の跡が見られた。

九月二六日は、いくつかのごく低い峠をこえた。土地は完全に不毛であった。タマリスクの生えた狭い地域を、わずか二か所横切っただけである。

その日のキャンプ地からほど遠からぬところに、コズロフが一九〇九年に発見した一三世紀の都市、ハラ・ホトがあることがわかった。みんなそれを見たがり、全隊員たちは、いろいろのグループにわ

かれて、徒歩やラクダでそれを見に行った。

途中、いくつかの、狭い、固い、台地があった。両側は急な傾斜で落ちていたが、高さは数メートルにすぎなかった。また、三つの望楼が一列にならんでいるところを通った。

いよいよハラ・ホトの南と西の城壁が見えた。城壁には、出っぱりの塔がならび、西南の隅には回教寺院の円屋根が見えた。城壁ごしにながめた景色は、美しく、荒涼とはしていたが、印象的であった。隊員たちは市中をうろつき、図をかき、写真をとった。城壁はほとんど壊れてはいなかった。東側と西側とにだけ、門があった。城壁は、不規則な四辺形であった。学生たちがそれを測った。南側は四二五メートル、西側は三五七メートル、北側は四四五メートル、東側は四〇五メートルであった。城壁の内側には、建物や住居の遺跡があった。城壁の外側にも内側にも、砂丘があり、上縁の銃眼にとどくばかりであった。西の門の内側には、孤立した砂丘が立っていた。六〇〇年のあいだ、開けはなたれた門を通って、強い風がふきぬけていたのだ。

この都市を記述するのは、考古学者の仕事である。それはすでにコズロフによって企てられている。かれはハラ・ホトに関する本を一冊書いた。そのほか、オーレル・スタインにより、また、もっと表面的にではあるが、ラングドン・ウォーナーによっても、企てられた。この町は、疑いもなく、マルコ・ポーロのいう「エツィナ」である。その名は、のちにまた中国語における「ア・ツィ・ナ」およびモンゴル語における「エツィン・ゴル」として、ふたたびあらわれてくる。今日では、この場所はハラ・ホト、すなわち「黒い町」として知られている。それはまた、バトゥ・ヤンユン・ホト、すなわち「英雄将軍の町」ともいわれる。シュイ教授は、過去においてハラ・ホトが果たした役わりについて、かれ自身の見解をもっている。かれは、その結論の基礎を、ホアンがたずさえてきた史籍の研

究においている。

わたくしは、かつてわたくしが発見したロウランの遺跡のことを追想する。ここにもまた、他の一つの古い都市の遺跡がある。しかし、ロウランはハラ・ホトよりも千年以上も古い。マルコ・ポーロがエツィナを訪れたときに、ロウランはすでに千年以上もの砂漠の中の眠りにあったのである。

わたくしは、わずか二時間半ばかりで、ハラ・ホトの遺跡を立ち去る。わたくしは、ハラ・ホトの発見者、旧い友人の、ピョートル・クスミッチ・コズロフのことをおもう。心配しなくてもよい。君の釣場に網を打つようなことはしないのだから。ホアンも、ここにとどまりたいとは望まなかった。みんな、エツィン・ゴルとその湖との、前人未踏の研究領域の方にあこがれていた。

キャンプ四八号は、荒涼たる平原のまっ只中にあった。平原は、平坦で、かたく、枯れた森の無数の幹におおわれていた。これがまた、ロウランをとりまく旧ロプ・ノールの砂漠をおもい起させる。しかし、一つ大きなちがいがある。それは、そこでは無数の枯れ木はまだ地中に根をもっているが、ハラ・ホトの西なる枯木の森は、例外なく、倒れて地中に根のない木から成っている。まわりの平原のありさまは、戦死者が入り乱れて倒れている血戦のあとの戦場に似ていた。おそらくは、この森は一三世紀にはまだ存在しており、その後に、水の欠乏によって、死にたえたのであろう。

「黒い町」からほど遠からぬところで、また一つの廃墟を通りすぎた。たぶん、前進防衛陣地だったのであろう。

フンメルとハスルンドが住んでいるテントの折り目から、黄色いサソリが這い出した。この種のものはまだお目にかかったことがない。たちまちコレクションの中に加えられた。

エツィン・ゴルに着く

九月二八日、それは偉大なる日であった。探検隊本部がエツィン・ゴルに到着する。ラルソンの先発隊は、すでに五日まえに着いて待っている。

朝五時、ハスルンドはキャラバンをひきいて前進をはじめ、七時、わたくしはそのあとを追う。道は、丈の高い半球形の植物の塚の間をとおって、北北西に通じていた。左手に二つのソヴルガ、すなわちチョルテンと、一軒の家の廃墟が見えた。右手に、なお少し向うに、五つのチョルテンがあった。

ついに、北西に、うれしい光景があらわれる。エツィン・ゴルのポプラの森である。まもなくそこに到達し、ポプラの木蔭に乗り入れる。ポプラの葉の半ばは、すでに秋の黄色をおびている。乾いた河床がある。羊群が草を食んでいる。そこでは森はひときわ密である。

そのとき、木の間に、ひらけた水の面が光る。エツィン・ゴルだ。いや、ちがった。ただの小さい分流だ。ほんの浅い、二〇メートルほどの幅の流れだった。なおしばらく行くと、本流に出た。バトーがやってきて、渡渉《としょう》点を案内する。かれが先頭に乗り入れ、ほかのものはそれにつづいた。わたくしは、いちばんあとから渡った。ラクダたちは、大きな水を前にして、ややためらっている。しかし、バトーのラクダはすでにこの河を二度渉《わた》っていて、恐れるどころか、水浴が好きと見える。砂漠そだちのラクダたちは、生れて以来これほど大量の水を見るのは初めてであろう。おそるおそる前足で探

りながら、かれらのリーダーに従って、河の中にジャブジャブふみこんだ。河の水は、豆スープのように濁って黄色い。もっとも深いところはほとんど一メートルあり、幅は二一二歩であった。流速は、なかなか相当なものである。

対岸の西岸、すなわち河の左岸には、ラルソンがうれしそうに帽子をふって、万歳をさけびながら迎えていた。かれは、わたくしたちを固定キャンプに案内した。タマリスクや、いとすぎに似たスハイという灌木《かんぼく》などがしげった非常に高い砂丘を二つ越え、さらに草の生えていない砂丘をまた二つ越えた。前方に、ポプラの森がそびえ立っている。それはもう黄色くなっているが、しかしまだ緑の方が勝っている。かれらは葉のしげった最初の森をぬけて、南に乗り進む。眼前に、河岸をなすひらけた平原があらわれる。その、いちばん外側のはし、河の縁に、七メートルの柱の先にスエーデンの国旗がひるがえっている。

全体の風景が一つの田園詩であった。これは、今までのキャンプ地の中でもっとも魅惑的なものであった。欲するもの、望むものは、すべて溢《あふ》るるばかりに豊富にあった。先日の、不死鳥《フェニックス》の伝説の島の記憶は、色あせてはるか後ろに消え去った。あそこには、わずか二〇〇本のポプラと風にそよぐ葦の原があっただけだが、ここには、完全な森と、人の背丈ほどある草と葦のしげみがある。何年分もの枯れた木の幹のたきぎがある。そして、なによりも、あの小さなオアシスには全く欠けていたもの、テントのかたわらを流れる大きな河がある。

わたくしは、ほとんど言葉には言いあらわしがたい喜びと感謝の感情をもって、新しいキャンプ地を見まわる。ここは、今後一ヵ月のあいだ、わたくしの本営となるのだ。われわれの背後には、荒野と砂漠をつらぬいてきた、パオトウからの一〇〇〇キロ以上の長い道があった。われわれの前には、

休息と仕事との輝かしい時間があった。われわれの発見の旅行の最初の大きい段階は踏破された。われわれは今やしばらく息をつくことができる。

じっさい、時間はかなりたっぷり使うことができた。ノリンの隊とユアンの隊は、もっともつごうよく事がはこんでも、一〇月の半ばまでには本隊に合することはできそうもなかった。本隊の行程がおくれたように、かれらも多分おくれるであろう。そして、かれらの事の成りゆきを知るまでは、本隊も西に向けての行進をつづけるわけにはゆかない。かれらが到着してからでなければ、近い将来の予定表を組むこともできない。いろいろな部門の仕事を、みんなに満足がゆくように割り当てなければならないのだ。学者たちがもう一度全部そろうまでは、だれが気象観測所第一号に残って越冬するか、だれが本隊とともにさらに前進するかを、決めかねた。こういうわけで、一同はただ待つほかにしかたがなかった。問題はただ時間をできるだけ有効適切に用いるということだけであった。

本部には、一六張りのテントがあった。その入口は全部南東に向いていた。キャンプ地の長さは一八〇メートルで、最大の幅は八〇メートルあった。わたくしのテントは、きらきら光っている河から四〇メートルのところにあった。いちばん右翼のはずれに、モンゴル人たちの三張りのテントがあり、そのすぐ近くにラクダの休み場があった。いちばん左翼のはずれには、ハウデ博士とデットマンとの二張りのテントがあった。そしてその近所に気象観測所の小屋がけと、風向・風速をはかるための柱、日時計、および河の水位をはかる計器があった。ここにはまた、河の水位と水温、流速をかんたんに測れるように、橋がつくってある。町のこの小さな一角は「波止場」とよばれていた。ここには、町の無電受信局のアンテナの一本も立っていた。「波止場」はモンゴル人たちの一角とは反対に、葉のしげった木の木蔭ではなく、あけっぱなしの広いところにあった。

第二列目のテントは、森の縁にならび、第三列目は完全に森の中にあった。森と河とのあいだの、半月形の場所は、空地であった。ここでは、三つのものが目をひく。まず、岸の高い柱の上から、この漂泊する町を見下してはためくスエーデンの国旗。つぎに、食糧と器具類の箱の長い列。それから夜の巨大なキャンプ・ファイアのための場所。キャンプ・ファイアの場所は、隊長キャンプから遠くないところにある。夕べの涼しさが近づいてくる午後の間じゅう、ほかに何もすることのないモンゴル人たちが、このたき火の場所へ、木の幹をまるごとひきずりこんでくる。キャンプ・ファイアを道楽にしているラルソンが、その乾いた幹を適当な長さに切りそろえて、四角いたきぎ堆《づみ》をこしらえる。夕食後、それに火がつけられる。

炊事場は、箱と、材料と、つぼと、なべの全部とともに、クラブ・テントの近くのポプラの森の中に位置をしめている。炊事場には、ラルソンはしばしば姿をあらわす。ここで、一行の隣人であるところのトルグート族から、ヒツジやウシを買うためである。ここにはまた、毎日のように、りっぱな顔つきの陽気な老婦人が姿を見せる。彼女は、わたくしのために一びんの牛乳をもってくる。彼女は、わたくしのことをノイエンすなわち「首領」とよんだ。

これがエツィン・ゴルである。それは、地上におけるもっとも愉快な、かつ最もすばらしい河の一つである。そのうねる流れは、真夏の乾いた砂漠に対して敢然と闘う。息づまるような砂の荒涼地帯をすぎる長い行進ののちの、その岸べでのキャンプがいかに楽しいものであるか！　毎日の水に乏しい砂漠の行進。ひとは、きまった量の水の割りあてしかもらえぬことに慣れてしまっている。最後の数日は、硫黄の臭いがするソーダをふくんだ水しかない。そういうときに、全く突然に、丈の高いラクダの腹に達するほどの水かさで、しかも泉のように清らかで冷たい水の流れがあり、人びとはそれ

を徒渉する。だれがわが眼を信ずることができるだろうか。ここはまさにこの世の天国である。
隊のもっているあらゆる物資を、整頓し、検査し、計量する仕事があった。ラルソンとフォン・マーシャル、ミューレンヴェーク、それに数人のモンゴル人たちが、この仕事にかかり、たっぷり時間を食った。フチェルトゥ・ゴルに二ヵ月、それからまた行進に二ヵ月を費したというのに、食糧の箱の長い列が、すこしは短くなったとは、とても思えない。箱の列は、依然としてこの固定キャンプをとりまいて、完全な城壁をきずいている。わたくしはラルソンに、一行とともにハミまで行くラクダの荷は、できるならば半分にしたいこと、そして、持ってゆかねばならない食糧は、ただ旅行そのものに必要なだけの量でよいことを告げた。人間の住んでいる地方では、そこの住民と全くおなじ食物をたべてやってゆける。それは、保存食糧よりずっとよい。しかし、詳しくしらべると、最も必要な種類の食糧が不足をつげはじめていることがわかった。とくに、小麦粉、米、砂糖が足りなかった。この不足分は、出発前に、マムーで補給しなければならない。

　これからの行進にそなえて、すべての食糧の荷はとかれ、梱包はやりなおしされた。それと並行して、すべての物資はいくつかの組に分けられた。エツィン・ゴル河畔における第一号観測所が、少くとも一年のあいだ必要とするすべてのものは、別にその分としてとりのけられた。二番目の山は、キャラバンの本隊がハミまでに消費する物資である。第三番目は、この固定キャンプにおける約一ヵ月の滞在のあいだに必要な分。第四の組の箱には、一行の採集品がつまっていた。

　一〇月二日、ヒンデンブルグはこの日満八〇歳の誕生日を迎える。この、ドイツの老大統領に敬意を表して、この夜のキャンプ・ファイアは、いつもよりいっそう豪壮である。もえさかる焔の光の中で、わたくしは短い演説を行う。

固定キャンプから、ぼつぼつと近傍への小探検隊が出発する。フンメル博士とハスルンドは、ガシュン・ノールとソホ・ノールへ採集旅行に出かけることになった。霜の降りぬうちに、植物と昆虫を集めたいのである。モンゴル人のセラトが、四頭のラクダと、トルグート族から賃借りした二頭のウマをひきいて、これに従った。

一〇月四日には、考古学者のホアンが、ガシュン・ノールおよびその西南地区への、二五日間の探検に出発した。そこには、前漢の年代記によれば、ク・ユアン（固原）の古代都市が横たわっていると言われている。かれは、五頭のラクダと、必要な従者と物資をたずさえた。

一〇月五日、ヘンペルとチンメルマンは、河に沿うて北東への小旅行に出発した。河の左岸に、一軒の土の家があるということだった。もともと中国人の商人がたてたものだが、今ではトルグートの王の所有になっていた。これは、第一号観測所の倉庫として適当ではないかと考えられたのである。もし具合がよければ、観測所をそのそばに移さなければならぬ。しかし、検分の結果、その家は適当ではなかった。

その晩、わたくしは、中国人の学生たちがいる大テントを訪問した。四人ともいて、仕事をしていた。かれらは勤勉で、勉強家であり、楽しげで、親しみやすい。リーとリウは全く優秀である。マーはひとり唯一の大きな失望を抱いている。かれは、観測所に残る要員にえらばれたのである。これは、ヨーロッパ人についても全く同じである。みんなが、旅行の終りまで、いっしょについてゆきたいであろう。だれしも、かれらを待ちうけている経験と冒険を逃したいものはない。もし、全員の希望をかなえることになれば、観測所はただ一つ、最後のホータン・ダリヤのものだけしかできないことになってしまう。しかし、マーは思慮ある青年である。かれは自己の運命に甘んじるであろう。

はじめのつもりでは、パオトウにも観測所をつくるはずであったが、のちにこの計画は放棄された。ところが、その後の種々の経験から、ハウデ博士はこのことを非常に残念がっている。純然たる実際的見地からも科学の見地からも、それはきわめてのぞましいことである。そこで、シュイ教授の同意を得た上で、この計画がふたたびとりあげられ、学生のツイが、パオトウに観測所を設立するという重要な仕事を任されることになった。そこで、ツイはここからペキンにかえり、探検隊の管理委員会および中央気象台と連絡して、五月一日にはかれの気象観測をはじめるためにパオトウにおもむくことになる。この決定が隊長からつたえられたとき、かれはそれをきわめて冷静に受けとった。帰途の道づれとして、かれはただ、本隊にはいなくても困らぬ洗濯小僧とコック一人、それに怠けものとして解雇することにした二人のモンゴル人をつれてゆく。

そのうちにも秋は深まってゆく。森はますます黄色くなり、木の葉は散りはじめた。一〇月七日の前夜に初霜が降り、地上一・六メートルで、気温は零下一度に下った。同時に、その前日の最高温度は二〇・九度であった。一〇月七日の午前七時、河の水は七・六度の温度を有していた。朝には、洗面器の水にはうすい氷が張った。そして、夜の寒気がまだ地上にも空気中にものこっているのが感ぜられた。石炭をおこした火ばちが歓迎された。

急使

一〇月一〇日は、中華民国の建国一六周年の記念日で、エツィン・ゴルの固定キャンプにおいても、盛大な記念式典が行われた。

一〇月一三日には、食糧補給隊がマムーに向けて出発した。マムー、すなわちモンゴル人のいうモチンは、エツィン・ゴルの右岸にあり、この固定キャンプからの距離は二二三キロメートルあった。フォン・マーシャル男爵がこの隊の指揮を委《ゆだ》ねられ、学生のリウとマー、それから七頭のラクダがこれに加わった。この小さいキャラバンは、全くいろいろの任務をおびていた。中でも重要なのは、郵便物をはこぶことであった。隊員たちはこの機会を利用して、身よりのものに手紙を書き、郵便袋はすっかりかさが高くなった。もっとも重要な手紙は、わたくしとシュイ教授とが連名で、新疆省の強力なる総督、ウルムチのヤン・ツェン・シン（楊増新）主席にあてたものであった。それは、かれの統治地域にむけての探検隊の旅行の継続を告げ、かれの協力を乞う趣旨のものであった。この偉大なる独裁者が、探検隊に対してどういう態度をとるかは、全く未知数であった。

本部では、各種の実際的な準備とともに、科学上の仕事も日ごろのとおり進行した。天候のつごうがよいときには、昼といわず夜といわず、デットマンは天文学的位置測定を行った。何回か観測をくりかえし、ナウエンの時報によって毎日補正をつづけたのち、かれはエツィン・ゴルの観測所第一号

の地理学的位置を、北緯四一度五三分六秒、東経一〇一度六分三六秒と決定した。かれは、さらに新しい観測を重ねて、最後的な値にもっと近いものを出すつもりであった。そのかたわら、かれは水彩画をかいていた。

観測所第一号を設置すべき適地をさがすために、いくつかの小部隊が出発した。しかし結局、ラルソンが九月二三日にキャンプ地として選定した現在の場所がいちばんよいことがわかった。ハウデ博士たちは、それで、一〇月の半ばには観測所の建設をはじめることができた。そこで、一年間のあいだ気象観測が行われることになっていた。河岸近くの開けた場所に柵が立てられ、その内側にはまもなく、観測器具を入れる箱を支えるための四本の高い柱が立てられた。観測気球はあいかわらず毎日上げられた。ハウデ博士は、夏および秋における高層気流の運動についてすでにかれが得た目ざましい成果に、全く夢中になっていた。

こまったことには、一行の旅行資金が不足をつげはじめていた。ハミまではゆっくりやってゆける。しかし、ハミでは金が要る。そうとうの金額がウルムチで受けとれるように送ってあった。しかし、ハミから新疆省の首都ウルムチまで、不便なしに旅行をつづけるためには、そのうちの一部は、ハミで手に入れる必要があった。

ウルムチに向け、急使が立てられることになり、ワルツがそれを命ぜられた。かれは、一〇月一五日の朝に出発する。

ワルツはババリア人である。かれはすぐれたスポーツマンであり、登山家である。力とエネルギーの権化《ごんげ》である。かれは、困難ということを知らず、手荒い冒険をなによりも好むというたちの人間である。エツィン・ゴルからハミまでは直線距離にして六五〇キロある。ハミからウルムチまでは五五

〇キロである。急使は、さらにウルムチからハミまで引っかえすことになるから、さらに五五〇キロ、以上合せて一七五〇キロメートルを踏破する。実際には道はまがっているから、その結果踏破すべき行程は二〇〇〇キロほどに達する。

　この使者が通過してゆく地方は、近ごろ匪賊団の横行する土地である。かれに同行するのは、モンゴル人セルチェと、気心の知れた漢人の若者との、二人のラクダ御者だけであった。こういうおもしろからぬ任務を隊員にさずけることを、わたくしは思案した。わたくしは、非常に重い責任を負うことになる。しかし、当のワルツ自身はそれを一笑に付して、匪賊団に遭うのはかれの望むところであると言明した。ラルソンは、もしそんなことがあれば、匪賊こそ災難だ、ワルツは勇敢な男で、かつ射撃の名手だからと、落ちつき払って断言した。リーベレンツは、もし本物の匪賊をつかまえてきて撮影させてくれれば、匪賊一人について五〇ドルずつ払おうと宣言した。そしてその上、もし人が危険なことをおそれるのなら、何もアジアなど旅行しないで、安楽に家にいて、うまいものを食い、賭《と》博《ばく》台にでも坐っておればよい、といった。

　二人のアジア人もまた、かれとともに行けることをよろこび、ワルツとおなじくこの使命を名誉と思い、信用の大きな印とみなしていた。ワルツはただ一張りのテントしかもってゆけない。その中に、かれらは三人ともいっしょに泊らなければならなかった。ラルソンは、一行のラクダの中からもっとも良い八頭をえらんで、かれらに提供した。三頭は乗用ラクダで、あとは、食糧、冬の衣服、寝袋、テント、個人装備、武器、弾薬、炊事道具、二つの小さい水入れを積んでいた。

　わたくしは、行進ルートの概略を示して与えた。それは、バルクールを経てグーチェンに通ずる大隊商路にそうていた。ワルツは、グーチェンでモンゴル人のセルチェと八頭のラクダをのこして、漢

人の従者とともに、乗馬かまたは車で、ウルムチへの旅をつづけることになっていた。首都では、総督ヤンを訪問し、一行の個人的なるあいさつを送り、かれに手紙を手渡す。それはさきにマムー経由の郵便で送ったものを確認するだけの内容のものである。

毎日三〇ないし四〇キロメートル進んだとして、ウルムチまでの旅には四〇日をあてなければならない。ワルツはかくて一一月二五日に目的地につくにちがいない。ウルムチにおけるかれの任務を全部果たすには五日かかるだろう。そして、一五日すればハミに帰れるであろう。そこでかれは一二月一五日にはハミに到着するにちがいない。本隊は一一月の五日にエツィン・ゴルを発つはずであるから、これまたちょうど同じころにハミに到着することになるであろう。

最後の握手をかわして、この小さな一隊は、モンゴル人たちのテント村に近い木々の間に消えて行った。キャンプでは、ワルツの寂しい旅行について語りあった。しかし、ほんとうのところ、わたくしはワルツの身の上を、それほど心配していなかった。戦場における殊勲によって有功勲章を授けられたドイツ将校は、二〇〇〇キロくらいの砂漠の旅行を恐れたりはしないであろう。

丸木舟の旅

エツィン・ゴルの固定キャンプにつくとすぐ、わたくしはラルソンに舟をつくることを命じた。この河と、それが流れ込む二つの湖とをくわしくしらべるためである。ラルソンはさっそく木を伐《き》って、丸木舟の建造にとりかかった。

九月三〇日、舟はでき上った。わたくしはよばれて、「造舟場」へ行った。モンゴル人のゴンボーが、斧を肩に大いばりで立っていて、新しく伐り倒したポプラの幹をくりぬいてつくった舟を示した。この荒けずりの重いくりぬき舟は、造舟台から放たれた。ミューレンヴェークがそれに乗ったが、岸から二メートルもゆかぬうちに、ひっくりかえって、かれは岸へ泳ぎついた。そこで、フォン・カウルは舷外張り出しをつけてやってみたが、やっぱり時ならぬ行水《ぎょうずい》を浴びるだけだった。この海軍の演習と飛び込み練習を見物していたモンゴル人と中国人たちは、どっと笑いくずれ、メントーなどは立っていられぬほどおかしがった。

「君はほんとうにこの小舟でソホ・ノールの波がのりきれるという意見なのか？」わたくしは恐る恐るラルソンにたずねた。

「わたしは自殺する考えは全くないんだが。」

「ご辛抱《しんぼう》、ご辛抱、博士！」かれは答えた。「おなじようなものをもう一つつくって、その二隻《せき》を共

通の甲板でつなぎ合せるつもりなんですよ。」

一〇月三日、二つ目の丸木舟ができた。二つは頑丈な二本の横木をわたしてとめてあった。その上にいらなくなった荷箱の板で甲板が張ってあった。わたくしはそれに乗りこみ、シュイを試験航海にさそった。乗組員はフォン・カウルとゴンボーだった。二人ははだしで、竿《さお》をかいこんでいた。かれらは竿を押し、舟は流れにのった。しばらくして、かくれた砂洲に座礁したが、乗組員たちは水にとびこんで舟を押し、流れにのせた。この試験航海の結果は、どうもよくなかった。こんな浅い川には、この舟は重すぎる。舟は、十分にかわかすために陸上にひき上げられ、この問題は、当分座礁したままおかれることになった。

一一月一五日、急使のワルツが出発するとすぐ、またボートの問題にとりかかった。わたくしとハスルンドは、もう一度試験航海をやってみた。舟は、二、三里下るあいだに、何度も座礁した。やはり重すぎて、吃水《きつすい》が深すぎるのだ。ラルソンは新しい命令をうけて、さっそく仕事にかかった。一日じゅうかかって、丸木舟の穴はずっと深くなった。一六日の試験航海は、前よりもずっとよい結果をしめした。これで、明日は出発することになった。もう猶予はできなかった。河の水は減りはじめていた。これまでの最高水位は五九・五センチであったが、現在の水位標は、五五・五センチを示している。

この小旅行の計画は、つぎのようなものであった。丸木舟には荷物はつめなかった。それで、ラルソンが小さいキャラバンをつれて、いつも舟と連絡をとりながら左岸を進む。キャンプ地は、双方が相談してきめる。シュイ教授とリーはキャラバンに同行する。二人はたいへん二つの湖を見たがっていた。ヘンペルとチンメルマンは、別に一つのキャラバンを組んで湖をさして進み、エツィン・ゴル

の西の分流、オボエン・ゴルとよばれている河の地図測量をやる。それからガシュン・ノールに至り、帰りにはクンドゥルン・ゴルにそうてかえる。クンドゥルン・ゴルはもっとも東を流れ、エツィン・ゴルの中央の分流ドンドゥル・ゴルがソホ・ノールに注ぐ手前で、それに合流するといわれている。

舟には、わたくしとハスルンドが乗った。わたくしは絶対に必要なもの、すなわち地図の紙、コンパス、時計、鉛筆、双眼鏡だけを持っていた。ハスルンドは、またしても水の中へ入らなければならないので、毛のチョッキと海水浴用のパンツのほかは、着物を全部キャラバンで送ってしまった。ラルソンは、左岸を歩きながら、キジや野ガモを射った。かれの乗用ラクダは、モンゴル人のバンチェが曳いていた。

二人は岸を離れて流れの中に進み出た。そして、おそすぎず速すぎず、気持のよい速度で、エツィン・ゴルの流れについて滑って行った。両岸には、紅葉した繁みや、タマリスクの林、草や葦の生えたステップが、うしろへとんで行った。ときどき砂丘があった。砂丘ははだかのもあれば植物が生えたのもあった。後者は、ふつう鋭く洗い去られた垂直の岸の壁を見せていた。われわれはまもなく、唯一の航行し得る水路は、こういう鋭く切りとられた斜面にそうて存在することに気がつき、できるだけ岸の間近を流れてゆこうとつとめた。

しかし、流れはしばしば一方の岸から他方へと渡った。そのたびに舟は河床を横切らなければならぬ。舟がきまって座礁するのは、ちょうどこういうところだった。こういうところには泥の洲が、まことにうまくかくされていた。へさきが砂の中につっこむと、舟はぐるっと廻り、ハスルンドは水中にとびこんで、泥の中を徒渉して、水の深いところをさがした。

わたくしは、測量机に向って、エツィン・ゴル下流の地図を描きつづけた。仕事は機敏を要した。

他のすべての河と同様に、エツィン・ゴルもうねうねと蛇行していて、一つの方位が一分間以上つづくことはきわめて稀だった。だからわたくしは、間断なくコンパスをにらみ、目をくばり、地図を描かなければならなかった。そのほかの記録や観察も、電光石火でやる必要があった。ときどき、進んだ距離の値を知るために、流速を計った。一〇時一五分、気温は二二・一度に達し、水温は一〇・一度であった。

数か所では見物人があった。岸から遠からぬところにテントを張っていたトルグート人たちは、岸にかけつけ、あいさつし、すっかりびっくりして舟をながめた。あるとき、左岸の近くを滑っていると、青い上衣の二人の男と、赤い着物を着た一人の女がやってきた。かれらはたいへんおもしろがって、ていねいにあいさつし、しばらく舟とともに進んだ。かれらは二人の河の旅の計画をきいていたので、自分の目でその成りゆきを見ようと思ってやってきたのだった。三か所で、放牧のラクダを見た。ラクダは二人をまじまじと見つめ、トルグートたちにおとらず驚いたふうであった。大きな黄色いラクダが、岸に立って河の水をのんでいた。舟は音もたてずにその前をとおりすぎた。ラクダは首をあげ、一瞬二人を見つめ、くるりと後をむいて森の中に消えた。

午後、三時をすぎてまもなく、エツィン・ゴルが一見ほぼ同じ大きさの二つの分流に分れている地点に到着する。左は「オボの川」すなわちオボエン・ゴルで、それはガシュン・ノールにそそぐ。右はドンドゥル・ゴルとよばれ、ソホ・ノールに入る。すでにトルグートたちから得た情報によると、「中央の川」すなわちドンドゥル・ゴルの方が、その左どなりの川よりも狭くて深いはずである。わたくしはそこでまず右の分流を測量することにきめる。そうすると、左岸を見えかくれに歩いているラルソンのキャラバンは、ここでオボエン・ゴルを渡らねばならぬことになる。ハスルンドは徒歩で

適当な徒渉点をさがす。わたくしは、ラルソンをあまり深いところに行かせたくないと心配する。ラルソンは泳げないのだ。

舟はいよいよドンドゥル・ゴルに入る。川はますます狭くなり、座礁の回数はますます少なくなる。四時四五分、二人は上陸する。ラルソンのキャラバンはきている。ハスルンドは舟を岸に曳き上げ、ラルソンはたき木をあつめる。わたくしは二枚のスケッチを描く。

つぎの日も、おなじようにして、丸木舟の二人は流れにのって下る。絵のように美しい風景が、かたわらをすべり過ぎる。この、砂漠の砂の海のまっ只中の、心を魅する森の中の旅をつづけてゆくにつれて、わたくしは、リーベレンツとかれの撮影機をつれてこなくて惜しいことをしたと思いだす。しかし、まだおそすぎるということはない。その夜のキャンプで、わたくしとラルソンは相談して、かれをよびよせることにする。モンゴル人のバンチェは、手紙をもって本部に行くことになる。

一〇月一九日、ドンドゥル・ゴルの漂流はつづく。旅はすばらしい。舟は静かに、なめらかに、せまい河床にそうて滑ってゆく。動物も人間も、舟を見てびっくりして見つめる。

河幅はしばしば変る。ときにはそれは七〇メートルになり、ときに鋭い曲り目では一〇メートルもない。概して、河床は深くなってきた。ところどころ、ドンドゥル・ゴルは傾斜の急な高さ二メートルの、埠頭《ふとう》が浸蝕段丘の間を流れる運河のようである。ときどき美しい森を通りすぎる。

正午ごろ、ボートをとめる。ラルソンはすでに河面に影を落しているポプラの下の、気持のよい場所で、たき火をしていた。岸にはネコの一種の足あとが見られる。水をのみにきたものであろう。あきらかにオオヤマネコか野ネコのものである。

午後、舟旅はつづく。突然、風景は一変する。森は終りになる。数本の孤立したポプラが、湖の方

に向っての森の最後の前哨《ぜんしょう》である。タマリスクさえまばらになる。河岸の両側には、平坦なるステップがひろがる。気持のよい眺望は終り、いまやわれわれはその目的とする二つの姉妹湖のある、平らな開けた盆地に近づきつつあることを知る。時間は三時である。マッテ・ラマがやってきて、すこし下流にヘンペルとチンメルマンのキャンプがあることを知らせる。われわれもそこで泊る。

トルグートの王

ドンドゥル・ゴルとオボエン・ゴルの二つの河の間には、高さ数メートルの、固い礫の平坦な台地がひろがっている。この平原に、一行のキャンプの西に当って、トルグートの王侯の本営と、かれの小さな住居があった。この場所はセル・ソンチェとよばれていた。

王は、焼いてない煉瓦《れんが》の家に住んでいる。それは新しく建ったばかりで、五〇ほどの部屋があった。その近くに、かれのヤーメンすなわち政庁がある。住居から遠からぬところに、ダゲリン・ゴンパの小さい僧院が建っている。この寺は、モンゴル風にスムとはいわずに、チベット風にゴンパと称している。そうしたからといっても、別になんにもならぬことだが。

すでに本隊がエツィン・ゴル河畔に到着したとき、わたくしとシュイとは、トルグートの王侯に対して、訪問の通知を出しておいた。今やかれの住居まで二キロあるかなしのところに、一行はキャンプしている。

一〇月二〇日の朝、マッテ・ラマはヤーメンへ、王様はいつみんなにお会いくださるかを聞きに行った。正午になっても、使いは答をもって帰ってこなかった。あるいは王は一行に接見したくないのであろうか。聞くところによれば、王は年とって、めくらで、つんぼで、いつも毛皮の中に寝ており、客には会わない。しかし、かれの四五歳になる長男が、かれの父と全部族の事務一切を処理している。

二週間まえ、フンメルとハスルンドがかれの住居を訪ねたときには、この人が接見した。とにかく、一行は待つしか他に仕方がない。

午後早く、マッテ・ラマは帰ってきて、王からの奇妙な返事をもたらした。かれらの暦では二五日に当る今日は、訪問には好ましくない日だから、接見できない、というのだ。二八日と二九日なら、そのときわたくしたちがどこにいようとも、使いを送って、どちらの日がかれに都合がよいかを知らせよう、というのだ。わたくしはすぐシュイとラルソンをテントによんで相談した。わたくしもシュイも、この答を、ほとんど無礼なものと考えた。シュイは、わずか九七のテントを支配するにすぎぬ小酋長は、中国の田舎町の町長より位が高いわけがないし、そんなものは、大探検隊の隊長がかれの町にきたときには、丁重に迎えねばならぬはずだと考えた。しかし、他面より考えると、この王は、一行がいかなる種類の人間なのか、政府からきた地方駐在官なのか、スパイなのか、あるいは白人の匪賊であるのか、はっきりと知ることができなかった。ラルソンの意見では、一行が到着するとすぐ、王はかれの上役である甘粛の中国当局者に使者を送って、一行に対してどうふるまうべきかを問い合せているのであろうといった。シュイもそれに同意した。今かれは指令を待っているところなので、今日のようなその場逃れの返答をしたのにちがいない。もしそうなら、この王は自分の領地を慎重に統治していることを示しているのだから、非難どころか賞讃《しょうさん》されるべきである。

かれが用心するのももっともである。ある日突然一八人の武装をととのえたヨーロッパ人と一〇人の中国人が、数百頭のラクダのキャラバンをつれてイナゴの群れのようにやってきて、かれの平和な領土に腰をすえたのだから。こういうことは今までになかった。中国ではもちろん戦争がある。しかしそれがここではなんであろうか？　探検隊は、もし欲すればかれの領土を征服できるほど強力であ

った。このキャラバンに関しては、極端に不穏な噂がエツィン・ゴルに沿うて先行していた。噂は、モンゴル人と中国人の商人の口を通って、しだいに大げさなものになった。兵士の大群がやってくるといわれた。じっさい、かれらは大キャラバンと、町ほどの数のテントと、おびただしい量の武器をもっていた。そして確かに前衛部隊がやってきて河のほとりにしっかり足場をしめ、数日後には新しい大部隊が到着した。そこは全くあきらかに重大な軍事的性質の準備行動であった。王が用心するのもまことに理由があった。

　わたくしたちは、慎重に熟慮を重ねて事に当ろうと決心した。そして、かれの領土内に気象観測所を設立しようという意図と計画について、王を親切に啓蒙《けいもう》しようということになった。シュイ教授が漢文で手紙を書いた。それは、慣例どおり前おきとあいさつからはじまって、つぎのような意味のものであった。

「われわれが本日ここに貴下のキャンプにきたのは、ただ貴下を訪問するためであって他意はない。本日は貴下には御都合がわるく、親しく拝顔の栄に浴し得ぬ由で、まことにざんねんである。わが探検隊は、中国政府および各省の保護の下に、科学的研究を遂行するために、山西・甘粛・新疆の各省の北辺を旅行中である。われわれはまた、ソホ・ノール、ハミ、ティホアその他の場所において、数年のあいだ、降雨、風、気温の観測をとり行うために、観測所を設立する意図を有している。

　われわれは今エツィン・ゴルの西岸に在り、すでに観測所を設けた。したがってわれらが意図のすべてを説明し、その観測所のために、貴下および貴下の国の保護をお願いするために、貴下をお訪ねすることを、われわれの義務と考えた。わが探検隊は科学上の研究の目的を有する組織であるから、隊員はすべて学識教養の士である。政治に関しては、われわれはいかなる特定の党派・組織にも属す

るものではなく、観測所の仕事は純粋に科学的性質のものである。われわれは政治に関与する意志は毛頭ない。スウェン・ヘディン博士はすでに二〇年来、パンチェン・ホー・フー（タシ・ラマ）の良き友人であり、数回チベット探検のためにその国を旅行した。そのつど、かれはつねに猊下《げいか》の最高の歓待を受けた。そして今度は、ペキンにおいて数度猊下をお訪ねし、この地方を訪問する計画をお話ししたところ、猊下にはあらゆる激励を惜しまれなかった。

シュイ・ピン・チャン教授は、黄教に大なる尊敬の念をもっている。観測所の所員に関する限りは、われら両人は、所員が決して貴下の国の習慣・風俗を乱さず、寺院あるいはオボに対して断じて不敬の行をなさぬことを保証し得るものである。

現在われわれは貴下の接見を賜ることにきわめて重要性を与えていることを申し上げたい。そして、もし不可能ならば、われわれは今月末または来月はじめに新疆への旅をつづけるつもりであることをお知らせしておきたい。

スウェン・ヘディンおよびシュイ・ピン・チャンの両名は、この探検隊の全責任を負うものであるが、もしこの両名がこの機会に貴下にお目にかかることができなくとも、幸いにもわが探検隊員中の三名がここに残留し、これらの者は何時なりとも貴下をお訪ね申すべく、それ故に誤解の生ずることは起り得ぬであろう。その上、探検隊の隊員全員が、中国政府の外交部長、教育部長の旅券を所持している。願わくば、これらの旅券を検査するために、全権を委ねられた貴下の官吏の一人を、われらがキャンプまで派遣していただきたい。」

マッテ・ラマは、この手紙をもってもう一度王のところへ行った。しばらくすると、かれは一人のトウシミッドすなわち書記官と、もう一人の役人を伴ってかえってきた。書記官は、王のもとには通

訳はいるけれど、漢文のよめるものは一人もいないといった。隊のかしこいモンゴル人セラトが、この文書をモンゴル語に訳してこの紳士たちに聞かせた。かれらはもう一度ひっかえした。わたくしたちはまた待ちつづけるほかはなかったが、王からはその日の中《うち》にはなんの返事もなかった。

一〇月二一日の朝、ラルソンはわたくしを起した。トルグートの王が自らやって来て、ラルソンのテントの中でかれと対談しているという。もちろん、老王ではなく息子の方である。わたくしは、さっそく身づくろいして、この貴人の客をテントの中に招き入れた。かれは、明るい青色の布切と、かれの父の赤い名刺とをさし出した。肩書と名は、「キュン・ワン・ダシー」と読まれた。また名前の右には、「トルグート族長」とあった。

この人は、大きな、がっしりした体つきの、好感のもてる顔つきの人だった。かれは、慇懃《いんぎん》、丁重で、あきらかに最上の善意にみちていた。シュイ教授もここへよばれ、三人はお茶をのみ、話し合った。かれは、もしわたくしたちが老王に会うことを非常に重要であると考えるならば、喜んで迎えるが、かれは病気で、近づくことを許されているのは、ごく近親のものと、数人の召使だけであるといった。わたくしは、決して老王をわずらわすつもりはない、ただ、よろしく伝えてもらいたい、といった。

かれはまた、昨日の手紙をもってきていて、もう一度それを訳してほしいといった。そこでかれは、昨日かれの書記官がすでに一行に対して与えた保証、すなわち、一行は無制限の自由をもつこと、観測所は希望するだけの期間ここにとどまってもよいことをくりかえした。

かれが何かお役に立つことがあるかと聞いたとき、わたくしは、牛車を一台傭うことができればたいへんありがたいといった。それでボートをガシュン・ノールからソホ・ノールにはこび、またそれ

からあの映画にとっておきたい美しい森まで運び上げたいと思ったのである。「よろしい、よろこんで引受けましょう。ただし、その車はどこであなた方をお待ちすればよいかを知らせていただきたい。それから、その牛車に対しては、一切支払いはしないという条件でです。力のかぎり御援助するのが、わたしのつとめですから。」

　最後にわたくしは、冬中ここにとどまるラクダがかれの牧場に対して与える損害は償わしてもらうという決心をのべ、何かヨーロッパ製の器具でかれに贈物することができるならば、それをここへ送り、気象観測所の所長からお渡しするであろうといった。かれはすぐに、上等の双眼鏡がいただければありがたい、といった。

ソホ・ノールの征服

この愛すべきトルグートの酋長は、一〇時四五分になってやっと立ち去った。かれの姿がステップのかなたに消えるや否や、わたくしとハスルンドはまたボートにとびのって、岸をはなれて流れに身を任せた。

三時間前進してから、いま建設中の新しいキャンプに達し、そこでしばらく休んだ。そこからソホ・ノールは全く近くに見えた。それは、黄灰色の砂漠の中のトルコ青色の盆地のように見えた。

二、三の方位測定をやってから、わたくしたちは、この旅行の最後の行程に入るために、また岸をはなれた。まもなく河はいくつかの小さい河口の分流にわかれ、それぞれはまたいっそう小さく分れて、泥の岸と打ち上げられた流木との間を流れる速い小流となった。いちばんましと見うけられる水路を進んだが、それでもしばしば座礁した。

二人はついにあらゆる陸地を後にした。正面には湖がひろがっていた。しかし、澄んだ青い水になるまでにはなかなかだった。岸から数百メートルのあいだは、まだ豆スープのように黄色く濁っていた。もし、これで二人が完全に湖にのり出せたのだと信じていたら、それはまちがいだった。その小さい三角洲の正面には泥の洲があって、そこは水深わずか五センチメートルである。押せども突けども、進むことはできなかった。ハスルンドは水路をさがしたが、突然やわらかい青黒い泥の中におち

こんで、脱出するのに一苦労だった。ここでは、全く力を入れずに、底の泥に一・一メートルまで竿をつき入れることができた。

二人はボートをかえして碇泊《ていはく》し、西北の方へ行った。そこではラルソン、リーベレンツとメントーが、適当な深さの水の上をとおって湖に出られるように、岸から運河を掘っていた。その通路はタマリスクの枝で印がつけてあった。しかし、陽はすでに低かった。われわれはキャンプに帰った。

翌日みんなは、昨日掘った運河まで、ボートを肩にかついで運んだ。リーベレンツは、一部始終をフィルムにおさめた。わたくしがそこへゆくと、ボートは岸からすこしはなれたところに、杭につながれていた。ハスルンドは深さをためすために数百メートル向うまで漕ぎ出してみた。そしてつかえずに漕げるところまでゆくと、引っ返してきた。湖の東寄りおよび東南寄りの部分では、水はおなじように汚い黄色であったが、水鳥が底に立って歩いているのがあきらかに見てとれた。ハスルンドが引っ返した地点から、澄んだ青い水に達するまでは、なおかなりの道のりがあった。かれが達したところの最大の深さは五五センチメートルであった。かれはボートをできるだけ岸近くまで引きよせて、それからわたくしをおぶって渡した。

二人はたいへん軽装だった。丸木舟の一方には、ほんもののスエーデン・ビスケットを入れた菓子箱をつんだ。一行のコックがスエーデン人の宣教師から焼き方をならっていたのだ。それからチョコレートが二塊あった。もう一方の丸木舟にも箱をつんで、それにはタバコ、包帯、薬箱およびブランデーの小瓶が入っていた。ブランデーは、医師のフンメルが、どうしても塩水をのまなければならぬときに飲めと命じたのである。それから、わたくしの大きな魔法瓶があった。それで全部だった。湖はたいへん小さく見えたので、二人は多分数時間でそれをこなして、西北岸に漕ぎつけることができ

るだろうと思った。そこにはラルソンがボロ・オボのすぐ下に、キャンプをつくるように命ぜられていた。ボロ・オボは、湖のどこからでも見えた。二人が夕方おそくまでキャンプに着けない場合にそなえて、夕闇がせまってくれば、かれは火をたくことになっていた。

ハスルンドは、シャツと毛のチョッキと海水浴用のパンツだけで、靴も靴下もはいていなかった。わたくしはいつもの旅行着で、その上に何も着ていなかった。書きものの机の上には、地図などが甲板からすべり落ちぬように、毛布がたたんでおいてあった。最後に、もし風が出たら帆柱を立てられるように、ステッキとラクダ鞍の横木とをのせた。

これらの準備に時間がかかって、二人がシュイ、ラルソン、リーベレンツおよびモンゴル人たちに手を振って別れ、湖上にのり出したのは、ほとんどもう一二時だった。気温は一五・二度、水温は九・三度だった。三三センチメートルの深さで、ボートは座礁しなくなり、ハスルンドはかいを振った。西からは軽いそよ風がおこったので、しばらく舟をとめて急ごしらえの帆柱を立てた。

帆になるものはわたくしの革の上衣しかなかった。それをステッキにひろげて二本の張綱でとめた。この奇妙な帆は、すばらしくよく風をはらんだ。かいでこぎ、舵をとって、丸木舟のへさきが波をけたてるほどに進んだ。

われわれは湖の青い部分に近づいた。そこには、泥色の河の水の影響はもはや及んでいない。広々とした湖上の広がりからは、強い咆哮がきこえてくる。それは風である。風が水の面に白波をたてている。水の動きは増してきた。波はしだいにものすごくなる。ついにそのうちのもっともはげしいものが、丸木舟の縁をこえる。風はさらに加わる。事態は危険になりはじめる。わたくしは、ロプ・ノールやタリムの諸湖におけるわたくしの冒険的なボートの旅をまざまざと思い出し、あれは危険であ

ったと思う。丸木舟は木の丸い幹をくりぬいてつくってあるから、その縁は内側にまがり、おしよせてくる波を、まともに中へさそいこむ。波が一方の丸木舟の中になだれこむときの、不愉快なしぶきの音が、ますますひんぱんに聞えるようになる。

　コースは、北八〇度東の方向の岸に向けてたもたれていた。ハスルンドは力強く漕ぎ、風ははげしく吹いたので、横綱は弓のつるのように張りきった。まもなく二人の北二秒西の方角にボロ・オボが見えた。ボートは急速に湖の中央部のひらけた広がりに近づくが、なお南岸の方が北岸より近い。このあたりの深い、きれいな水には、はなればなれになった水鳥の群れだけが見られた。オシドリ、灰色あるいは白のカモメ、白鳥、それからおそらくはカイツブリの一種らしい赤い嘴《くちばし》の黒い鳥がいた。水鳥は、もっと浅いところでは、ずっと大きい群れになっていた。かれらは、ボートの上をとびつづけ、水をけたてて湖面に着水した。ボートが近づくと、水におよいでいた一群が、やかましい羽ばたきの音をたててまい上った。ガンは全く見なかった。それはソホ・ノールの提供する餌を好まぬのであろうか。

　わたくしはいそがしい。すこし行くたびに、わたくしは水深を測る。ソホ・ノールは浅い。その平らな盆地にたたえた水は、薄いガラスの板に似ている。竿は二・五三メートルの長さで、目もりがしてある。これでほとんど全行程用が足りて、測深のためには停る必要がなかった。ただ、湖のまん中の数か所でだけ、この竿ではとどかず、ちいさな鉛錘《えんすい》を用いなければならなかった。最大の深さも、二・九〇メートルしかなかった。

　沖では、湖の水はほとんど完全に澄んでいる。小さい白い円盤を竿の先にとりつけて下したが、一・二〇メートルの深さまで見えた。湖の底は全く堅かった。河の泥で黄色い水は、しだいに澄んだ

青い水にかわり、深さは一・三五メートルであった。風が強さを加えたときも、ここなら底がしっかりしているということが、安心感をあたえた。しかし、深さは増してきた。波頭が丸木舟の中を洗うようになったときは、水深は二メートルをこえていた。これは目ざましいことになった。わたくしは両側の丸木舟の中に足を入れていたが、すでに水づかりであった。その水は、湖の水の動くのにつれて、前後にぴちゃぴちゃとしぶきをあげた。わたくしはふと足元を見て仰天した。丸木舟はすでに三分の一が水びたしになっている。このよけいな重荷のために、舟はいっそう重くなり、波がいっそう舟ばたを越えやすくなっているのだ。

　わたくしは、鉄のひしゃくをつかんで、けんめいに汲《く》みだした。一方ハスルンドは、かいで最悪の波頭をたたいて、その打撃の力をそごうと、必死であった。ときどき、水の汲み出しは望みがないような気がした。丸木舟から汲み出すのより、入ってくる方が速いのではないかという疑問にとらえられた。しかもその間じゅう、わたくしは方位角を測り、測深を行い、その他の観察をすることを忘れるわけにはゆかない。風がもう少しでも強かったら、お手上げだった。ボートには水がいっぱいになって、浮いているだけがせいいっぱいであっただろう。そうなれば、人の手足が利かなくなるまでに、冷たい水の中で、どれくらいのあいだ、舟べりにしがみついていることができるかの問題であった。

　しかし、すべてうまく行った。深さは減りはじめ、まもなく一メートルたらずになった。もう、必要なときには歩いて陸までゆける。ただ難しいのは、岸からどれくらい離れているかを判断することであった。ここから東を向いたように、岸が全く平らだと、湖は非常に大きく見える。安全を期して、方向を変えて真東にとった。これで風を真後ろにうけ、たやすく岸につけるだろう。

　湖の南岸と東南岸では、草のついた砂丘、植物の生えた丘があった。黒いところは、タマリスクか

ポプラにちがいなかった。北岸は、遠くから見るかぎり、完全に不毛であった。岸からすこし向うに、傾斜の急な黄色い粘土の台地があって、古代の湖のひろがりを示していた。西の方へは、ソホ・ノールは無限の距離にひろがっているように思えた。

　しかし、今や湖はますます浅くなる。底の土の平らなしわが明らかに見てとれる。ボートが東岸に座礁したのは午後四時一五分であった。この地点から、乾いた土の上に達するまでには、まだ七〇メートルあった。ハスルンドはその強い肩でわたくしをかついで行った。かれは、食糧そのほかをもってくるのに、もう二往復した。

　そのあいだに、わたくしは適当なキャンプ地をさがしに行き、一〇分ばかり奥の方へ行って、やっと完全に乾いた土地を見つけた。そこですぐさまたきぎを集めにかかり、火をつけた。二人は、ひどい夜を迎えることを覚悟した。暗やみで、冷たく、ぬれて、一二時間をすごさなければならないという予想は、愉快なものではない。一人は、薄着というか、ほとんど裸かに近く、おまけに、半ば水びたしである。暖い食物もなく、決して燃料も多くない。

　しかし、突然北の方で人声がきこえた。つぎの瞬間、バンチェが火の方へラクダを走らせてきた。ラクダの上にかれは、二人の寝袋と二枚の毛布、ラルソンが一九二三年にわたくしのためにカルガンでつくらせたカシミヤ革の靴、ハスルンドの着物および塩漬のニシンの大きな箱をつんでいた。

　これで二人はたすかった。もはやこごえることもなく、たき木を節約する必要もなかった。バンチェが新しい木をキャンプ場までひっぱって来てくれた。かれの語るところによると、ラルソンは午後おそくなっても二人が姿を見せぬので、援助のためにかれを派遣したのである。シュイ教授は、わたくしがテントも寝袋もなく、暖い食物もなしに、野外で夜をすごさなければならないことを考えて、

不安がり、恐ろしがったのである。

八時、三人は夕食をたべた。魔法瓶の中の真水のお茶がしまいになると、湖の水でがまんしなければならなかった。ブランデーの小瓶が役に立つときがきた。

「ブランデーとソーダ水。こいつはいける！」とハスルンドはいった。

三人は冗談を言い、おしゃべりし、タバコをふかした。たき火はぱちぱちと燃えた。時間はたちまち過ぎた。

最後のたきぎを火にくべると、わたくしは着物をぬいで寝袋に這いこんだ。ハスルンドとバンチェがわたくしをくるみ込んだ。火の向う側では、ハスルンドは覆い布の中にすべり込み、バンチェはオオカミを用心してラクダのそばでねた。

火は消えた。闇がキャンプをつつんだ。わたくしはなおながいあいだ眼をさまして、星のかがやく空を見上げ、夜の神秘の声に耳を傾けていた。

翌日、朝食を食うとすぐ、二人はまたボートを漕ぎ出して、北七〇度西のラルソンのキャンプに向った。湖の横断は三時間たらずで終り、二時すぎには目的地についた。この第二回目の測深線は、第一回のよりかなり短かった。そのもっとも深いところは、四・一二メートルであった。

ラルソンとリーベレンツとモンゴル人たちは、歓声をあげて二人を迎えた。二人が溺《おぼ》れずにすんだのを、とてもよろこんでいた。モンゴル人たちは、湖とか川とかボートとかに対しては、抑えがたい嫌悪の情をもっている。そしてわたくしたちの水上旅行を、理解しがたい、ばかげた行為であると考えていた。シュイ教授とリーは、ソホ・ノールを一周するために、徒歩で、午前中に出かけていた。

その夜わたくしは、ソホ・ノールにおいて忘れがたい二日をすごしたこと、そしてアジアにおいて

新しい湖を一つ征服したことを思って、満ちたりた思いで眠りにつくことができた。その湖はたしかに有名であるが、舟でその湖を訪れた人は未だかつてなかったことは、ほぼ確実である。

翌日、ボートはトルグートの牛車ではこび、一行はガシュン・ノールに向った。一〇月二六日の朝、わたくしは東南岸に近い植物の生えた丘にのぼって、ここからガシュン・ノールのきらきら輝く水面を見わたした。それはソホ・ノールよりもかなり大きく見えた。わたくしがその湖と北方の遠い山のスケッチをすましてから、一行はキャンプにかえり、テントをたたんで、本部へ帰路についた。

砂漠の嵐

エツィン・ゴルの固定キャンプには、ノリンの隊がすでに到着していた。南方隊、すなわちユアンの隊については、全く消息がなかった。マムーへ食糧を買いに行ったフォン・マーシャルの隊はまだ帰ってきていなかった。ホアンについても新しいニュースはなかった。しかし、かれらがやってくるのに、そう時間をとるはずはなかったし、またかれらのためのキャラバン本隊でハミに向け出発するのがおくれたところで、別に心配することはなかった。ただ、エツィン・ゴルで時間を失うと、一つだけ残念なことがおこる。すなわち、ハミにおける気象観測所第二号の観測資料を、完全にとることができなくなる、という点である。このために、ハウデ博士は、自分はキャラバンの一部をひきいて、一〇月三一日に出発しようという提案をした。砂漠の中の最短路を強行軍すれば、ハミ到着はキャラバン本隊より二〇日も早くなるはずである。本隊がハミにつくころには、観測所第二号はすでに設立され整備されていることになる。

わたくしはもちろんこの計画に賛成した。二四頭のラクダがそのために用意された。ハスルンドがそのキャラバン・ガイドに任命され、ヘンペルとリーはその行進路の測量にあたることになった。デットマンは料理方をひきうけた。ほかにフォン・カウルがいた。モンゴル人と中国人の召使が各一人ついて行く。一〇月三一日、かれらは予定通り出発した。

一一月三日、フォン・マーシャルの隊が、マムーから帰ってきた。かえりにかれらは、ホアンとチュアンとに会い、いっしょにかえってきた。一一月七日、学生のツイはパオトウに観測所をつくるために、キャンプを出発して帰って行った。

エツィン・ゴルの観測所第一号には、チンメルマン、セーデルボム、マーのほかに、数人の召使やモンゴル人のラクダ係がのこることになっていた。キャラバン本隊は、一一月八日に、エツィン・ゴルを発って、ハミへの旅に出発した。それは、大きな砂漠を横ぎる困難な冬の旅への門出であった。ハミに向っての行進は、最初の段階と同じように、三隊に分れて行われた。ハウデの隊は中央を先頭にすすみ、一日おくれて出発したノリンは北方ルートをたどり、わたくしの本隊は南方ルートを行くことになった。

わたくしの本隊には、二八人の隊員のうち一一人が属しているだけであった。すなわち、わたくし、ラルソン、ハイデル、フンメル、フォン・マッセンバッハ、リーベレンツ、ミューレンヴェーク、シュイ・ピン・チャン、ホアン、ティン、リウであった。ラクダの世話係として、一九人のモンゴル人と中国人がいた。ほかに、料理人が一人、召使が五人、それから考古学の採集人のチュアンがいた。こうして、本隊は全部で三七人から成っていた。食糧は四〇日分あった。水のない砂漠地域のために、六個のモンゴル式の水桶をもった。これだけあれば、三か所のキャンプの間、もつ。

ついに再び旅行がはじまって、みんなは幸福である。しかし、この砂漠の行進が、どんなに困難で苦しいものになるか、だれも疑うものはなかった。

西に進んで、一一月一〇日にはメルイン・ゴルに着き、その一八〇メートルの幅の河床を渡った。その河床は、ところどころ湿ってはいたが、あとは完全に乾いていた。その左岸に泉があり、その近

所に、氷の張った真水の水たまりがあった。メルイン・ゴルはエツィン・ゴルに似ているが、森はここではまばらで、いじけていた。大部分はトネリコであった。その一本の下に、わたくしのパオが建てられた。わたくしは、エツィン・ゴル以来、ラルソンがトルグート族に注文してつくらせたモンゴル式のパオを用いていた。わたくしは、もう一度木々の梢にそよぐ風の音に耳をかたむけた。それは、わたくしに、この夏、このすばらしき、この忘れがたい夏との別離であるかのように思われた。まもなくそれにつづいて、わたくしが未だアジアにおいて、経験したこともないような、ひどい冬がやってきたのである。

キャンプの近所に、トルグート族のパオがあった。この河すじには、二〇家族が住んでいるということであった。ヤンツァンというトルグート人がつぎの泉まで案内するために傭われた。かれの話では、このあたりはトロイ・ベルク（砂山のポプラ）とよばれる。オオカミ、キツネ、ノネコ、カモシカがこのメルイン・ゴルの森にいるが、オオヤマネコはいないという。かれは狩猟に従事し、毛皮を漢人に売る。オオカミ一枚が一〇ないし一二ドルである。春から夏にかけては、河は増水する。浮氷のあるあいだは渡れない。夏の長雨つづきの後にも、増水するのがつねである。こういう話をして、ヤンツァンは最後に、ハウデとハスルンドはトロイ・ベルクからハミへの南方路をとったことを告げ、本隊は北方路をとるように忠告した。そこでそれに従うことになったのだが、これは地理学的には得るところが多かったが、キャラバンのためには惨澹《さんたん》たる結果をうむこととなった。

一一月一一日、二四・七キロの行進ののち、シャラ・ホルッスンという泉からだいぶん離れたところにキャンプした。ちょうどここで、ウルガ、スーチョウ間の横断道路が荒野を横切っているのと交差した。道には、木の板の道標があり、二本の黒い手が描いてあった。しかし、この道は決して使わ

れたことがないそうだ。ただ一度だけ、試験として、自動車がとおったことがある。このへんのように、かたくて不毛の平らな土地では、自動車はどこでものりまわせる。それで、道をつくるといっても、道しるべを立てて道を示すだけのことである。

モンゴリアのこの地方――一行はいまその東の境界地方にさしかかっている――は、まさに無人境である。それは外モンゴル共和国にも属していない。少くとも一行が旅してゆく新疆に至るまでの領域には、遊牧民もいない。ここは漢人の固定家屋もなく、店もない。一方、数か所では放棄されたケシの畠を見た。トルグートのヤンツァンによれば、いま本隊がとっているこの道は、わずか二年間だけ使われたもので、クェイホア・チョンとグーチェンとの間をゆききする隊商が、エツィン・ゴルの上流にある税関を逃れるために利用したものであるという。

北から北西にかけて、山が見える。これらの山岳地方は野生ラクダの楽園であるが、ときには、一行がガシュン・ノールで聞いたように、この湖の近くまで足をのばしてくることがあるという。今年も、一〇頭ほどが、メルイン・ゴルの下流にあらわれた。ヤンツァンやほかのトルグート人たちは、この臆病な足の速い訪問者が、風のような速さで、砂漠を横切って退散してゆくのを見かけたという。トルグート人は神の怒りをおそれて野生のラクダは殺さない。ただ外モンゴル人だけが、ときどきそれを狩る。

一一月一二日、西北西に向けて出発。天気はすばらしいが、西風がきつい。夜間は氷点下九度であった。この砂漠の周縁地区は、柔い底土の上に粗い砂か細い礫がのっており、道はしばしばまるでコンクリートでできているように良かった。土地の起伏は目では認められぬほどであった。それはただ、ラクダの行進の際に、先頭の列が低いところへ消えて、それからまたつぎの平らな土地の波の上に姿

をあらわすのを見て、やっと気がつくくらいであった。こういう景色のスケッチをするのはたいへん簡単である。定規をあてて線を一本ひくだけでよい。この線の上方には、空がそのトルコ青色のドームを支え、その線の下方には、濃い青からすみれ色に移ってゆく砂漠がある。これで景色はおしまいである。それ以上描くことのできる細部は何もない。せいぜいのところ、ぽつんぽつんとあるステップの草の株をあらわすために、いくつかの小さい黄灰色の点をうつぐらいのことである。

　一一月一二日の夕方、西風はますます強さを加え、半ばはやてとなった。それは一晩じゅう咆哮をつづけ、翌朝の九時には、完全に砂の嵐となっていた。ラルソンがわたくしのパオに走ってきて叫んだ。

「早く来て西の方を見てごらんなさい。砂の嵐がこっちへ向ってまるで黒い壁みたいにおしよせてきます。」

　それは全くスリリングな、いや、不気味といえるほどの光景であった。空は幾千億の砂の粒とほこりの粒子とで、完全にまっくらであった。幸いにして、わたくしは先日の午後すでに北方の山々の方位測定を終えていたが、今日はすでにその姿はかき消したように何も見えない。メントーがかけこんできて、パオの内部に綱を、煙突から床までしばりつけた。綱は、外では数個の重い箱にくくりつけられた。もしパオが吹きとばされたら、おそらくは再びもどってこないだろう。中の個人装備などは、もちろん風の中を舞って行って、おそらくメルイン・ゴルの森までいってやっと止るであろう。こんな嵐に向って動くことはほとんど不可能である。まるで水の中をゆくような圧をうける。もし風下に進むには、風の圧に対して、身体を約三〇度の角で後へ傾けなければならぬ。しかし、人間はまだこんな嵐にも身を保つことができるが、ラクダにとってはほとんど致命的である。ラクダは、そのつき

出した荷物とともに、風の大きな標的になり、かれの労働は日頃の二倍になる。こういう嵐の日が続くと、キャラバンは全く打ちのめされるかもしれない。そこで、一行はこのキャンプ五四号に滞在ということになった。たしかに水はあったが、牧草は悪いというよりなお悪かった。一方、嵐の日の特性として、気温は上った。夜間も氷点上〇・三度にしか下らなかった。水銀柱が夜のあいだも〇度以上に止ったのは、この夜が最後であった。

この嵐は、疑いもなく一行が今まで経験した中でもっともひどいものであった。秒速三〇メートルと見つもられた。われわれは、包囲されたか、あるいは凍結されたかのようであった。テントに対して、砂やほこりが吹きつけたばかりでなく、フェルトの壁はこまかい砂利のひっきりなしの連続砲火を浴びた。パオの風上側は、いまにも破られそうだった。屋根の骨が、一本また一本と落ちてきた。しかし、わたくしはこんなときでも書きものをつづけた。ラルソンのテントでも、時間は重くるしく感ぜられなかった。かれとフンメルとは、ミューレンヴェークとフォン・マッセンバッハに、ブリッジのゲームを説明しようと、絶望的な努力をつづけていた。ときどき、嵐の音を破って、かれらの爆笑の声がきこえてきた。

嵐は一晩じゅうつづいた。一一月一四日の朝は、前の日よりもいっそうひどく、咆哮し、たけり狂った。こんな日には、仕事からの真の休息はない。風は、テントをひきずり、ひっぱり、おしつけ、ゆさぶる。わたくしの住んでいる軽いパオは、すこしずつ風下へ押されていった。しかし、とびそうなものは全部革の袋に入れて、わたくしはいざというときの用意をしていた。四辺を満たしてなりわたる耳も聾《ろう》するばかりの騒音にも、しだいに馴れてくる。それはちょうど、ごろごろ石の上を行く車の屋根の上に、あられがどしゃ降りに降ってきたような音である。もちろんわれわれは出発できない。

またもや心を静めて辛抱するほかはない。太陽はぼんやりと見えていたが、それも午後には完全に見えなくなった。

ラルソンとミューレンヴェークのテントはふき倒され、中のものは何もかもほこりと砂に埋ってしまった。鞍まで掘り出さねばならなかった。とつぜん、救《たす》けを求める悲鳴がきこえた。一つのテントが吹きとばされそうになっていた。嵐はテントのペッグを引きぬいた。リーベレンツは早くも撮影機をかまえて、この目前に切迫した破局を撮っていた。破局はすぐきた。テントはひっくりかえって、中の住人はものが飛ばないようにテントの布の上に身を投げかけた。しかし、一まきのトイレット・ペーパーが脱出に成功した。それはコロコロ転って、数秒のうちに一〇〇メートルもあるその全長までほどけて、端のない吹流しみたいに、風の中にはためいた。みんな死にそうになるほど笑った。トイレット・ペーパーもだが、リーベレンツもおかしかった。かれはこの撮影の貴重な機会を逃さなかったのだ。

その夜は氷点下七度まで下った。嵐はいくらか静まったが、翌日も朝のうちはまだ非常に強く吹いていた。一行は前進をはじめた。

全くひどい土地がつづいた。土地は固く、ところどころに刺《とげ》のある植物の塚があったが、ときには全く不毛であった。一一月一六日の朝は、顔を洗う水ももらえなかった。水桶の水を節約しなければならなかったのだ。毎朝晩にテントにはこばれる、まっかな石炭の火鉢も、今日はなかった。燃料不足のためである。

翌日もそのつぎの日も、ひどい荒地でキャンプした。植物は貧弱で、かたく、枯れ、しなびていた。ラクダにこんな牧場をあてがうのは非人道的である。いっそのこと荷物箱を鋸《のこぎり》でひいて、そのおがく

ずをラクダの前にまぐさとして並べてやった方がましである。砂の土地のサクサウルの地帯を横ぎって、セビステイの泉をあとにしてからは、地面を這う灌木があらわれだした。それは部分的にまだ緑があった。それはラクダの嗜好《しこう》に合い、一同はやっと休息を得ることになる。

　ラクダの骸骨はこのへんではきわめて稀である。一一月一六日には二つ見たが、他の日には一つもなかった。この道による交通はあまり活発ではないという印象をうける。モンゴル人たちが神を祭る石積みもしだいに少い。それらはだんだん少くなり、やがて全くなくなり、もはやモンゴル人の世界を離れたことを物語っている。いまや、偉大なる砂漠の西方、その丘の上には預言者マホメットの緑の旗のはためく地方に、一行は足をふみ入れつつあった。

冬来る

わたくしは、真夜中に嵐の咆哮に目をさまされた。明け方、着物を着ていると、だれかが、
「吹雪だ！」
とさけんだ。つづいて、ミューレンヴェークが歓声をあげるのが聞えた。かれは全く変った人で、自分で雪靴をもってきているのだ。外に出てみると、ラクダの足あとや、地面のくぼみ、丘や浸蝕崖のかげなどには、雪が白くつもっていた。そしてなお、嵐のあれ狂う北西の方には、雪の細い結晶がただようていた。黄赤色のすじが東に太陽のありかを示していたが、空は見わたすかぎり暗く、北西には、黒い、不規則な雲が、裂けた軍旗のような形にたれこめていた。陰鬱《いんうつ》で、何かの前兆のような雲行きであった。砂漠の全域をおおうて、巨大な、暗い円天井がのしかかってきているようであった。

シベリアの冬がとつぜんに訪れてきた。前夜は氷点下五・一度であった。いまは、嵐の最中としては異常に気温が下り、午後四時半すぎからは氷点下七度になった。これは、気温が日中でも氷点以上に上らなかった最初の日である。気圧は、この二日間ずっとほぼ同じ高さのところにいたにもかかわらず、六五六ミリから六三〇・五ミリまで、二六ミリも下った。夜が明けると嵐はしずまった。一一月二〇日、日曜日の朝は、静かで明るかった。

南八二度西の方向に、ツァガン・ボグドの頂が見えた。一頭のラクダは、キャンプ五八号にのこさ

ねばならなかった。それはもう食物をとることもできず、立つことさえできなかった。

一行は毎日すこしずつ前進した。一一月二四日、クリスマスの一ヵ月前である。クリスマスを祝うのはどこであろうか。それまでには全キャラバンがハミに集結できるであろう。そう思うのは、あまりにも楽観的な希望であろうか。すべてはラクダにかかっている。もしラクダが持ちこたえれば、一行はまに合う。しかし、すでに多くのラクダは消耗《しょうもう》し、つかれきっている。

メルイン・ゴルを後にしてから、人には一人も会わない。西から東へ行く大キャラバンは、みんなどこへ行ってしまったのだろうか。それはみなこの北方の路を通うと聞いていたのだが……。ここは、「死」と「沈黙」の土地である。ここには、人も獣もいない。

一行の食糧は乏しくなりつつある。ヨーロッパ人の分はハミにつくまで何とかもちそうだが、モンゴル人たちの分は、いかに節約しても後四日分しかなかった。それで、大急ぎで先行する、食糧買い出しの使者を出す必要があった。新疆省の境に、タ・シー・トウ（大石頭）という中国人の町があり、そこは食糧の豊富さを誇っているという。一行の食糧をできるかぎり速やかに補給するために、ミューレンヴェークが強行軍で先行することになった。かれは、ラクダ御者として、チャンと二人のモンゴル人、バンチェおよびシンギをつれる。最上の乗用ラクダ四頭のほかに、余分に荷物用に一頭つける。かれはまた、弱ったラクダの強壮剤として豆を買ってくるようにいわれていた。金も乏しいので、わたくしがかれに渡すことができたのは、わずかに、わたくし自身の金箱からの四〇〇ドルと、シュイが立てかえた二〇〇ドルだけだった。ミューレンヴェークは、買物がすんだら、全速力でもどってきて、できるだけ速やかに本隊に合する。わたくしはまた、ミューレンヴェークに、かえりに事情しだいで新しいラクダを買うなり傭うなりせよと命じた。タ・シー・トウからは、ハミまでチャンをや

って、ハウデとハスルンドに手紙をとどけることにした。それで、いま本隊のおちいっている状況と、その救済のためにとった手段とを知らせようとしたのだ。わたくしがミューレンヴェークにあたえた命令は、いくらか不確実であったが、ほかにとるべき道はなかった。一行中のだれもタ・シー・トウの位置や状況についてはなんの知識もなかった。そこに売物のラクダが出ているかどうかはともかくとして、どうしても必要なものを売っているかどうかさえ、だれも確かなことは知らなかったのである。万事が状況しだいであった。しかし、ミューレンヴェークは有能な人物である。かれは信頼するに足る。かれはこのむつかしい仕事をよろこんで引きうけた。その上、かれはモンゴル語を流暢《りゅうちょう》にあやつる。不確かな情報にもとづけば、かれはタ・シー・トウに一週間以内に着けようということだった。同時に本隊も西に向って動いているのであるから、二週間以内には再び会うことができるだろうと予想した。かれ自身は、一二月八日の満月までには、本隊にもどってこれると確信していた。

一一月二五日、ミューレンヴェークは出発し、本隊はなお数日の休養ののち、二八日に出発した。道は南西に向っていた。右手に小さな山の稜線と三つの平らな円頂形の高地が見えた。南一三度西に、ツァガン・ボグドの青いピラミッドがそびえていた。道端に奇妙な漢文の銘があった。表面の黒い礫をとりのけると、明るいロームの下土の中に、二メートル大の漢字が刻《ほ》ってあった。シュイがそれを訳した。

「我ら団結するときは我ら神の助けを受く。この道は使用されること少い。しかし我らは税関を避けんがために再びこの道を行かねばならぬ。」

この日の行進の途中、二頭のラクダをあとにのこさねばならなかった。もう一頭はやっとのことでキャンプにたどりついた。ハミまでいったい何頭が着けるだろうか。いまたどっている隊商路は、あ

らゆる点でおそろしく貧相なものであった。一五のキャンプ地のうち、良かったのは一つだけだ。今日のようにラクダを失ったのでは、遠からずして隊は危機におちいるであろう。

一一月三〇日、もはや使用にたえないラクダを一頭屠殺《とさつ》した。モンゴル人と犬とが肉をほしがったからである。月の暈《かさ》がいつもより美しい。山々が静かに暗くキャンプをとりまいていた。ラクダたちは、あたえられた乏しい餌を反芻していた。その夜は、氷点下二四・七度まで下った。

一二月一日、山の間の平らな谷をすすみ、無数の小さな割れ谷を横切った。北の方にはうすい青色に山なみの輪郭が見えていた。南にはごく近く低い山稜があった。この起伏の多い土地に、ラクダはすっかり疲れ、かれらの歩調は乱れた。一頭はもはやついて行けなくなり、すてねばならなかった。野生ロバの一六頭の群れがあらわれ、銃をもって追ったがとれなかった。

翌日、ラクダが一頭すてられた。それは、もの憂げな眼で隊列を見送っていた。多分、助けてもらえないのでおどろいているのであろう。この人たちが最後ではなく、他の列があとからきて世話してくれると信じているのかも知れない。すてられたラクダのことを思うと、わたくしは胸がいたむ。ラルソンもモンゴル人たちも、自分ではラクダを殺すことができない。わたくしがそれをいうと、かれらはいつでもこう答える。すてられたラクダは草をたべて休息すれば元気をとりもどすかもしれない。そして、あとからくるどこかのキャラバンにたすけられるかもしれない、と。しかし、わたくしはそれを信じない。ラクダが立つのを拒むときは、すでにかれの終りは近い。もはや唯一の望みがのこされているばかりである。ただ、この哀れな動物が、長く臥《ふ》して待つこともなく、月が雪野原を照らす前に、「死」の救済者に救われるだろうと期待するばかりである。

その日は、南方の山脈に属するある小さな谷の入口の雪の中にテントを張った。この前の泉で、モ

ンゴル人たちが六つの水桶に水を満たすのを忘れたので、その結果、ヨーロッパ人も中国人もモンゴル人も総出で、杓子《しゃくし》やらスコップやらをもって雪を集めてまわり、火の上でとかした。一行の立場がしだいに重大になればなるほど、シュイ教授の信念と心の平静とは強くなってくる。われわれがひどい状況をたえしのばなければならぬときも、かれは見事に身を処すことができた。

一二月四日、すばらしい泉を見つけ、二日間をゆっくり休息にすごした。

一二月六日の前夜、二時半ごろ、わたくしは、犬の吠え声で目がさめた。犬は南へ突進して行った。犬の声がやむと、遠くにキャラバンの鐘の音がきこえた。それはしだいに近づいてきた。このような砂漠の道にあっては、商人のキャラバンの到着は、いわば外界との連絡口である。一行は、中国におけるニュースを知りたかったし、また何か売ってくれるものはないか、聞きたかった。隊商は、真南の谷にキャンプするのがはっきり見えた。

朝になって、それは一二〇〇頭のラクダと九〇人の人間からなる隊商であることがわかった。かれらはクェイホア・チョンからバルクールとグーチェンへゆく。また二隊はハミへ行く。この大きなキャラバンには、ざっと五〇種の異った職業がふくまれていた。その随一は、クェイホアの大商館、テイ・チン・ホであった。かれらは互いに組んで、荷物を傭いラクダに積んで送る。ラクダの持主は全部で七人であった。おのおのが一五〇ないし二〇〇頭をもっている。荷物は大部分、織物、茶、タバコ、およびいろいろの食糧であった。隊のうち三人がこの道を前に旅行して知っていた。ラクダの持主のうちの数人は、フイフイ、すなわち回教徒であった。かれらは中国人よりも抜目のない商売人だという評判が高い。

二つのキャンプの間には、すぐさま活発な取引がはじまった。商人たちのキャラバンから数人がこ

ちらの火の傍にきたし、シュイ教授とフンメル博士とは午前中に向うを訪れた。チュアンとセラトはすでにそこにきていて、粉を八〇斤買うのに成功していた。かれらはそれを自分たちだけのためにとっておくつもりであった。しかしマッセンバッハがそれを聞いて、その粉を差押えた。代金はかれが払い、粉は全員に平等に分けられることになった。全く、もう五〇斤しかなかったのだ。これと反対に、この中国人たちは、かれら自身の必要量ばかりか、他人の分まで食糧の貯えをもっていたのだ。実際、かれらは数千年にわたる経験をもっているのである。

病気

一二月八日は、水も草もなく、燃料にも事欠く、ひどい場所でキャンプした。その夕方、遠く東の方で、例のキャラバンの鐘の音がきこえてきた。調子のととのった、荘重なリズムで、それはしだいに近づいてきた。わたくしとシュイとフンメルは、テントの外へ出て、この夜の行列が通りすぎてゆくのを見た。満月が砂漠の上に冷たい白銀の光を注ぎかけていた。影のように最初のラクダがあらわれた。かれらは、静かな、威厳のある足どりで、力強く、荘重に足を運んできた。その荷物は、荷鞍の上にきちんと上手につつんであった。人びとはみな徒歩であった。

　わたくしは、恍惚《こうこつ》たる気分であった。わたくしは今までにこういう景色を、幾度となくかぞえきれぬほど見てきた。しかしそれは、幾度見ても見あきることはない。長い行列が行ってしまうまで、わたくしは立ち去ることができなかった。いや、それはまだ終りではなかった。東の方はるかに、新しい鐘のひびきが聞えてくる。しかし、わたくしは毛皮を着ていなかったので、寒くなった。フンメル先生は、すぐにぱちぱち燃えるストーブの傍へ行くように命じたので、わたくしはそれに従った。

　その夜わたくしは、寒さとくらやみの神様に、まったく無益な挑戦をしたことを思い知らされた。苦しさに眠りを妨げられ、明け方まで眠れなかった。メントーがいつもの時間にストーブに火を入れ、わたくしを起した。ラルソンたちはすでに出発したあとで、ハイデルだけがわたくしとメントーを待

っていた。わたくしは、気分が悪いのは一時のことだと思って、フンメル先生にはそれについて一言もいわなかった。しかし、朝食は手をつけずにのこした。パオがたたまれる間、外で火にあたって待った。その間に太陽はのぼり、東の地平線の雲はバラ色に染った。

われわれはまたラクダの苦難の道に旅をつづけた。ひどい西風にわたくしは骨の髄まで冷えて、キャンプ七二号を待ちこがれた。幸い、開けた泉までは一四キロメートルばかりで、その氷のはった泉をとりまいてかなりの草地があった。テントのあいだでたかれた火のそばで、フンメル博士ははじめてわたくしを診察した。そして、まぎれようのない確信をもって即座に診断を下した。また持病の胆石がおこったのである。フンメル博士は休養を命じた。さしあたり今日と明日。シュイもフンメルの肩をもって、発作がおさまるまでベッドにいるように懇願した。わたくしの抗議は無益であった。わたくしは、旅行をつづけられないほど悪いとは思わなかった。いかなる事情ありとも、キャラバンの進行を止めたくなかったのだ。とくに今や隊は危機にある。ラクダは疲れ、糧食は尽きようとしている。

一日滞在してつぎの日、また行進がつづいた。この数日は、隊員たちはみな、中国人までも歩いた。ラクダの力がだんだん弱って、ほとんど毎日新しい殉難者が後にとりのこされた。今や運搬力を保持するために、乗用ラクダをも荷物用にしなければならなかったのだ。ただ、モンゴル人たちは歩くことに馴れていないので、まだラクダに乗っていた。わたくしは例の「鳥の巣」の中に坐っていた。

一二月一一日、フンメル博士はわたくしの傍につきそうて歩いた。二時間進んでから、かれは停止を命じた。火をおこして、軟い砂の上の毛皮のベッドの中に、わたくしをねかせた。胆石はひどく痛んだので、フンメルはモルヒネとカフェインの注射をした。まる二時間、火のそばで休んでから、ほ

かの人たちの足跡をたどって旅をつづけた。そのときわたくしは、ラクダの上の高いゆれる座席にしゃんと坐っていることができなかった。わたくしは、これほどキャンプを待ちこがれたことはない。一行は二〇・六キロ進み、そして、これまでどおりわたくしは行進ルートの地図を描いた。ついに遠くにキャンプの煙が見え、とうとう仲間のところに到着した。パオはすでにつくられていて、わたくしは「野戦病院」にかつぎこまれた。

その翌日、先行したままながく分れていたノリンがやってきた。ベルクマンやフォン・マーシャルは、北西の方へ五〇里もないセビステイの泉にキャンプしているといった。そこには、水も草も燃料もある。医者は、わたくしにそこで二週間休養することを命じた。

横ゆれするラクダの歩調は、明らかに胆石のために悪い。フンメルはわたくしに、ラクダに乗ることを断固として禁じた。しかし、歩くこともできず、ラクダに乗ることも許されぬとしたら、いったいどうしてセビステイまで行きつけるのか。もちろん、ここには車もなかった。また、もっているわずかな木片では、車をつくることもできなかった。

水の不足のため、翌朝はどうしてもセビステイの泉に向って旅をつづけなければならなかった。シュイ教授は、テントの支柱と箱の板きれで、ソリをつくってはどうかといった。それをラクダか人かが曳くのである。しかしラルソンは、こんな石の多い地面では、そういう乗物は二キロも行けばおしまいだといった。かれ自身は担架を提案した。それを、四人のモンゴル人がおとなしいラクダにのって運ぶのである。わたくしは抗議した。そんな、いつなんどき、四頭のラクダの間に圧しつぶされるか、またこの臆病者たちに四方に引っぱられて八つ裂きにされるかわからぬような、妙な飛行機みたいなものには乗りたくないといった。

一二月一三日は明けた。テントの外には、鉄のベッドが待っていた。両側に沿うて二本のテントの支柱が束ねてくっつけてあった。ベッドには、寝袋と数個のクッションがあった。わたくしはカシミヤ革の長靴をはき、ネコの毛皮と帽子を着て、その上に横になり、上から大きな羊の皮をかぶった。担架はその付属物も入れるとほとんどわたくしと同じくらいの重さがあった。優に四〇キロの重さが、かつぐ人々の一人の肩にかかった。病人がミイラのようにくるみこまれると、最初のかつぎ手たちがその位置についた。合図によって、ハイデルとフンメル、ノリンとマッセンバッハが、その肩に担架をのせて動き出した。八分後、マッテ・ラマがハイデルの位置に入り、他の三人は肩を変えた。それから新しいかつぎ手が手をかした。リーベレンツとその従者チャーリー、それからモンゴル人のジャンスンである。七分ごとに交替する必要があった。担い手は二班にわかれて、交替でかついだ。わたくしは手に時計をもち、時間がくると停止を命じた。わたくしはまた、いつものように観察を手帳に書いた。モンゴル人の担い手たちは、歩調をそろえるということがわからなかったので、かれらがかつぐときはがたがたと不規則にゆれた。わたくしは、四人のヨーロッパ人の番になると、ほっとした。

　ハイデルはラクダをとばして、ラルソンのところへ、交替の八人のモンゴル人たちをよこしてくれるように、頼みに行った。午後四時ごろ、セビステイからは一〇人のモンゴル人と中国人たちが迎えにきた。かれらはラクダを下りるとすぐ、そのうちの四人が担架に歩みよって、新しい力をもってかついだ。かれらの歩みは短いが速かった。道のそばの丘は、これまでよりも速い速度で後へ消えた。しかし、かれらの歩き方は均一ではない。まるで大濤《おおなみ》にゆられているようなものである。

　しだいに暗くなってきた。寒い。寒さは毛皮を通してしみこんでくる。前方に火が見える。最初のテントに着く。それはノリン、ベルクマン、フォン・マーシャルたちのだ。わたくしは停止を命ずる。

わたくしのパオは、もう二〇〇メートル先に、ラルソンが建てていたのだが、わたくしはもうこれ以上進めない。もうたくさんだ。担架はテントの入口におろされた。

こういう奇妙な状態で到着したキャンプ七五号は、全旅行中でももっとも重大な場所となった。ここ、このセビステイの泉において、一行は冒険の新たなる段階に入り、探検隊の歴史は、困難を加え劇的となってくる。

ノリンの話では、一八八六年式のロシヤ陸軍の小銃で武装したあやしげなモンゴル人たちが、はじめに三人、あとからもう二人、ノリンのキャンプにやってきて、そのラクダの世話係たちに話しかけて行ったという。かれらはすこし離れたところにキャンプしていて、五〇頭ほどのすばらしいラクダをもっていた。かれらがどうしてそんなラクダを手に入れたのか、おおよそ想像がつく。疑いもなく、隣人は匪賊なのだ。かれらは、用心深く接近して、一行の強さを確かめ、奇襲のせぶみをしているのだ。

ノリンは、先手を打って、武器をとり得る全員をあげて、かれらのキャンプに襲撃をかけるべきだといった。わたくしもこれに全く賛成し、その晩横になったままで作戦計画を考えめぐらした。一行の戦力は、この匪賊どもを捕虜にするだろう。そして、この悪漢どもをひっくくって、ハミの官憲に引き渡そう。その五〇頭のラクダは、こちらの疲れたキャラバンで使用し、これものちほど官憲に渡す。平和なる隊商の厄介物に対する輝かしき戦闘ののち、一行は勝利のハミ入りをする。そして全新疆から英雄として迎えられよう。その夜は、安全を期するために、テントに不寝番をおいた。

翌朝、匪賊たちはどこかへ行ってしまったという報告がきた。かれらは多分、これは手ごわすぎることを知ったのだろう。そこで、わたくしたちの御自慢の計画も、煙に消えてしまった。

わたくしの病気のために、計画は大変更を加えられることになった。今やかなり思いきった処置が必要である。人々は協議し、ついに新しい処置を決定した。

ラルソンは、隣の主力をひきい、荷物の大部分をもって、タ・シー・トウに直行する。ドイツ人および中国人の隊員は、かれとともに行動する。タ・シー・トウにおいて、わたくしたちの救援のためにいかなる手段がとられるかは、状況しだいによる。さきに遣《つかわ》したミューレンヴェークは、予定ではもうとっくに帰ってこなければならぬ時である。タ・シー・トウには何もなかったのであろうか。

フォン・マーシャルとリウは、採集人のチンと、中国人との混血モンゴル人オッテホンをつれて、ハミへの道を西に向って強行軍する。そして、救援キャラバンを集めうるもっとも近い場所、エル・ヤ・フートンかタ・シー・トウか、あるいは最悪の場合にはタシ・ブルクに到達し、セビステイにのこしてきた荷物をとりにゆくラクダを傭い、必要なる糧食を買い、もしできるならば、隊長のために一頭の牛と三頭のラバを買うか傭うかする。かれらは、できるかぎり速かにセビステイに引っかえす。マーシャルがノリンの金庫から旅費を受けとると、セビステイにはあと七ドルがのこるだけとなった。

この夜は、ほとんどみんな、あまり眠らなかった。食糧の貯蔵はしらべられ、分配されていた。後にのこる者も、その分けまえをもらっていた。最後にフンメルは大きい蓄音機をもらった。これは、出発する人たちにはその調べに耳をかたむける機会もなかっただろうが、後にのこって待つものには、おおいに気持をやわらげてくれるものであった。

セビステイには、全部で九人がのこった。四人のスエーデン人、すなわちわたくし、ノリン、ベルクマン、フンメル。それから二人のモンゴル人およびノリンの配下の三人の漢人たちであった。すで

にラクダはほとんど先行の隊がもって行った。どこからか救援隊がくるまでは、われわれは一歩も動くことができない。われわれはついに、クリスマスと新年をここで迎えた。

新疆省の境

エツィン・ゴルこのかた、すでにいくつかの小さな分遣隊のキャラバンが、わたくしたちの本部をあとにのこして、西に向って出発していた。それらの人たちは、その後、ぶじに目的地に到達できたであろうか。

まず、ワルツはどうしたか。かれは二人の従者をつれ、エツィン・ゴルからウルムチを指して出発した。かれの任務は、新疆省の総督ヤンに会って、探検隊の訪問をつたえ、ウルムチあてに送ってある金と手紙をとってくることであった。

かれと、その従者たちは、八頭のラクダをひいて、しばしば道もなく水もない砂漠を、夜行軍で突破した。途中二頭のラクダを失った。

一一月一一日、かれらが新疆の省境に達したとき、かれらは二〇名の国境騎馬隊にとりかこまれた。かれらは、これでも恐れ入らぬかといわぬばかりに、ワルツたちの目の前で、小銃に弾丸をこめた。けんめいな抗議にもかかわらず、かれは六日間捕虜としてとめておかれた。やがて、騎兵二個中隊、四本の旗、四人のラッパ卒を伴った隊長が到着した。

ワルツはついに兵隊の護衛のもとにハミまで旅行する許可を得た。かれらは、氷と雪の中を、山脈のふもとにそうて、近道した。それは、ラクダにとってはたいへん困難な道であった。ある暗い夜、

三頭が乗手とともに斜面をすべり落ちた。しかしけがはなかった。ワルツは一一月二一日にハミについた。かれは七三三キロを旅行したことになる。

　ハミでは、かれは中庭のある家につれこまれた。戸口に二人の士官と二〇人の兵士が衛っていた。翌日陸軍准将《じゅんしょう》リウ・ダーリンがかれを訪問し、取り調べた。

「わたしは、たいせつな用事でできるだけ早くウルムチへ行かねばなりません。旅券と武器携帯許可証を持っています。」とワルツは説明した。

「ウルムチから訓令がくるまで、あなたはここで待たねばならぬ。」と准将は答えた。

　ワルツは武装解除され、荷物は全部調べられた。何もこわされることはなかった。英語を話す若い郵便局長のチェンが通訳した。日一日とたち、手紙がワルツとリウ・ダーリンの間を行ったりきたりした。このババリア人の少佐は、もてあそばれることを好まなかった。かれは、一二日間もかれを手間どらせているこの准将に向って、かれおよびかれの部下とラクダたちの全費用を支払うことを要求した。翌日に確答が与えられぬならば、かれは自分自身でウルムチの総督あてに電報を打つであろうと、かれは宣言した。リウ・ダーリンは遂に、ワルツが一一月二七日に首都に向けて進発する許可を与えた。ただし、車で、しかも乗馬の「護衛隊」を伴ってのうえである。かれは、ハミを出発した。

　つぎは、ヘンペル、ハウデたちの隊である。かれらはできるだけ早く気象観測所を開設しようと、ハミに向けていそいでいた。その隊には、ハスルンド、フォン・カウル、デットマンおよび学生のリーがいた。キャラバンの世話はハスルンドの任務であったが、かれはその任務をりっぱに遂行し、砂漠を横ぎる行進で、二四頭のうちわずか三頭を失っただけだった。

　一一月二七日、かれらは新疆の国境付近のミャオ・ゴーという村に達した。そこでかれらは、モン

ゴル人および回教徒の兵隊によって行手をさえぎられ、武装解除され、一一日間捕虜にされた。かれらは厳重に護衛された。一二月三日には、騎兵八〇〇をかぞえ、そののちもっと強化された。次の日、かれは総督ヤンから、かれは探検隊が新疆省に入ることを欲しないという通知をうけとった。
ヘンペルたちは、すぐにヤン総督あてに、つぎのような英文電報を起草した。これはハミへ送られ、電信局へ渡された。

「われわれは今日スウェン・ヘディン博士の学術探検隊の隊員が新疆の国境をこえることに関する閣下の許可を得られぬこと、および閣下がわれわれに対してペキンに引っかえせと要求されているとの通知をうけた。回答として、われわれが砂漠を横ぎって引っかえすことは不可能であることを、閣下にお知らせする。それはつぎの理由によるものである。わが探検隊は、冬の装備は新疆で求めるつもりであったので、十分にもっていない。旅行は、はじめの予定よりはるかに長くかかったので、食糧・装備とも使い尽し、本年のこの季節に引っかえすに必要な物資を欠いている。金はすべてティホア(ウルムチ)にあるか、或いはわれわれの到着後、ペキンからそこへ送られることになっている。われわれは、非常にたくさんのラクダを砂漠の中で失い、あとのものはひどく消耗しているので、とうてい砂漠の旅に耐えるべくもない。われわれは共産主義者ではないかと疑われていることを聞いた。これはわれわれの強く否定するところである。ペキンのスエーデンおよびドイツ公使館が、元帥チャン・ツォ・リン(張作霖)閣下に対し、わが一行の一人といえどもいかなる種類の政治にも関係する意図をもたず、また共産主義者ではないことを保証したという事実を、思い起していただきたい。以上の事情を考慮して、われわれがハミへ旅

行をつづけることを許可していただきたい。われわれはこの機会に閣下に対し最大の敬意を表するものである。」

一二月一六日、その隊の指導者ヘンペル少佐は、ヤン総督からのぞましい返事をうけとった。かれは探検隊の二六人の隊員、すなわち全隊員に、新疆省への旅行をつづけることを許可した。ただし、三つの条件がついている。武装解除、荷物の検査および従者とラクダ全部を国境にのこしておくことである。

一二月一九日に、ヘンペルの隊はふたたび行進を開始し、三日の後にハミに着いた。そこでただちに武器は引き渡され、荷物は全部注意深く検査された。月末ごろになって、ペキンからウルムチに送ってあった金の一部がやっと手に入り、二九日には、三台の車にのってかれらはここを出発した。

さて、つぎはミューレンヴェークたちである。

かれは、バンチェとロー・チャンの二人をつれて、一一月二五日に本隊をあとにして、タ・シー・トウへ向けて、食糧買い出しのために進発した。かれの旅行は大いそぎの冒険旅行であったので、かれはたいてい夜行軍を企てた。かれのような向う見ずにして初めて、こういう行進をやってのけることができたのだ。

一二月六日、かれらは南の方へさまよい、ながいあいだかかって探したのち、やっと、ハミの方向にむけて走っているらしい道を見つけた。しかし、その翌日、その道ばたの刺のある灌木に、ラクダの背の荷物の綿くずがからまっていないのに気がついた。この道がハミに通じていないことは明らかである。綿の隊商が出発するのはハミなのだから。つぎの日、かれらは綿くずのある正しい道を見つ

けた。

一二月九日、かれらは道ばたにある一つの廃墟のそばを通った。ミューレンヴェークとバンチェはその方へラクダを走らせた。ロー・チャンは荷物ラクダを曳いて、もう一つの廃墟の方へまっすぐ歩いて行った。すると、そこには見知らぬ人たちの一隊が止っていた。かれらのウマは、近所につないであった。この奇妙な人たちは、たがいに顔を見合せて、ロー・チャンに声をかけはじめた。ミューレンヴェークは、ピストルをにぎりしめて、そちらの方へ急いだ。バンチェはその後から青くなって怖がりながらついて行った。ロー・チャンは、あの小銃をもった一〇人の人たちは兵隊だといった。ミューレンヴェークは、二人の部下に前進をつづけるように命じておいて、自分はラクダを曳いて谷の方へ下りて行った。しかしそのとき、その一隊の指揮者がかれの後からウマで追ってきて、止れと命じ、同時に銃に弾丸をこめた。

「旅券を見せろ。」かれは乱暴にいった。

「まず君のを見せろ。」ミューレンヴェークは答えた。

「おれは旅券はいらないのだ。しかし、これがおれの隊長の名刺だ。」

「よし。ではこれがおれの旅券と武器携帯許可証だ。」

「君たちが西へ旅行をつづけたいなら、その武器をこちらへ引きわたさなければならない。さもなければ、やってきた道を引っかえさなければならない。」

その間に、全部隊がウマに乗って、この二人をとりまいた。

「おれたちは新疆へ行くんだ。ここで押しとどめられてしまおうというつもりはない。」

「よろしい。それならまず武器をこちらに引き渡せ。」

武器を引き渡してから、かれらはいっしょに西へ向って進んだ。夕方おそくキャンプをたてた。ほかのヨーロッパ人が近所を通らなかったかとミューレンヴェークは聞いてみた。指揮者は、「はじめ一人、あとから五人が通った。かれらは全部捕虜になっている。」と答えた。

つぎの日、かれらは旅をつづけた。かれらはしばらくのあいだ、ハミへの道をたどったが、あとからそれを離れて、野原を横切った。ミューレンヴェークたちは、どうも安心できない状況だと思った。兵士たちは、正規の制服を着ていないし、むしろ匪賊のような印象をあたえた。

やがてかれらは峡谷のような谷間に入り、ついに日が暮れてから、一つの洞窟の前でとまった。その洞窟には、隊長がすんでいるということで、二つの火がもえていた。泉の水と葦が近所にあったが、隊長はいなかった。かれはきっとアンシー（安西）道路をシンシンシア（星々峡）へ行ったにちがいないということで、ミューレンヴェークをそこへ連れてゆかねばならぬといった。しかし、かれは、目的地のハミ以外はどこにも行かぬと頑強に拒否したので、かれらは使いを出して隊長をよんでくることにした。そして、その隊長がやってくるまで、ミューレンヴェークとその従者たちを捕虜にするといった。しかし、かれらは洞窟の前に自分たちのテントを立てる許可を得た。

ミューレンヴェークは洞窟の中へ入って行って、よい待遇をうけた。内部には、乗用鞍のほかは何もなく、それから見ると、このえたいの知れぬ同伴者たちは、やはりどうも匪賊ではないかと思われた。バンチェは、すっかり怖がって、自分たちは匪賊の手中に落ちたのだという自説に固執した。一方、ロー・チャンは、この連中はほんとうの兵隊だと信じていた。夜中に、ミューレンヴェークはバンチェの声に目がさめた。バンチェは、ひざまずいて、ラマ教のお経をあげていた。どうしたのだとたずねると、そのモンゴル人は、われわれは匪賊の手中に落ちたのであり、もう生命もあきらめねば

なりません、と答えた。隊長をよびにやられた兵士は、ただ一人で、三〇分後には帰ってきていた。

バンチェの考えでは、これらのことはみんなかれらをだますためになされているにすぎなかった。匪賊たちは、じゃま者なしにかれらを掠奪《りやくだつ》し殺害できるように、かれらをいっそう深く砂漠の中に引きこもうとしているにすぎなかった。

じっさい、翌日もまた、兵士たちはその捕虜をつれて、進みつづけた。夕方ごろ、兵士たちは、火をもやしテントをたてるために、先にウマをとばして行った。指揮者だけは、捕虜と同じくラクダにのっていて、かれらのそばにのこった。ミューレンヴェークは、こいつにとびかかって、銃をその手からもぎとり、脱走したいという強い誘惑を、体の中に感じた。しかしそのとき、ロー・チャンが、右手にキャラバンが見えると報告した。

「どんな種類のキャラバンか知りたいものだ。」ミューレンヴェークはその中国人の指揮者に説明した。「あれはわれわれの一行の一部隊かも知れない。」

その中国人は別に反対せずに、そのキャラバンに向って速足ですすんで行った。ロー・チャンは、先に兵隊たちがかけて行った道をたどっていた。しかし、ミューレンヴェークとバンチェは、動かないでのこった。すでに暗くなりはじめていた。

「さあ、いまだ。」ミューレンヴェークは連れにいった。「あいつらはほんとに匪賊だ。おれたちは今夜逃げなければならない。」

バンチェは気が弱かった。

「食べものがありません。」

「そんなことはどうでもよい。さあ、逃げられるぞ。今夜は闇夜だ。まず北に向けて急ぎ、それから

きっぱり西向きだ。」

「ラクダはあきらめなければなりません。」

やっとその気になったバンチェが言いだした。

「こいつをつれていたら、足跡が見つかります。それに、山の中ではラクダは難儀します。」

「よろしい。ラクダはおいて行こう。あいつらが匪賊だったら、ラクダを盗むだろうが、もしほんとうの兵隊なら、それを返してくれるだろう。」

バンチェは一かたまりの脂肪をもっていた。食糧はそれだけだった。かれらは、草を食っているラクダたちを後にのこして、歩きだした。まもなく山の中の谷間に入った。軟い砂地では、バンチェは足跡を消すためにも毛皮をひきずって歩いた。かれはまもなく疲れたけれど、また、足跡を野生ロバに似せるために、爪先で歩かねばならぬといった。

かれらはその夜の半ばを歩きつづけ、つかれて休んだ。しかし、追手に在りかをさとられまいと思って、火はたかなかった。あいつらがきたらどうしよう？　かれらは考えた。しかしだれもこなかった。翌日は、かれらは夕方四時まで歩いた。くたくたに疲れて休んだ。バンチェのもっていた脂肪もなくなった。泉のところで、氷の張った水をみつけた。それからさらに進み、その夜は一一時から一時まで寝たが、寒さで眼をさました。つぎの日は、良い飲み水をみつけたが、食べるものは何もなかった。かれらは、小さい火をおこし、それからまたごりおしの前進をつづけた、一二月一二日には、かれらは終日終夜さまよいつづけた。夜あけになって、水の流れる音がきこえた。遂に小川があった！　その岸でかれらはたき火をした。もえかすの上に砂をかぶせて、暖いベッドをつくり、寝た。

二時間たって、バンチェは主人をおこしていった。

「今日は天国ですぜ。」

「どういう意味だい？」

「ニワトリの鳴くのが聞えます。」

　かれらは即刻出発し、一人の漢人が住む一軒屋に着いた。ここで、二人はたらふく食ってお茶をのみ、小麦粉と肉と、ロバを一ぴき買った。午後になってから、かれらはハミへの大道を旅行しつづけた。

　一時間進んだのち、かれらは馬にのった二人のモンゴル人の兵隊に会った。かれらは二人にたくさんの質問をあびせかけ、それからウマをとばして走り去った。一〇分後、騎兵の一隊があらわれ、その指揮者があらためて詳細な取調べを始めた。ミューレンヴェークはモンゴル語は達者である。かれはすべての質問に明瞭にかくさずに答えた。二人は、いくつかのパオがあり、兵隊とウマのいる中庭につれてゆかれた。かれらの部隊の「総司令官」は泥の家に住んでいた。その炕《カン》の上に坐って、かれらは話した。かれは、二人の外国人の捕虜が逃げたということは聞いていたが、今ここに捕《つかま》っている二人がそれであることを知った。かれは、明日ラクダを返してやると、ミューレンヴェークに保証した。しかし、一二月の一四日も一五日も、ラクダはこなかった。ヨーロッパ人の大キャラバンが近づいてきているとか、秋の末に二〇〇人の人数が八〇個のテントをエツィン・ゴルに張っていたとか、いろいろの噂があった。この司令官は、一行がフォン・ユイ・シアンの軍隊に属しているかどうかを知りたかったのだ。新疆省の東部地方全体が、一行のために動員されていたのである。

　一六日に、ミューレンヴェークは、はっきり宣言した。

「もし明日わたしのラクダを返してもらえず、ウマ二頭を与えられないなら、われわれは歩いてハミ

に行きます。」

かれらはウマをあたえられた。イ・クワイ・シュの村で、かれらはワルツのモンゴル人従者セルチェに会った。一八日は旅行をつづけて、ハミに着いた。ここで、リウ将軍の取り調べをうけた。二二日にはロー・チャンがラクダをつれて到着した。

とにかく、探検隊に対して、ハミ地方全体が戦時状態におかれ、探検隊に物資を補給する可能性を奪うために、東方むけの隊商交通はいっさい遮断されていたのである。すでに、この年のはじめ、チャン・ツォ・リン元帥は、わたくしの要請にもとづいて、ヤン総督あてに、探検隊のことについて長文の電報を発していた。それで、一行にとっては、新疆の省境におけるこのような冷たい待遇は、はなはだ心外であった。その上、一九二七年五月から九月に至る間の探検隊あての全郵便物は、検閲のためペキンへ送られていたのだ。ウルムチでは、スエーデン語もドイツ語も、一人も読めなかったからである。

しかしながら、探検隊の意図および人物についての新疆省当局者の見解は、その後徐々に変化しつつあるようであった。本隊をはなれて先行した諸分遣隊のうち、最後のもの、すなわちフォン・マーシャルの隊が、セビステイにのこされたわたくしたちの救援キャラバンを組織するために新疆省境に達したときには、かれはすでに国境の士官や兵士たちから、全く友好的なとりあつかいをうけたのである。

マーシャルは、強行軍ののち、ム・エール・ゴーという小さい部落についた。そこには、粗野な騒々しい兵士たちがいた。マーシャルは、かれらと冗談《じょうだん》を言い合い、いっしょに飲み、仲よくなった。それで、兵士たちは、かれが食糧を買い、かご椅子用の材木を手に入れるのを手つだってくれた。マ

ーシャルはそれでたちまちにしてかご椅子をつくった。それからかれはわたくしが救援をまっているセビステイのキャンプに向って、大いそぎで帰路についた。

セビステイには、四人のスエーデン人が籠城《ろうじょう》していた。クリスマスの祝はすぎ去り、一年の最後の一週間が経って、新しい年、一九二八年がはじまったが、われわれはなおこの砂漠のまん中にあって、氷にとじこめられた極地探検家のように、救援のくるのを待つほかなかった。スエーデンの国旗は、砂の海を越えて、西の方へ救いを求めてSOSをよびかけたが、待ちのぞむ救援はいっこうにこなかった。一日じゅう、嵐が荒れ狂い、風通しのよいわれわれの住居を、氷のようにつきぬけた。事態は暗く、陰鬱であったが、われわれの意気はなおさかんであった。一月三日、コックのワンは、乾燥オーツ、砂糖、塩、こしょう、コーヒー、および青えんどうがなくなったことを報告した。また、パンが焼けるのも明日かぎりであり、米はあと手のひらに幾杯かしか残っていないといった。しかし、まだ豆スープの粉、ココアとお茶はある。従者たちは、かなりの粟《あわ》をもっていた。水はある。それにベルクマンは毎日少くとも一頭のカモシカを射とめた。

一方、隊の主力をひきい、荷物の大部分をもったラルソンたちは、その間も、タ・シー・トウ指して前進しつつあった。使いがその行進のありさまを書いたハイデルの手紙を、セビステイのわたくしのもとにとどけた。それは、つぎのようなもので、読むものの心をとらえずにはおかなかった。

ハイデルは報告する。最初の日、カモシカを六頭倒す。一頭の野生ラクダを見る。一二月一七日、水なし。一八日、はげしい吹雪。肉をとるため、ラクダ一頭射殺。二〇日、吹雪はますます強さを増す。なお滞在。二一日、あれ狂う吹雪。出発は不可能。二二日、ラクダ二頭凍死す。他はすべて疲れ

切っている。ついに、ラルソンと二人のモンゴル人を、荷物全部とともに残し、他はラクダおよび必要欠くべからざる物だけをもって行進をつづけることに決定する。二三日、一〇二頭のラクダをつれて出発。途中二頭死す。水なし。しかし雪。二四日、ひどい吹雪。わずか三キロメートル前進せるのみ。水なし。二五日、嵐。ラクダ二頭倒る。モンゴル人たちは最後の小麦粉をもらう。あとはただラクダの肉だけでやってゆく。二六日、烈しい風。ラクダ一頭死亡。他の一頭を肉のため射殺。二七日、ラクダまた一頭倒る。二八日、エツィン・ゴル以来はじめて四個のユルトに到着。小麦粉、砂糖、および五頭の羊を買う。二九日、タ・シー・トウに着く。ラクダ一頭死す。あと七日でハミに着くことを期待している。

　ひどいことになったものだ。キャラバンは壊滅した。ラルソンは、荒野に一人、荷物をかかえて立往生している。救援は、いっそう待ちどおしいものとなった。

　一月五日、四人のスエーデン人は、セビステイの泉に二四日間いたことになる。時間は、いつものとおりに過ぎていった。その夜四人はわたくしのパオに集って、机に向っていた。わたくしとフンメルは字を書いていた。ベルクマンはアジアの考古学を研究していた。ノリンはかれの新しい地図に向って仕事をしていた。ストーブでは、ぱちぱちと火がもえた。そのほかは、パオの外をごうごうと吹き荒れる風をのぞけば、いっさいが静かであった。七時二〇分、戸をたたく音がした。召使たちは、決して戸をたたかない。ぬっと入ってくるだけである。犬は吠えていなかった。

「マーシャルだ！」わたくしは確信にみちて叫んだ。

「そうです。マーシャルです。」かれはきっすいのスエーデン語で答えた。そしてつけ加えた。

「何か飲みものがありませんか。」

救援はついにきたのである。

今やわれわれの解放の日がやってきた。はげしい北西風の嵐と氷点下一二度の寒気の中で、荷物は荷づくりされた。しかし、氷のような冬の嵐は、際限もなくつづく！　一月七日もまた出発できない。かさばった荷をもって、ラクダは風にさからって進むことはできないのだ。翌日、嵐は弱まった。日の出後ただちに、ノリンは行進を開始した。まもなく、わたくしも最後にならぶ二頭のラクダの間につられたかご椅子にのって、西への行進を開始した。その夜、気温は氷点下二六・七度に下った。

ついにハミに着く

一月一一日、われわれはラルソンのキャンプを見つけた。そこはあの大キャラバンが、四日の吹雪の後に壊滅した場所であった。ラルソンは、木箱をつみ重ねて、奇妙な小屋をつくっていた。わたくしたちは、ラルソンにわかれて、さらに西にすすんだ。翌日、ラルソンの救援に向う傭いラクダのキャラバンに遭った。それによって、ラルソンたちも、その荷物の山とともに、雪の囚《とらわ》れから脱出できるはずであった。

一月一三日、わたくしたちは西に向って行進をつづけた。寒暖計は夜には零下二一・七度まで下った。われわれが横切りつつある地方は、全く単調であった。エミール・ターグとカルリク・ターグの山々が、終始かわらずそびえ立っていた。それらの山は、天山山脈が砂漠に向って張り出したもっとも外側の支脈に属するものである。ときどき、ラクダの硬く凍った死体があった。ハイデルとシュイ・ピン・チャンのひきいる隊がこうむった大損失のあとである。

一五日からは、一行は互いに密集して行進した。いまや、いつ何時、新疆の最初の偵察部隊に出会《でくわ》すかもしれなかったからである。われわれは西南の方向に歩みつづけ、スタインの地図にあるミンシュイ（明水）とム・エール・ゴーの間の道路をさがした。この日、ミンシュイからバルクールに至る道を横切った。

白々とした冬の平原を横切って、一八日には最初の石の道標が目に入った。次の日には、ながい寂《せき》寥《りょう》もついに終りを告げた。三メートルの深さにうがたれた溝があり、その中に小川が流れていた。そこに達したとき、西の山すそに、ヤナギとピラミッド形のポプラをもったオアシスが見えた。われわれは、谷にそうて流れをさかのぼった。左手に小さな仏教の寺があった。寺は無住で、ただ黒い大きな牝豚が、寺に仕える尼僧然とひかえているばかりであった。近くの黒い山の一つに、円屋根と壁のあるマサル、すなわち回教徒の聖者の墓が立っていた。草と野バラのくさむら、農場、黄色い泥の家、壁のある囲いが見えた。一行は、ある小さいヤナギの林に近くキャンプした。ここがム・エール・ゴーであった。マーシャルがやってきたときに二〇〇人からここに止っていたという兵隊たちは、もう一人もいなかった。ただ五人の漢人農夫と三人の東トルコ人がいるばかりであった。東トルコ人の一人、七二歳のホダイエルが、この近傍の部落の長老、すなわちドゥルガであった。かれはまたラルソンの荷物を救援に行った五〇頭のラクダのうちの二五頭の持主であった。この一行のことを、かれは総勢二〇〇〇の軍隊であると聞いていた。わたくしはかれと東トルコ語で話している。わたくしは一九年間その言葉を使わなかったが、まだある程度まで残っていて、すぐ磨き直すことができた。

ム・エール・ゴーではすばらしい小麦のパン、卵、玉ねぎ、キャベツを手に入れた。まるで二ヵ月と一〇日間、砂漠の海の波をのりきって、再び文明の岸に上陸したような気持であった。夕方近く、フンメルがさけぶのがきこえた。

「ラルソンがやってくる！」

そして、ほんとうにかれが、赤い毛皮を着て、五〇頭の傭いラクダを先頭にやってくる。かれは、沈む日の強烈な光の中に、健康にかがやいてやってきた。

夕方おそく、西の方から隊商の鐘の音がきこえてきた。それは一〇〇〇頭のラクダと二五のテントから成るキャラバンで、パオトウに向けて行くところであった。かくて、交通遮断は今や解かれていたのである。

一行はホジャム・ヤグスの神社の小屋に一日滞在した。そのあいだに、一行に注意し、道中見はりをするための軍隊の司令官、チャン・ダーリンの訪問をうけた。かれは、ながいあいだ消息不明であったユアンの隊が、一週間前に通って行ったことを語った。それはうれしいニュースであった。わたくしたちは大きな心配から解放された。

一月二一日、わたくし、フンメル、ベルクマンの三人は新しい乗物を用いた。周囲四・六五メートルの車輪をもつ幅の広い二輪車であった。四頭のウマがこれを曳いた。

二二日の夜をすごしたホアン・ルン・カンの村の近所で、道はアンシーへの大隊商路と合した。二三日、アンシー経由ペキンからの電信線が、二本の電線をもって、東南から走ってきて、一行の道に合した。あるときは植物でつながれた砂丘の間をゆき、あるときは平らな、固い砂漠の土地を行った。あちこちに、古い望楼の廃墟があった。ときどき、ポプラとヤナギの森と並木道をもつ小さな村を通った。そこでは、仕事をやすんで休日をきめこんでいる漢人たちが、新年の御馳走についての哲学を論じている。子どもたちは遊んでいるし、大きいのや小さいのや、犬どもが日なたぼっこをしている。カラスがやかましく鳴きたて、また、無常なる何ものかを思い起させる埋葬墓地がある。チン・ドンツェの村の広い池には、ロバとウシが水を飲んでおり、そのかたわらにはウマと牡ウシが引く荷車が立っていた。

一行はすでにム・エール・ゴーの東において新疆省の境をこえた。今やこの省における最初の町、

ハミに近づきつつあった。土ぼこりに包まれて、黒い騎兵の一隊が、一行に会いにやってきた。先頭には、毛皮の縁のついたチャパンを着た、ずんぐりした威厳ある「ベク」すなわち隊長がいた。かれは一行とともに歩み、ハミにおける事態について語り合った。道はしだいに両側に運河と丸いヤナギの老木のある並木道に変った。灰色の塀の間の道をゆき、らんかんに彫刻のある橋をいくつもわたった。車は、中国風の町の二重の門をごろごろと通り、ついにリウ准将のヤーメンに到着した。外庭には、准将の随員たちが出迎えていた。二列にならんで敬礼している兵隊の間をとおって、中庭に入った。中庭の門の上には赤い旗が二つかかっていた。接見室に入ると、そこには数人の役人、市長、および東トルコ族における有力者ヨルバルス・ハンが待っていた。

　茶が供せられている間に、リウ准将が入ってきた。かれは、いかにも育ちのよい、紳士的な態度のやせて、白い男だった。入ってくるとすぐ活発に話しはじめた。通訳として、英語を話す郵便局長のチェンがつきそうていた。かれは、親しみやすい礼儀正しい小男で、すでに今までにも先発の諸隊のためにいろいろ骨を折ってくれていた。リウは、旅行は難儀したろうとたずねた。また、途中の道や、失ったラクダや、砂漠の中でのわたくしの病気のことや、そのほかいろいろのことをたずねた。一行はいつウルムチに向けて旅行をつづけることができるかという質問に対して、かれは、いつ出発してもかまわぬと答えた。ノリンとベルクマンを、ここから直接ロプ・ノールに派遣したいという希望に対しては、リウは、その問題は残念ながらウルムチのヤン総督のみが決定権をもっているといった。そして、それについてすぐに電報を打とうといった。リウはわたくしの昔の中央アジア探検のことを知っており、今度はその当時よりずっと安全に新疆を旅行できるだろうと保証した。

　あらゆる暗い噂、険悪な雲行にもかかわらず、一行はこの小さな回教徒の町、ハミに到着した。砂

漠のほとり、天山のふもと、地上におけるもっとも大陸的な町。どの海からもはるか遠く、忘れられ、かくされ、ほとんどヨーロッパ人の訪問をうけぬ町。アジアの心臓部にある町。ハミはそういう町である。ハミには、中国人町とトルコ人町とがある。回教徒のバザールと中国人の店がある。モスクと寺がある。国境の町であるから、駐屯《ちゆうとん》軍がいる。数人の将軍がその司令部をここにおいている。ハミ地区は戦争地域にかぞえられていた。中国本土において諸将領間に内乱がつづけられている以上は、新疆省の治安の責任を負う支配者たちは、東からの侵略はありえないことではない、という意見であった。

「ハミはメロン。トゥルファンはブドウ。クルジャはウマ。クチャは女。」とことわざに言う。町をかこんで、畑がひろがり、いろいろな果物が栽培されている。灌漑《かんがい》に必要な水は北方の天山からくる。大隊商道路はハミから発する。アンシーを経て、スーチョウ（粛州）、ランチョウ（蘭州）、ニンシア（寧夏）に至る。またあるものは、すでにその一部分は一行が実際に通ってみたとおり、砂漠を横ぎって東に通ずる。

すでに、ハミ到着第一日目において、一行の地位は改善されたように見えた。われわれはいわばなお捕虜にはちがいなかったが、それでも最大の敬意をもってとりあつかわれた。われわれは二月四日までハミに滞在したが、この休息の期間のうちに、当局と一行との関係は、なお一歩一歩と改善された。ラルソンの指揮下にある荷物全部は積まれ、リウのいる前で検査された。そのとき、わたくしの箱の一つから、自筆の献辞と署名のあるチャン・ツォ・リン（張作霖）の大きな写真があらわれた。これはあきらかに、リウ将軍に深い印象を与えた。

このころ、一人の中国人の商人が、荷を下したたくさんのラクダをつれて、クェイホア・チョンへ

帰ろうとしていた。その男が、一行の二一名のモンゴル人たちを故郷につれてかえることを引きうけてくれた。住民の大半が東トルコ人であるこの地方では、モンゴル人は言葉も通ぜぬし、それに従者は全部国境にのこすという新疆省当局の入国条件もあって、モンゴル人は全部ここで解雇することとなったのだ。モンゴル人たちは、給料はカルガンで受けとることになっていたが、それとは別に各自九〇ドルをもらい、ほかに小麦粉、茶、羊肉、および二頭の貸ラクダを与えられた。

　わたくしは、ヤン総督にあてて、電報をうち、探検隊の最後の部隊がハミに到着したことをしらせ、かれの厚遇と親切な配慮に感謝し、かつ、まもなくかれに親しく面接できる喜びを表明した。わたくしはまた、ノリンとベルクマンとがまっすぐロプ・ノールに行くについての許可を乞うた。ヤンはその返答に、一行を新疆に歓迎するとのべた。ロプ・ノール探検に関するかぎり、その問題はティホア（ウルムチ）において決定されなければならない。あきらかに、総督はまず一行を自分で見たいと望んでいたのである。あとの措置は、それからである。それで、全隊員は、ヨーロッパ人も中国人も、まずこの首都における査閲に出席しなければならなかった。

　ハミ滞在中は、土地の「名士」たちとの交際で、なかなかいそがしかった。ある日、わたくしとシユイとは、車にのってあいさつにまわった。羊の毛皮を着た六人の兵隊に案内されて、塀と、木と、運河の間のほこりっぽい道をとおって、最後に、回教徒の「王様」の住居に着いた。かれの宮殿は中国風の建築で、高い土塀にかこまれていた。アーチ形の門の下を、燃料用の乾草の束と白い霜におわれた木の水桶をつんだロバが、ちょうど出てゆくところであった。

　引見室は広々した部屋で、敷物とテーブルと赤いカバーをかけた椅子がならんでいた。壁には四本の大きな軸がかかり、それには幸福と長寿をあらわす漢字が書いてあった。それはいずれも王侯が過

去四回ペキンを訪れたときに、皇太后から受けたところの恩寵《おんちょう》と光栄とをあらわすものであった。

　二人は、それからさらに小さな謁見室に案内された。王はすぐ出てきて、この上もなくていねいにあいさつした。かれは、シャー・マクスートと言い、中国人にはサー・チン・ワンという名で知られている。かれは、よく肥えた小男で、七〇歳だった。赤ら顔で眼は親しみ深く、かぎ鼻で、まっ白のあごひげをたくわえていた。着ているのは中国服だった。かれの王朝は、康煕《こうき》一六年以来、ハミをその首都とし、そこに居城をかまえている。しかし、シャー・マクスートの有する権力は、いわば虚構のものにすぎない。厳密にいえば、かれはただ中国人たちのお目こぼしにあずかっているだけである。かれの養子がすんでいるトゥルファンにも、クチャにも、これと同じ種類の回教徒の影法師的王侯がいる。かれは、ほんとうの信者たちから税金をとりたてるが、それは中国人たちの税金より高いといわれる。それで、イスラムを奉ずる人たちのあいだでも、とくに人気があるわけではないといわれている。

　シャー・マクスートは、部下からはパディシャーすなわち「王様」とよばれていたが、快活な、陽気な、愛想のよい人物であった。わたくしとシャー・マクスートは、おたがいに理解しあうのに通訳を必要としなかった。われわれは東トルコ語で話し合った。シャー・マクスートの最初の質問は、ベルリンのA・フォン・ル・コック教授のことだった。この人は、トゥルファン地方および中央アジアにおけるそのほかの地点に、エポック・メーキングな探検を行ったことで有名である。

「フォン・ル・コックを知っているかですって？　かれはわたくしのもっとも親しい友だちの一人です。」

　この答えをきいて、王は当時の思い出を物語り、フォン・ル・コックによろしく伝えてくれとたの

んだ。

　わたくしの祖国スエーデンとその位置に関しては、かれは非常に混乱した観念をもっていた。

「あなたのお国はイスタンブールからどれくらい離れたところにありますか？」

「汽車で四日の旅です。」

「ほう。それではあなたは全くトルコ人の隣人だ。」

　かれ自身はといえば、ペキンに行くのに三ヵ月かかるのである。それからかれはアジアを横切ってきたわたくしたちの旅行のことをたずねた。隊商は三ヵ月しかかからないのに、われわれが八ヵ月もかかったのはどういうわけか、かれには理解できなかった。わたくしは、一行は途中で仕事をしたこと、観測し、採集を行ってきたことを説明した。

　数日後、シャー・マクスート、リウ将軍および市当局の主催の宴会があって、探検隊員の全員が招待された。宴会は、ヨルバルス・ハンの邸宅で行われることになった。シャー・マクスートは、そこなら安心してゆける。そこなら、豚の脂を用いた料理を食べさせられる危険が全くないのである。ヨルバルス・ハン、すなわち「虎の殿様」は、非常な有力者であった。かれは、回教徒の王様シャー・マクスートの右腕であり、かつ中国人官憲筋とも特別に親しい関係にあった。探検隊にとって、かれはたいへん有用な人物で、一行をたすけて仕事の処置をしたり、ラクダをあずかって、放牧し、番をしたり、ウルムチへの旅行のための食糧や車を手に入れてくれたり、要するにあらゆることで助けてくれた。

　かれの家はトルコ風の木造建築で、二階建だった。中国人たちでさえ、お祭ごとに際してはその建物を借りた。玄関の上には、二本の五色旗が立っていた。一同がそこに到着すると、街路には見物人

が群がってきた。アーチ形の門のところでは、軍楽隊のファンファーレがひびきわたった。不動の姿勢の兵士たちの間をとおって、ヨルバルス・ハンは一行を中庭から中の廊下へのぼる階段にみちびいた。大きな部屋の中に、当日の主人役たちが待っていた。そのうちの二人が、まずこのすばらしい宮殿を案内してまわった。冬の庭園にバラが咲いており、テンジクアオイとキョウチクトウが、色どりある装いを見せていた。通りに面した廊下からは、トルコ人町と、城壁のある中国人町とのすばらしい眺めが見えた。北の方には、まばゆく白雪にかがやく天山山脈の峰々が見えていた。

　主客は、部屋の中の三つの円テーブルの座についた。中央のテーブルは、ハミの王陛下が主人役で、わたくしが主賓《しゆひん》であった。二番目のテーブルはリウ将軍が主人役で、シュイ・ピン・チャンが主賓であった。第三のテーブルは市長が主宰し、ラルソンが名誉ある席を占めた。

　サメのひれ、たけのこ、海藻、そのほか山海の珍味が出され、王は酒をすすめた。かれ自身は、コーランの真の信仰告白者として、酒を飲まない。しかし、飲むことを許されている者なら酒を飲むのは良いことだといった。かれの会話はたいへんおもしろかった。

「あなたのお若い同国人たち（ノリンとベルクマン）はりっぱなひげを蓄えておられるのに、あなたはなぜ剃られるのか？　若く見せるためですか？　ひげは男子の飾りです。それを剃るのは不自然です。」

　また、かれはたずねた。

「あなたは結婚していますか？」

「いえ、まだです。」わたくしは答えた。

「これは奇妙だ！　どうしてですか？」

「その暇がなかったのです。」

「ほう。これ以上たいせつなことはありません。人は少くとも一人の妻とたくさんの子供を持たなければなりません。あなたは、ウルムチに着いたらさっそく、ロシヤ婦人と結婚しなければいけませんな。」

太陽が地平線に触れた。老王は夕べの祈りをするために出て行った。かえってくるとすぐ、また新しいおかしな質問をもちだした。かれは、ラルソンが酒に口をつけないのに気がついた。

「なぜあの人は飲まないのですか？　あの人は坊さんですか？　それとも学者ですか？」

「坊さんです。」わたくしが答えた。じっさいをいうと、これは全くほんとうではない。しかし、少くとも若いころは、ラルソンは宣教師だった。

「そうですか。われわれの方の坊さんも酒を飲みませんが、その埋め合せにどっさり食べ、ものすごい胃袋をもっていますよ。」

この宴会の終りに、リーベレンツはフラッシュをたいて写真をとった。このため、王様はまたあわてて出て行った。真のモスレムの信仰者は、写真に顔をあらわしてはいけないのである。

宴会は大成功であった。そこには、遠く過ぎ去った時代の反映があった。一行は暇《いとま》を乞い、東洋ふうのやかましい楽隊のそばをとおって、宿舎の中庭にかえった。頭上には、暗青色の地にトルコ風の三日月が、こうこうと光を放っていた。店さきの、朱塗りの木の柱が、通りの土ぼこりを通して、血のように赤く輝いた。一同はあきらかに勝ちほこっていた。すこし以前、国境をはじめて越えたときには、犯罪者として、少くとも何か良からぬ意図を有しているかもしれぬ容疑者として、逮捕され、武装解除され、囚人のように道をひき連れられてきた。そして現在は、王侯や将軍が宴会に招待する

という名誉を与えてくれる。ラッパと太鼓が敬意を表して鳴りひびく。ありとあらゆる方法で礼遇され、食品、米、羊、メロンが贈られる。人々は、一行をできるかぎり長くこの町にひきとめておきたいと望んでいるようである。じっさい、このハミの町のように、すべての生活がきまりきった線に沿うて流れてゆく町は、世界じゅうにも少いであろう。探検隊の到着は、極端に異常な変化を意味したのである。

ついに二月四日がきた。出発の日である。ウルムチまで、軍隊の護衛がつくということだった。そんなにたくさんの兵隊でとりかこむなんて、まるでわれわれを匪賊かなにかと思っているのか、とわたくしはたずねた。

「いや、どういたしまして。これは儀仗兵《ぎじょうへい》なんです。これは、身分の高い人だけにゆるされている栄誉なんです。」という答えであった。

　途中の宿屋がこみ合うのをおそれて、この日は、隊の半分だけが出発した。荷物は、大きな二輪のついた八台の大荷車に積みこみ、隊員たちもそれにのった。ウマがそれを曳いた。きしりながら、車が城門を出たのは、もう午後四時であった。

　まもなく町は後になった。車はヤナギとクワの木の下をころがって行った。灌漑用の運河の上に高くアーチ形にかかる木造の橋を、ごろごろと渡った。その夕方の景色は、まことに壮麗であった。太陽はすでに地平線に達し、濃淡ある黄色と赤とに輝いた。重く荷を積んだ荷車の長い列は、絵のような光景であった。数千年前も、人々はここをおなじようにして旅したのであろう。それはまた、軍隊の司令官が町を掠奪し、戦利品をもって行進して行ったという三十年戦争の時代のようでもあった。背景には、カルリク・タークの雪原がすでに紫色にうすれ、暮色の中に消えようとしていた。満月が

馬車の中にさしこんだ。車の心棒の下にとりつけられた青銅の大きな鈴が、うつろな響きをひびかせていた。

二月五日、道はステップを横切り、わだちは軟い土に三〇センチも深く掘れていた。また砂漠がはじまった。

二月六日は、おおむね不毛の砂漠を行った。しかし、いくつかの農園のそばを通った。モモ、アンズ、メロン、リンゴがなっていた。この地区ではまた、珍しい地下の運河、「カレース」を見た。それは、四メートルの深さがあり、道から見えないずっと南の村々に、灌漑用の水を送っていた。これらの運河には、二〇ないし三〇メートルの距離をおいてたて穴があいているので、はじめてその存在がわかる。

馬車は、毎日不毛の砂漠を通り、山岳地帯に入った。二月一二日には八〇〇メートルをのぼり、一一六〇メートルの峠をこえた。山にかこまれた平地には、ところどころ中国人や回教徒の小さい村があった。二月一三日、落日を背に、庭園や高いポプラの輪郭があらわれた。ピーチャンのオアシスであった。

ピーチャンの町には城門が四つあった。北門と南門との間が、本通りである。町の住民はわずか三〇〇家族ということで、その大部分は中国人であった。しかし、この地方にはほとんど東トルコ人ばかりが住んでいる。官吏としては、わずかに市長および三人の役人が駐在しているだけであった。

ここでウマを補充して、また車の旅をつづけた。道は、センギムの渓谷をとおり、二月一九日には、ふたたび砂漠に出た。そこは、海抜わずかに三〇メートルであった。一行は、トゥルファンの南方ルクチュンに近い顕著な陥没地帯に近づいていた。その最低部は、オーレル・スタイン卿の記述によれ

ば、海面下九八〇フィート（二九八メートル）であるという。しかし、この数字は検証を要する。
濁った空気の中から、小さな回教寺院があらわれた。日は沈もうとして、もやの中に青ずんで見えた。夕焼はあらわれなかった。真夜中ごろ、一行はトゥルファンの宿屋の中庭に車をのり入れた。この町でわたくしは、わたくしの湖、ロプ・ノールについて、まことに感動すべき報告をうけとることになった。

神秘なる砂漠の湖、ロプ・ノール。冬は霧にとざされ、春は東からふく嵐に、土ぼこりのもやにつつまれ、夏には太陽の焼けつく熱に蒸発し、春秋の渡りの季節には幾千万の水鳥のすみ家となる。地球上のいかなる湖よりも遠く海から隔絶し、近寄りがたきままに、半ば忘れられ、地上におけるもっとも壮大なる諸山系、天山、パミール、コンロン、およびチベットの山群にかこまれて、アジアの最暗黒部に、この湖は横たわっている。

中国人には、この湖は、二千年来よく知られていた。古い地理書の中に、いろいろの名前であらわれている。古い原典の解釈を誤った結果、中国人たちは、ながいあいだタリムが黄河の水源であると信じていた。その水はロプ・ノールにのみこまれ、それから長い距離を地下にもぐって、チベット北部にある「星の海」、シン・スー・ハイ——じつは、これがほんとうの黄河の水源である——において、再びその姿をあらわすというのである。中国人の空想の中にあって、この湖は神秘のヴェールにつつまれていたのである。

ヨーロッパ人にとっても、ロプ・ノールは長らく神秘なる現象としてのこっていた。約二〇〇年前に、この湖はヨーロッパ人のアジア地図にあらわれている。一七二三年、スエーデンの士官、ヨハン・グスタフ・レナト中尉は、ズンガリア人の中央アジアの地図を故国にもたらした。それには、ロ

プ・ノールは、レプの名のもとに、きわめて真実に近くあらわされている。同年のダンヴィーユの地図は、あまり真実には近くない。その他のものでは、ヨーロッパ人たちはロプ・ノールに関するかれらの知識を、中国の資料から引き出していたのである。一八七五年に至っても、シュティーラーのハンド・アトラスのインドおよび中央アジア図幅において、ロプ・ノールは、ロプ砂漠の北部、北緯四〇度四〇分に位置している。それは、古代および近世における中国の地図と正確に一致している。

しかし、ヨーロッパ人はだれもそこへ行ったものはない。だれ一人として、このふしぎな湖を見たものはない。マルコ・ポーロは、一二七三年に、ロプ・ノールの南の道を旅行したが、かれはその不朽の旅行記の中では、湖そのものには触れていない。ただ、幽霊の話す声が聞えるというロプ砂漠のことだけを書いている。その奥の方からは、太鼓の響——砂嵐の咆え声——が聞えるように思われたという。

すべての中国の地図では、タリム河は、正確に東に向って流れ、ハイドゥ・ゴルと呼ばれる支流、すなわち、コンチェ・ダリヤをあわせ、北緯四〇度四〇分において、ロプ・ノールに注いでいる。ロプ・ノールは、またの名、プー・チャン・ハイあるいはイェン・ツェという。ロウ・ラン・ハイすなわちロウランの海という名もある。

それゆえに、ロシヤのN・M・プルジェワルスキー大佐の発見は、世界の地理学界に非常な驚きをまきおこしたのである。かれは、一八七六―七年の、かれの有名な旅行、「クルジャから天山およびロプ・ノールをこえ、アルティン・ターグに至る」旅行において、タリム河は東南および南に方向を転じ、ロプ・ノールは砂漠の南部、中国の地図にみられるよりも、地理的位置において緯度約一度南に横たわっていることを発見したのである。アウグスト・ペーターマン博士は、かれの雑誌、「ペー

ターマンス・ミッタイルンゲン」の中で、「この発見は、北極への到達あるいはアフリカ横断に匹敵するほどの地理学的重要性をもつものである。」と書いた。

有名な中国大陸の探検家、フォン・リヒトホーフェンは、おなじころ、「ベルリン地理学協会会報」に、眼識ある一論文を発表した。その中で、かれは、プルジェワルスキーが発見したのは古い歴史上のロプ・ノールではなく、河の流路の変更の結果できた別の湖であることを証明した。

それに対して、プルジェワルスキーは答えて、中国の地図は誤っていること、その河は東方に向って分流する枝わかれをもたぬこと、および、かれが発見し、住民によってカラ・コシュンとよばれている湖は、まさに古代の歴史上のロプ・ノールと同一物であることをのべた。

ロボロフスキー（プルジェワルスキー隊に同行した中尉）の探検隊において、コズロフ中尉は、ロプ砂漠の北部において、クルク・ダリヤすなわちクム・ダリヤの乾き上った河床を発見した。かれは、二か所において、この「砂の河」に接触した。

わたくしは、一八九三―七年のアジア横断旅行において、かつてコズロフが到達した二点よりも上流で、クルク・ダリヤを発見し、そこから、リヒトホーフェンが想像したように、東方に向う分岐流がじっさいに存在するかどうかを完全に追求するために、プルジェワルスキーの水路の東岸に沿うて旅行した。そういう分岐流は存在しなかった。そのかわりに、アヴゥル・ケール、カラ・ケール、タイエク・ケール、およびアルカ・ケールなどの一連の湖を発見した。わたくしはそれを、湖の最後の残存物の変形と考えた。

コズロフは、一冊の単行本を発行して、わたくしの解釈は不正確であることを証明しようとつとめた。かれは、クルク・ダリヤは今日のコンチェ・ダリヤの旧河床であることは認めたが、それもまた

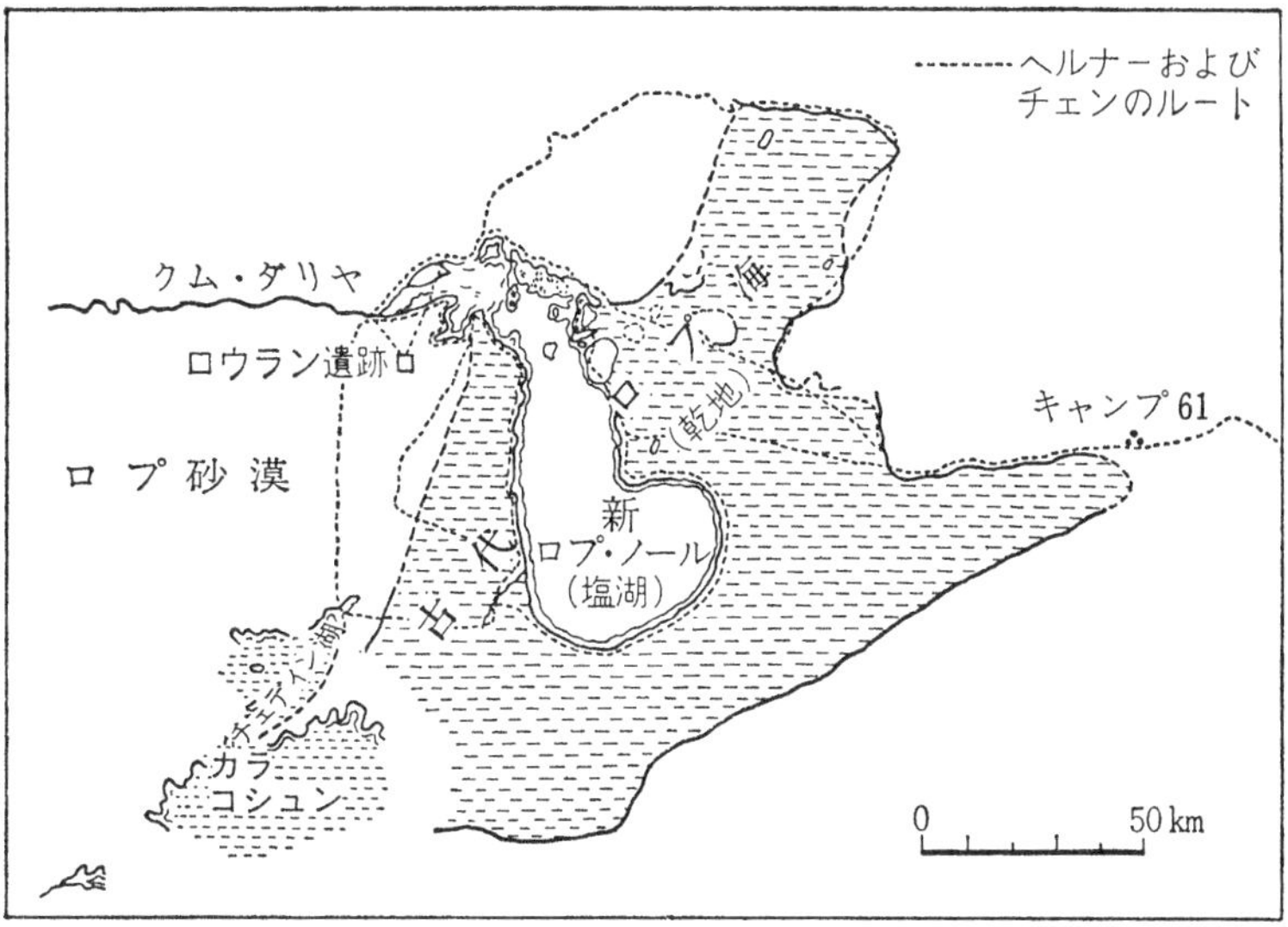

新ロプ・ノール概念図（ニルス・ヘルナー博士およびパーカー・C・チェン氏作図）

かつてはカラ・コシュンに注いでいたもので、カラ・コシュンは中国人のいう古い湖にほかならないとした。つまり、ロプ・ノールはつねにロプ砂漠の南部に位置してきたというわけである。

一九〇〇年、わたくしは再びこの議論の多い土地へやってきた。そして、この「乾いた河」クルク・ダリヤの全下流の地図をつくった。その河床は、概して一〇〇メートルの幅をもち、四ないし五メートルの深さであった。わたくしはこの結果、コンチェ・ダリヤを支流とする全タリム河が、昔は、この、後に放棄された砂の河床を流れていたにちがいないという確信をもつに至った。

わたくしの行ったつぎの調査は、全ロプ砂漠をカラ・コシュンまで横断することであった。三月二八日、わたくしは砂漠の北部においてロウランの町の遺跡を発見した。水の用意が不足していたので、わたくしはただ二〇

時間そこにとどまっただけであった。わたくしは砂漠を横断し、砂漠の北部において、何世紀ものあいだ、干上ったままの、古代における湖盆の存在の証拠をたくさん発見した。

古代の町の発見は、地理学的にも歴史学的にも、極度の重要性をもっていた。一九〇一年三月、わたくしはふたたびそこに戻り、一軒の家の廃墟の中から、約一五〇片の木簡および紙簡を発掘した。そのうちの多くのものには年代が記されていて、その町はロウランとよばれ、紀元約二六〇年から二七〇年ごろに栄えたものであることが明らかになった。

それから、わたくしは砂漠を北から南へ水準測量することを企てた。古い湖盆の位置と深さを数字的に決定するためである。水準測量線に対して、古い湖盆のくぼみはありありとあらわれてきた。全砂漠はほとんど水平であった。ロウランに近い測量の出発点は、カラ・コシュンの水面よりも二メートル高いにすぎなかった。

そこでわたくしは、一つの学説を作った。その表面が実際的にいって、海の表面のように平らかな砂漠においては、流れる水は、ごく些《さ》細《さい》な地表の変化にも、きわめて敏感である、と考える。南方の湖カラ・コシュンは、平均の深さが、〇・八一メートルであったが、それは、タリム河が運んでくるところの泥や腐蝕した動植物や、移動する砂で埋められてゆく。一方、砂漠の北部は、強い東北東の風で掘りくぼめられ、何世紀ものあいだに沈下する。おそかれ早かれ、この作用のために、湖はふたたび北方の盆地にかえり、タリム河はふたたびクルク・ダリヤの水路を流れねばならぬであろう。カラ・コシュンは干上り、中国の地図における、砂漠の北部の湖には、また水がみたされるに違いない。

わたくしはすでに、その著『一八九九年―一九〇二年の中央アジア旅行の科学的成果、第二巻（ストックホルム一九〇五年）』の三三五ページで次のように書いている。

「……そして、ロプ砂漠における諸水準面の関係について、現在われわれが有する知識にてらし、いつかはこの河（タリムおよびその支流コンチェ・ダリヤ）はクルク・ダリヤに復帰するにちがいない、といっても大胆すぎはしないであろう。……それは単に時間の問題にすぎない。このあたり（すなわちカラ・コシュン）は、沖積土に閉塞され、河は北方の河床にかえらざるをえないであろう。このようにして、この河の最下流部は、振子のように前に後に振動する。振動の周期はじつに一五〇〇年にのぼる。しかし、地質学的時間の時計をもって計るならば、それは相対的にはわれわれの数秒間よりは長くはないのである。」

わたくしはまさに三〇年前に、この河床の湖が、数年のうちに北方のかれらの古い河床・湖床にもどるにちがいないと予言していたのである。

地理学者たちは、この一見あまりにも冒険的な予言に重要性をみとめなかった。オーレル・スタイン卿は、「ロウランの町を古い湖の岸に位置せしめる」には、一本の水準測量線では不十分であると言明した。タリムおよびコンチェ・ダリヤが、かつては古い湖に注いでいたというわたくしの確信に関しては、スタインは、この説を自己の考古学的および博物学的観察と一致させることは、不可能であり、少くとも中国の地理学者リ・タオ・ユアンの紀元五〇〇年の記述とは全く一致しない、と書いた。

さてふたたび探検隊の行動にもどる。一九二八年二月二〇日、わたくしたちはトゥルファンに滞在し、コジャ・アブドゥルの家にいた。朝、商人のトクタ・アホンがたずねてきた。わたくしは、いつ

ものように商売や道のことばかりか、ほかのあらゆることについて、質問した。いろいろな話の中で、トクタ・アホンは、かれが毎年コンチェ・ダリヤのほとりのティッケンリクの村へいくことを話した。そこで羊を買い、それをまた、トゥルファンの市場で売るのである。わたくしは、いつもどの道を通り、どこで泊るのかを聞いた。かれの話が、イン・ペンのところまでたどりついたとき、かれはいった。

「ここで旅人と荷物は、渡し舟で河を渡ります。水が深くて徒渉できないのです。」

「なんだって？」わたくしは叫んだ。「イン・ペンの近くの河だって？　わたくしが二八年前にあそこを訪れたときは、そこは砂漠だったよ。」

「そうです。」トクタ・アホンはつづけた。「しかし七年前（一九二一年）にコンチェ・ダリヤがクルク・ダリヤの河床に流れこんだのです。」

「本当か？」わたくしはたいそう驚いてたずねた。「あなたはその変化を自分の目でみたのか。」

「もちろんです。」かれは微笑して答えた。「わたしは一年に数回その河を渡ります。羊たちを渡し舟にのせて渡すのに、ひどく苦労することがあります。」

「その河はどれくらい東まで流れているか？」

「はあ、東の方ずっと遠くまでいっています。トゥン・ホアンから北西へ三日行程のところまでいっているという人があります。その終りを知っているのは、ラクダ猟師のアブドゥル・ラヒムだけです。」

　このアブドゥル・ラヒムこそは、わたくしの一九〇〇年の旅行のときに案内者をつとめた男なのである。

何時間もすぎた。わたくしはいまだかつてこれほどまでに原住民を相手に話を聞きほじくったことはなかった。チベットにおいて道を知ったチベット人に案内されて、最初のヨーロッパ人としてブラーマプトラとインダスの水源を探ったときでもこれほどではなかった。トクタ・アホンはわたくしに、クルク・ダリヤにふたたび水が満ちたこと、以前のものおそろしい砂漠に動物や植物の生命がかえってきたことについて、たいへん明瞭で信用できる話をした。

わたくしが、どれほどの喜びと満足をもってこのニュースを受け取ったかは、だれにでも理解してもらえるだろう。ロウランのすぐ北を流れていた河は、わたくしの予言どおりにもとの河床に戻っていた。わたくしは生きて自分の説の正しいのを知ることができたのであった。

しかしながら、このトゥルファンでえた情報は、まったくの空想か、あるいは誤解にもとづくものであるかもしれぬ。そういうことも、まったく考えられないでもない。わたくしとノリンは、それゆえにその現場を自分で訪れて、事実を確認したいと熱望した。水がその経路をかえてから、ヨーロッパ人はまだ一人もそこに行ったことがないのである。しかしすぐ行くことはできなかった。新疆省総督ヤンが、探検隊全員に対して、ウルムチに出頭することを要求していたからである。

馬車の列はトゥルファンを発し、ウルムチに急いだ。二月二七日、一行はウルムチに着いた。

新疆省総督ヤン・ツェン・シン

一行は今やウルムチにあった。ウルムチは中国人のいわゆるティホア（迪化《てきか》）である。そしてそれは、強力なる統治者ヤン・ツェン・シンの首都であった。旅行者の当然の礼儀として、一行がその到着を通知し、一同の名刺を差出すと、かれは、すでに当地に到着していた隊員たちもいっしょに、探検隊の全員が総督邸に出頭することを要求した。われわれは厳重に試験をうけることになったのである。

街路は底なしの泥の海であった。一行の滞在中にも二頭のウマがおぼれ、子供たちさえ、命を失ったといわれる。一行は、小さな青い車をつらねて、泥の街路を行った。白系ロシヤ人の居留地の本通りを抜けて、トルコ人地区を過ぎ、中国人町の城壁の大きな門を通って、ヤーメン（役所）に着いた。それは、一群の赤い家屋からなり、中庭をもっていた。その奥の院から、この巨大な省が統治されていたのである。二つの四角い中庭を横切って接見室に達した。玄関では、歩哨が起立して捧げ銃《つつ》をした。入口の間《ま》に、数人の将校たちと護衛兵たちに囲まれて、二人の大臣ファン・ダーリンおよびリウ・ダーリンとともに、新疆省の支配者が出迎えていた。

いまや一行は、この省の東部国境において、あのような冷たい態度をとり、もしかれがその気になりさえしたら、全探検隊の計画を画餅《がへい》に帰せしめ、一行をして引返さざるを得ないように仕向けるこ

ともできた、この独裁的支配者と、面と向って立っているのである。かれは、隊員たちが、どういう顔付の人間であるか、紳士であるか、匪賊であるかを見たかったのである。かれは、厳しい顔付をぴりっとも動かさず、射通すような眼差しで、一人一人を検査し、柔い、温い手で握手し、ほとんど認められぬほどのお辞儀をした。

ヤン・ツェン・シンが隊員たちを頭のてっぺんから足先までじろじろと眺め探ったとすれば、隊員たちの方でも、それに劣らぬ注意深さで、かれを観察した。隊員たちは、この異常なる人物に関してたくさんのことを聞かされていた。かれは、帝政時代の最後の偉大なる官僚である。かれは一八六二年、雲南省メンツー（蒙自）に生まれた。若くして文官の最高の称号、進士を得た。一八八九年、甘粛省に赴き、そこでいろいろな官職についた。しだいに出世して、ついに新疆の軍政総督にえらばれた。そこでかれは、アルタイおよびイリ地区のドゥンガン人、キルギス人およびモンゴル人の反乱を鎮圧し、総督就任第一年度において、すでにこの巨大なる省に、平和と秩序をもたらした。一九一一年の革命以来、かれはこの官職についている。鉄の腕をもって、この一七年来、かれはかれの権力に対して反抗するすべての企図を抑圧してきた。かれは通商を奨励し、道路を改良し、自動車を導入し、発電所および機械工場を建設した。そして常に新しい進歩の計画に、休むことなく没頭した。中国において、内乱が始って以来、この人物が新疆省をすべての紛争から守っていたのである。かれの省の、ハミに近い東部国境には、リウ・ダーリン准将の指揮の下に、モンゴル人および回教徒の強力なる騎兵部隊が駐屯している。かれらの任務は、ヤンが真に尊敬している唯一の人物、「クリスチャン将軍」フォン・ユイ・シアン（馮玉祥）からも、もしも攻撃がかけられた場合、その第一撃を受け流すことである。そういう攻撃は考えられないことでもなかったのだ。

ヤンの統治する領土は、南北二〇〇〇キロ、東西一五〇〇キロにわたり、ほとんど三〇〇万平方キロを包含していた。かくて新疆省は、スエーデンの六倍の広さをもち、その面積は、ドイツ、イタリー、フランス、スペイン、ポルトガル、イギリス、オランダ、ベルギー、ノルウェイおよびスエーデンを併せたものに匹敵する。しかし、そのうちの広大な面積を砂漠が占め、その住民は約三〇〇万にすぎない。東トルコ人、モンゴル人、キルギス人、ドゥンガン人、タランチ人、タジック人、ドロン人および中国人から成る。もっとも、ヤン自身のいうところによれば、同省の人口は、徴税簿では、八〇〇万になるということである。

　ヤンは、公正なる人とみられていた。かれはその二〇〇〇人足らずの小軍隊に、絶対的な規律を要求していた。探検隊が到着する少し前、かれは二人の兵隊を連れて、いつものように街路を歩いていた。かれは軍隊に属する一人の兵士が、しかも制服で、靴屋の前に立って、鉄の石突のある杖で、一足の靴をひっかけて盗んでいるのに気がついた。ヤンは立ち止り、見守った。それからかれは、護衛兵に合図を与えた。かれらは進み出て、この泥棒兵をその場で射殺した。一人が小さい木の籠を買ってくるあいだに、もう一人はその泥棒の首を切り落し、それを籠に入れて、店の傍に吊り下げた。それは、泥棒たちへのみせしめに、数週間吊り下げてあった。

　元帥は、最初の検査が終ると、一同を食堂に案内した。食堂は、やや細長く、白く壁を塗った部屋で、大きな長いテーブルが置いてあった。その一方のまん中にかれが坐り、わたくしにその向いの席を指示した。かれの右には、ロシヤ語の通訳で、長年かれの信任を得ている。カザンのタタール人、ブルハンが坐った。左側には、かれの親友で最高の高官、教育長官リウ・ダーリンが坐った。かれの背後には、黒い口ひげの、親切そうな顔の、肥った大佐が立っていた。かれは、用心棒のように、家

の中でも外でも、総督に付き添い、その身辺を離れることがなかった。わたくしの左側には、シュイ・ピン・チャン教授が坐った。テーブルの上には、白系ロシヤ人の菓子屋が作った菓子や、タバコ、酒が並べられていた。給仕が、コニャックと白ぶどう酒を注いで廻った。ヤンの前には、探検隊に関する書類、手紙、電報がいっぱいに入った厚い書類挟みが置いてあった。かれは書類をめくり、一通の手紙を取り出し、それをシュイ教授に渡した。そしてかれは言った。

「この手紙は、ペキンの国民党員の学生から数ヵ月前に、ここについたものです。宛名は学生のリーになっています。検閲当局は、たいへん不審なものとして、これをわたしに渡しました。その中には、新疆の東部国境に向けて進軍しつつある軍隊のことが書いてありますから、わたしが警戒しなくてはならなかったことは、了解していただけると思います。こういうわけでわたしは、あなた方がハミに接近されたときに、厳重に取り調べるように命令したわけです。」

　シュイは手紙を読んで、それをわたくしに渡した。文中に、次の文句があった。「ぼくは、君が、君のキャラバンの中に二〇〇人の兵隊とともにいることを慶賀する。」——冗談である。その響きほどには、悪い意味をもつものではない。実際に、探検隊が軍隊の護衛を伴ったのは、匪賊地帯の行進の最初の一週間だけであったのに。

　さて、シャンペン・グラスが満たされた。ヤンは、すっくと立ち上り、ブルハンの通訳で演説した。かれは、町の汚いこと現在の中国の政局さながらであるところの、このティホアの町に一行を迎えての、歓迎の言葉を述べた。

「あなた方、紳士諸君が、ここにおいでになったことは、科学のためにも、新疆のためにも、あるいはまた、全中国のためにも、まことに喜ばしいことであります。あなた方は、われわれの大きな省か

ら、秘密をひき出し、価値ある金属および石炭を発見し、新疆の福利を増進せんとするわれわれの努力の教師となって戴けるであろう。あなた方のお仕事に対して、あらゆる方法で便宜を与えることは、わたしの特権であると考えます。」

これに応えて、わたくしは、総督がすでに探検隊に示したすばらしい歓待と、かれが一行に対して約束した強力なる援助に対して、感謝の言葉を述べた。かれの卓越した統治とかれが維持している秩序と安寧に関しては、すでにペキンまでその評判が聞えている。また、ハミからここまでくるあいだに、この評判は、十分な根拠に立つものであるという印象を深くした。全世界が沸騰《ふっとう》しつつあるとき、荒れ狂う世界大戦のあいだ、そして、中国にはなお内乱が絶えぬ今日、かれは、かれの省内に平和と秩序を維持し、それによって全世界に模範を示してきたのである。

わたくしは、この探検隊の事業が、かれのため、科学のため、新疆のために、役立つことを希望し、もし、なんらかの方法で新疆省の福利に寄与し得たならば、まことに幸いであると述べた。

食卓は、にぎやかで幸福であった。シュイ教授は、中国人隊員を代表して演説し、二千年以前の中国の状態に歴史的回顧を試み、ついで、この国が今日新たなる繁栄を経験し、何よりもまず、各省が統一と調和を持ち得ることを希望した。

ヤン・ツェン・シンは、会話の中で、諸将領間の内乱に関するかれの見解を、驚くべき率直さで表明した。わたくしは、かれに、一年以上前に書かれたチャン・ツォ・リン（張作霖）元帥の自筆の手紙を渡した。かれは、顔を動かさずにそれを読んで、それから、チャン元帥に関し、必ずしも好ましからぬ見解を表明した。ヤンの意見では、チャンはただかれ自身の利益のために戦っているにすぎない。「かれは、平和と民衆の幸福を考えておりません。それに反して、それこそは、ここ新疆におけ

るわたしの唯一の目的なのです。」

ヤンは、学者的な博学の人であった。かれは三〇巻に上る回想録を出版し、なお、かれの生活と、かれの省の統治に関する日々の観察を記録していた。それで、かれは、本を書くところの人に対しては、大きい尊敬を払った。わたくしに対しても、わたくしがすでに新疆の地理以外にも、数冊の書物を出版したことを知っていると説明した。

ヤンは明らかに、一行に関して好ましい印象をうけたようである。四月四日、一同は、同じ部屋において、正式の中国ふうの午餐会《ごさんかい》に招待された。そのときは、サメのひれ、海藻、たけのこ、あひるの焼肉、そのほか、ありとあらゆる豪華な料理の皿が、数限りもなく出てきた。

このときかれは、探検隊の今後の計画と希望という点に話をもってきた。そこでわたくしは、ノリンのロプ砂漠における地学的旅行、およびベルクマンとハスルンドの、ほぼ同じ地方に対する考古学的探検旅行の許可をくれるように頼んだ。

「はい、喜んで許可します。その人たちはお好きなときに出発してよろしい。特別の通行証は要りません。その地方当局に、よろしくおもてなしするように命令いたしましょう。」

わたくしは、さらに、チャルフリクとクチャに恒久的な気象観測所を建て、そこでドイツ人および中国人が居留し、観測を行うことの許可を請うた。

「もちろん宜しい。そちらの方にも必要な命令を出しておきましょう。ハミの観測所を許可できないのは、残念です。そこは、戦争地帯にあるものですから。しかし、その代りに、トゥルファン、グーチェン、チュグチャク、あるいはクルジャのうちの何処《どこ》をえらんでもよろしい。」

わたくしが要求したことに対しては、かれは保留なしに、全部よろしいと答えた。探検隊は、なん

でも欲することを行える完全な自由を得た。中国人隊員たちは全部国民党員であったが、かれは、ユアン、ホアンおよびティンが計画していた探検旅行にも、許可を与えた。

かれは、厳しい顔付をしていたけれども、冗談をいうことができた。

「あなた方は、なぜ古い廃墟を求めて砂漠の中に苦労して乗り出してゆくのですか。このわたしのヤーメンにも、考古学を研究する機会が十分ありますよ。ごらんの通り、すべてが崩れかかっておりますし、この部屋のしっくいも、大きく落ちているでしょうが。」

かれは、わたくしがかれよりも三つ若いだけだということをきいても、信じようとはしなかった。

「あなたの歯が、入れ歯でないなどということが、ありうるものですか。」

わたくしは、両手で強く歯をつかんで、それが十分しっかりしていることを示した。かれは笑って、かれの数本の悪い歯の根が残っているのを見せた。その一本は、その上、まだ痛むのである。わたくしはかれに、フンメル博士にかかるようにすすめた。しかし、二週間後にかれがよびよせられたときには、痛む歯を抜くことは許されず、ただ痛み止めを何か与えることができただけである。

このような中国式の宴会は四時間も続き、そのあいだじゅう、みんなはテーブルについていた。最後にみなが立ち上って帰りかけると、ヤンは、丁重にわれわれにつき添うて、二つの中庭を横切り、お辞儀をして、一同が馬車の中に席を占めるまで立っていた。

ウルムチで、一般にいわれているところによると、ヤンがヨーロッパ人の旅行者を、このように親切に、また丁重に迎えたことは、これまでになかったということである。

内乱の真只中を、中国の奥地に向けて踏み込むことは、危険なる企てであった。しかし、一行は成功した。

新疆の国境では、一行は不信をもって取扱われたが、首都においては、第一日目から、非常な歓待を受けた。今後の計画に関する限り、未来は明らかにわれらのものだ。この喜ぶべき変化は、ヤン元帥の明敏と洞察力によるものである。かれは、心理学者であり、また人間の性質の審判者であった。一行が、政治とよばれる何物からも遠く、かれらの科学的意図は、その日その日の政治的風向きとは無関係であることを認識するためには、ただ一行を見さえすればよかったのだ。かれは、仕事をする人々に、最大の尊敬をもっていた。かれ自身が勤勉な働き手であった。かれは、ほんの数時間眠り、四時には起きて、一日じゅう忙しかった。わたくしたちは、かれの生涯の最後の時期にかれと親しく接して、かれの偉大な人格と旺盛な気力とに、永続的な深い印象を受けた。かれは、おそらくは、過ぎ去った時代の最後の代表者である。古い中国の、偉大なる徳性、すなわち、自尊心と祖国愛とを、高度に所有していた。かれの唯一の夢は、統一中国に関するものであった。かれは、ある時わたくしに、南方軍の軍隊がペキンに進軍すれば、その日にかれは、ためらうことなく新秩序を承認するであろうと語った。

かれは、探検隊にとっては、恩人であった。かれは探検隊を助けて、われわれにとって危険となったかもしれない深淵を渡らせてくれたのであった。

さて、探検隊は、ウルムチにおける活動を開始した。わたくしたちが到着する前に、本部の建物の中庭では、ハウデ博士の気象観測所は、すでに完全に活動状態にあった。デットマンとリーが観測をやっていた。ハウデ自身は、ボグド・オーラへ出かけて、そこに二七〇〇メートルの高度に、山岳観測所をたてていた。三月八日、ヘンペルとリウは、ハウデ博士と交替するために、ボグド・オーラに出かけた。同じ日に、ベルクマンとハスルンドは、ロプ砂漠の探検旅行に出発した。かれらは、三台

の荷車に荷を積み、元気のよいウマにまたがり、たいそう堂々として見えた。かれらは、トゥルファンで、ゴビを通ってきた一行の古つわもののラクダの中《うち》、約三〇頭を加えるはずであった。ノリンは、三五頭のラクダと、中国人従者たちを連れて、すでに四日前に、南方に向けて移動していた。

探検隊本部は、町の中の「ロシヤ人居留地」と呼ばれる地区にあった。それは、町のいちばん南の部分にあって、ヤンは、この地区を、ウルムチに避難してきた三〇〇人の白系ロシヤ人亡命者たちに割り当てていた。探検隊の建物は二つあった。一つは、ロシヤ・アジア銀行に所属していた。その銀行は、昨年秋に破産して、今ではヤン総督に委託されていた。全隊員がウルムチに集合すると、これだけでは足らなくなったので、おなじ通りの少し離れた所に、タシュケントの老サルト人、イザフ・ジャンの所有する住宅を借りた。これも、銀行のと同様にロシヤふうの建物で、清潔で気持がよかった。わたくしは、他の数人の隊員とともにこちらに移った。

三月一八日、ヤン総督がみずから本部を訪ねてきた。二時間後にかれは立ち上って帰って行った。通訳のブルハンが、引返してきたので、わたくしはかれに、ラクダでは到着できない砂漠の上を飛行機でとぶという計画を、詳述した。かれは、たいそう興味をもって、わたくしの請願を後援することを約束した。その問題は、外務長官の手を経なければならなかったのである。

ブルハンは、かれ自身で、わたくしの希望を詳細に総督に話してくれた。三月二〇日、わたくしは、シュイを同伴して、外務長官ファン・ダーリンの前に出頭するように要求された。かれのヤーメンは、ロシヤふうの建物であったが、正面には、型のごとく庭があった。通路を入ると、オウムがいて、中国語をしゃべった。接見室は、明るく、気持よかった。一同は、緑のテーブルに着いた。ブルハンは同席し、通訳に当った。シュイは、会話には加わらなかった。

ファンは、新疆に対するこの探検隊の大きな重要性について、好意あるあいさつの言葉を述べた。わたくしはかれに、若い時代の幸福な幾とせを、この省の、森や山や砂漠にすごしたことに対する感謝の意を、行為によって表明することができるならば、まことに幸いであると説明した。しかし、ここには、わたくしがなお到達できなかった地域が残っている。したがって、それらの秘密は、ただ飛行機によってのみ引出すことができると考えたのであるといった。

柔い洗練された声で、ファンは、絶えずお辞儀しながら答えた。今日かれは、ヤンと長いこと話しあい、かれから、指令をうけた。ほとんど一年前に、ペキンの外務省は、わたくしの希望を総督に伝え、かつ、政府自体は飛行の計画を拒絶するということを、かれに知らせてきていた。しかし、新疆の利害を考えてもっともよいと思われる方法で、ヤンが最後の決定を行う権限を残していた。政治的理由から、総督は、不幸にもわたくしの要請を拒絶せざるを得ないと考えた。中国の国内情勢がまず明朗にならなければならない。かれは、いろいろと弁解の言葉を述べた。当分は、事態の発展を待つほかはないであろう。

夕方、猛烈な嵐が荒れ狂った。風は、屋根の上に咆哮し、家々の隅々を廻って、うめき、叫んだ。次の日は、ひどく雪が降った。汚い町はまっ白になった。しかし、街路の泥の海はそのままで、むしろますます悪くなった。わたくしは「ペキン陥落、中国は統一された！」という叫び声に目が覚めた。しかし、二日後に、ファン・ダーリンは、それはデマだということを論証した。それは事実予告にすぎなかった。

ここでは信頼すべきニュースはなかった。ムクデン（奉天）とティエンツィン（天津）とに、無電の連絡があったが、いちばん必要なときにはいつでもアンテナが故障していた。また、フーチョウおよ

びランチョウ経由の電信線があったが、それは、不確かで遅かった。もう一本は、チュグチャク経由でセミパラチンスクに通じていた。それは、ロシヤ側ではりっぱなものであったが、他方中国側では、救いがたい代物であった。道路の状態は、当分のところ、ウルムチとセミパラチンスクの間は、自動車も、馬車も、往き来できないありさまであった。こういうわけで、みんな長いあいだニュースを聞かずにいた。

　ときどき、わたくしは、探検隊のだれかれから手紙を受け取った。トゥルファンから、ノリンが書いてきた。そこでは、三月一七日午後九時に一七・五度であり、一日じゅう熱帯のような暑さだといってきた。一方、ここウルムチでは、冬の雪景色であったのである。

　ラルソン夫人は、その夫に宛てた手紙で、エツィン・ゴルからペキンに向けて派遣された学生のツイが、一〇頭のラクダのうち三頭を吹雪で失ったのち、ぶじに目的地に着いたことを知らせてきた。わたくしは旅行中の隊員たちからよい知らせを受け取ったときには、いつも、ほっとした気持を感ずるのであった。

　復活祭の日曜日に、わたくしは、ヤンと二時間にわたって会談した。シュイ教授が通訳した。われわれは、もう一度わたくしの飛行の計画について話したが、ヤンは、かれの拒絶の政治的理由を、論理的に、かつ冷静にくわしく説明した。

　マーシャルとリウは、ボグド・オーラから四月二〇日に帰ってきた。今度は、フンメルの番であった。かれは、その助手兼ロシヤ語の教師ウォロトニコフとともに、この「聖なる山」の観測所を引継ぐことになった。同じ日に、ユアンは、グーチェンとアルタイに向って出発した。

　わたくしは、五月のはじめから数ヵ月間、ヨーロッパへ旅行するつもりであった。ベルリンとスト

ックホルムにおいて、詳細な協議が、必要であったからである。探検隊の指導に関しては、わたくしは全く安心してシュイ教授およびヘンペル少佐にすべてを任すことができた。観測所は、すでにいずれも心配なく、諸分遣隊は、それぞれ担当の地区で活動を続けていた。中国側が飛行の計画を許可しなかったから、ドイツ人の飛行士の全部を新疆に止めておく理由がなくなった。それで、わたくしはその中の四人をベルリンへ連れて行くことにした。ラルソンもここから帰ることになった。隊員の中に残留する五人のドイツ人は、みな、各所の観測所で仕事をしていた。かくして探検隊員は、なお八人のスエーデン人、五人のドイツ人および一〇人の中国人をかぞえた。一行の到達したこの優勢な地位を利用して、スエーデン人の自然科学者の隊員を、増強しようというのが、わたくしの夢であり、今、スエーデン旅行が必要であるということの、小さからぬ理由となっていた。

　四月二九日、わたくしは、ヤン総督、ファン・ダーリン、リウ・ダーリン以下、世話になった名士たちを、公園の大記念堂に、お別れの宴会に招待した。その席でヤンは、わたくしのスエーデン滞在中に、かれのために新疆の道路に適した自動車を一〇台買ってきてくれといった。わたくしが帰ってきたときに代価を払うが、探検隊が続くかぎり、そのうち何台でも、好きなだけ使ってよいといった。そこで、わたくしは、ヤンとブルハンとともに、もっと詳しくこの問題について討議し、まず最初は四台だけを持ってくることにしてはどうかと提案した。総督はこれに同意した。ヤンはまた、ロシヤ語を話し、かれの自動車を修理できる、スエーデン人の機械工を二人、ティホアへ連れてくることを頼んだ。わたくしは、最善を尽すことを約束した。

　五月六日、わたくしは、帰国するハイデル、マーシャル、マッセンバッハ、ミューレンヴェークとともに、自動車で町を出発し、新疆北部、カザクスタン、ロシヤおよびポーランドを通って、ベルリ

ン、ストックホルムに向っての旅に出た。
六月二日、ベルリン着。同時に中国における重大な歴史的事件のニュースが、全世界に拡がった。チャン・ツォ・リン暗殺さる。ペキン陥落す。南方の国民党は勝利を収め、中国はついに、少くともしばらくは統一されるであろうという希望ができた。わたくしは、もちろん、この事件が新疆およびわたくしの探検隊に対して、いかなる作用を及ぼすかを心配した。

六月の末に、わたくしは、ストックホルムで、フンメルからの手紙を受けとった。しかし、これは五月二七日にウルムチから出されたもので、その時にはまだ平穏無事であったウルムチの情勢を物語っているにすぎなかった。フンメルは、五月一〇日に、ハウデ、デットマンおよびリーが、チャルフリクに気象観測所を設立するために出発し、五月二二日には、ワルツとリウが、同じ目的をもって、クチャに行ったことを知らせた。五月一一日、フンメルは総督を訪ね、ボグド・オーラに対する植物学的旅行の許可を頼んだ。ヤンは、喜んでかれの要請に応じ、かつ、かれにそこのフ・シュ・シ（福寿寺）という寺の近くの小さい湖の深さを測ることを頼み、また、その山の気候が、かれの健康にとってよいかどうかを調べてきてくれといった。もしよければ、ヤンは、この「聖なる山」で、夏の一部分をすごすつもりだったのである。

ヤン総督の暗殺

中国本土において、国民党は勝利をおさめ、中国は統一された。新しい秩序は、新疆省にも導入された。ただし、その命を下したのは、ヤン総督自身である。それは、七月一日であった。町の家々には、勝利者たる国民党の旗、青天白日旗がひるがえった。その朝、総督のヤーメンは美々しくかざり立てられ、そこで公式の式典が行われた。文官も武官も、中国人も東トルコ人も、みな呼ばれた。この歴史的事件を記念していくつもの演説が行われ、孫逸仙《スン・イー・シエン》（孫文）の肖像に向って敬意が表された。

それにつづく会合で、この省の国民党の会議の議員が指名された。選出に際しては、政見や信念は何の役にも立たなかった。それは、だれが党員であり議員であるかは、すべてヤン自身が決定したからである。かれは、中国の他の省で行われたのと同じように、その称号をかえた。すなわち、総督から「省会議主席」となった。

これに続いて、公園の建物では大祝賀宴が催された。その大ホールには、ヤンの肖像が、祭壇にかけられた聖者の像のように飾られ、前庭には、かれの金メッキした立像が、柱に支えられた屋根の下に立っていた。来賓席にはロシヤの総領事サミアチンが着いた。ヤン元帥の右には外務長官ファン・ヤオ・ナン（樊耀南）がすわった。多くの中国人官吏にまじって、そのほかに二人の外国人がいた。郵便局長の英国人――というよりはスコットランド人――のマクローン氏と、もう一人はフンメル博

士である。シュイ・ピン・チャン教授とヘンペル少佐は、ボグド・オーラの観測所に行って、いなかった。

元帥はたいへん上機嫌で、いつものように、完璧に整った言葉で演説をした。ファン・ヤオ・ナンとロシヤの総領事がそれにこたえた。年功を経た、かしこい、老かいなヤンが、その心の奥そこで、中国の新しい進路についてどのような考えをもっていたかは、歴史は何も語っていない。おそらくかれは、にやりと笑って考えていたであろう。「たいそうなことを言い、はでな旗を出している！　しかしわしは一八年間やってきたのと同じ道すじ、同じ原則に従って、この省の統治をつづけてゆく。政治的境界線が取りはらわれたのではない。わしは、この地にあって命令している。」と。

この省の役人またはその他の重要な地位にある中国人のうち、はたして幾人が国民党に好意をよせていたであろうか？　はたして幾人が新しい時代の発展を採り入れ、中国を救い、広大なる共和国を統一し、その四億の住民を永遠の平和の楽園に導くことができるはずの、新しい理念を理解したであろうか？　ある責任ある中国人がわたくしに語ったところによると、国民党は、新疆において、たった一人の誇るに足る信頼できる党員をもっているということであった。そして、その男が、ヤン元帥を暗殺するに至ったのである。

七月六日、フンメル博士は、一行が親しくしていたパン・ツィ・ローという人とともに、ボグド・オーラへ行った。日蔭でなお三八度という暑さの中から、この小さな湖のそばに絵のように立っているフ・シュ・シの寺のまわりの松林におもむいて、さわやかな夏の微風をうけるのは、とても気持がよかった。ヤンは、この湖の深さを測ることをフンメルにたのんでいた。かれはまた、この寺の一つのお堂を、かれの墓所と定めていた。かれは、道教信者であった。フ・シュ・シの寺の道士たちが、

かれの墓守りをすることになっていた。

七月一〇日の夕方、パン・ツィ・ローの友人が二人、「聖なる山」の観測所にやってきた。かれらはひどく興奮していて、何か脱走者のようなふうであった。かれらの報告はひどく混乱していて、はっきりしない点があったが、ファン・ヤオ・ナンが元帥を射殺した、ということはどうやら確からしかった。この暗殺で、ほかに一五、六人が殺されたり、けがしたりした。元帥の官房長官チン・シュ・ジェン（金樹仁）が、権力のしるしたる朱印を手中におさめ、みずから新疆省総督、すなわち省会議の主席を宣言したということだった。

今や一刻の遅滞もゆるされない。フンメルもパン・ツィ・ローも、ウルムチに急行する義務があると考えた。フンメルは医者として役に立つことがあるであろうと考え、パン・ツィ・ローは中国人官吏としてチンに自分自身を報告しておかねばならぬと考えたのである。午後一時にウマに鞍がおかれ、二人はウルムチまで止まらずに急行し、一一日の午後四時についた。

フンメルは、もとロシヤ・アジア銀行だった探検隊本部に直行し、シュイ教授に会い、手当を要するけが人はほとんどないことを聞いた。シュイは、暗殺の行われた祝賀会の凄惨な経過を聞いていて、それを語った。暗殺の一日か二日まえ、ファン・ヤオ・ナンは探検隊本部をたずねてきて、二時間ばかりシュイ教授と話した。かれはそのとき、平静かつおだやかで、中国の新しい時代の到来を語ったが、そのほかには別になんということもなかった。シュイ教授は、こういう恐ろしいことが何かたくらまれているとは、全く思いもよらなかった。暗殺の二日まえ、元帥は、ファンがかれの生命に対して陰謀をたくらんでいるから用心せよという、差出人のない警告の手紙を受け取ったということである。しかし、この種のことには十分きたえられているヤンは、一笑に付して信じようとしなかった。

フンメル博士はまた、この宴会に出席していたロシヤ人教師のメドヴィエディエフからも、いろいろのことを聞いた。

ウルムチには法律学校があって、七月七日にはその試験が行われた。学生たちは、種々の課目について試験をされたが、その中にはロシヤ語もあった。それで、この理由から、ロシヤ領事館の館員も招待されていた。ほかにヨーロッパ人も探検隊の中国人隊員もいなかった。中国人隊員としては、町にはシュイ教授一人がいただけであった。学校は、元帥のヤーメンのちょうど真向いにある。かれは、毎年この試験の日に出席してこれを祝った。今年、一九二八年には、かれはとても上機嫌で、華々しい激励演説を試みた。

試験が全部終了してから、出席者は幾組かにわかれて写真をとった。写真を見ると、老総督はその中央に座を占め、光彩ある生涯の最後の半時間においても、平静と自信とにみちている。かれは、一族にかこまれた尊敬すべき家長のようにそこに坐っている。そこにはまた、暗殺者ファン・ヤオ・ナンがいる。いままでの数知れぬ場合とおなじように、微笑し、謙譲である。ウルムチ地方長官、産業長官イェン・ティン・シャン、そのほかヤンおよび新疆省政府の要人たちがならんでいる。そして、列の一番はしに、官房長官チンがいる。かれより地位の高い役人は何人もいたのだが、数時間のちには、かれは最高権力をその手中におさめたのであった。

この学校の校長は、陰謀者の一人だった。はじめにかれは、通りに面して窓のある大ホールに食卓を置いていたが、祝賀の前日に、そのホールではお茶と菓子だけをとることとし、食事は、護衛兵たちには見ることも聞くこともできず、接近しにくい奥の室で供するように、命令を出した。ここでは、運命の犠牲者は、助けを得ることはできない。そして、話によると、もしかれが外へ逃げ出そうとす

れば、そのとき通らねばならぬ次の部屋には、さらに暗殺者を待機させてあったということである。かれは、どのみち、死ぬほかなかったのだ。

奥の小部屋に、三つの丸テーブルがおかれた。一番小さいのに、元帥はかれの大臣たちおよび二人の秘書とともに坐った。ヤンの席の後には、いつものとおり、護衛のカオ大佐が立って、身辺を警戒していた。かれは体つきの大きな、堂々たる外貌の人で、つねに丁重《ていちょう》で、かつ陽気であった。そして、探検隊の特別の友人であった。いつもなら、ロシヤ人たちは元帥のテーブルに坐るのだが、このときはかれらはファンといっしょに横のテーブルの一つに着いた。第三のテーブルには、教官たちがすわり、その中に、ロシヤ語教師メドヴィエディエフもいた。学生、官吏、そのほかの人たちは、別室で座についた。いつも元帥につきそうている護衛兵は、ずっと離れた室で食事を振《ふる》まわれたので、かれらは射撃の音も聞えず、救けにゆくこともできなかった。

チンもこの試験に出席し、写真はいっしょにとったのだが、食事のすこし前に、公務のために家にかえった。

それからわずか一〇分たってから、食事の最初のコースがはこばれ、一同ははしをとった。そのときメドヴィエディエフは、かれの背後で数発の発砲の音を聞いた。かれは、「ロシヤ花火」の冗談だと思った。しかし、つぎの瞬間、みんなはその椅子からとび上った。実際に射撃が行われ、本式の流血事件だということがわかったのである。かれは、給仕の服を着た一〇人の男が、元帥のテーブルをとりかこんでいるのを見た。老ヤンは、一瞬危険を見てとって、立ち上ろうとした。そのとき、数梃《ちょう》のピストルの銃口がかれに向けられ、ほとんど同時に火を吐いた。かれは、額に三発、心臓に二発をうけた。かれはくずおれて、床に倒れた。忠実なるカオ大佐は、かれの巨軀《きょく》をもってヤンをかばお

うとしたが、即座に射たれた。かれはその死せる主人の腕に抱かれて死んだ。イェンはひじに二発、ももに一発を食った。かれも床に倒れたが、死んだふりをして、動かなかった。元帥のテーブルにいた二人の秘書も殺された。トウ将軍は射たれたか刺されたかした。ほかのよけいな観劇者を追っぱらうために、屋根にも数発うち込まれた。学生や教師たちは、あわてふためいて逃げた。ロシヤ人たちは別室へ逃げて、かくれた。そして、すべてが静まってから、やっと出てきた。イェンは、室内で生きているのは自分一人だと思って、立ち上った。二つのピストルがかれの額をねらい、まさに発射しようとした。かれは両手をあげ、見のがしを乞い、逃がしてもらった。

暗殺者たちはファンの護衛兵たちの変装だったということである。最初の合図はファンがしたといわれている。かれが大声で客の一人に祝盃を上げたときに、暗殺者たちは行動を開始した。死の第一発が放たれるや否や、かれはただちに数人の部下に護られて、外に出た。かれは、軍隊をひきつれて総督のヤーメンに向い、権力の朱印を奪うために総督の私室に殺到した。この朱印を手中にもつものが新疆の最高の権力者であり、他のものはすべてかれに服従しなければならないのである。しかし、入口には二人の兵士が警衛に立っており、元帥の特別の命令のないかぎり、入ることを拒絶した。かれはそこで部下に命じてかれらを射たせた。二人はその持場に倒れた。

かれのその次の手つづきは、人民に対して布告を書き、平静かつ従順な態度をつづけよと諭告することであった。しかし、かれは手がふるえて書けなかった。部下の一人がかれの口述を書き取った。かれはそれから官房長官のチンを呼び出した。しかし、チンは来ることを拒絶した。そのときファンは、勝負は終った、ということを悟ったといわれている。

チンは、このときまでに何が起ったかの報告をうけていた。かれはすでにファンを臭いとにらみ、

急いで手の及ぶかぎりの軍隊をかき集めて、ヤーメンを包囲した。かれの軍隊は、はじめは、ファンがヤーメンの主人公になったというので、攻撃を拒否した。しかし再三の命令で、かれらは従った。ファンの手下は、建物とかれらの首領を護るために、中庭に防衛陣を築いていた。しかし、かれらはわずか二〇人で、しかも弾薬は乏しかった。中庭に常備されている機関銃を使おうとしたが、その操作のわかるものが一人もいなかったので、使うことができなかった。

一方、チンの兵隊たちの士気は上り、壁に上り、ヤーメンの屋根によじのぼった。陰謀者たちのあるものは殺され、のこりは降服した。そこでかれらは奥に突入してファンを捕虜にした。かれの軍隊も同様に捕虜になった。

チンは、迅速果断な行動をとった。かれは時をうつさず市街の城門を閉め、秩序の維持のために巡察兵を派遣した。

暗殺者たちの中の数人は、その夜のうちに射殺された。ファンの運命については、多くの噂が流れた。夕方おそく、あるいは夜中に、かれは訊問され、共謀者を自白せよとせまられた。かれは拒絶したので、ごうもんにかけられたが、それでもかれは口を割らなかった。かれは、上唇、鼻、耳をそがれ、目玉をえぐられたということである。夜中に、かれは絞殺された。縄を輪にしてくびにかけ、その両端を二人の男がひっぱって殺したという。死体は塀の外に放り出され、翌日はヤーメンの前にころがされていた。それはのちに無電台のそばに埋められた。他の共謀者たちもその夜のうちに処刑された。これが、昇進と報酬というけっこうな約束を信じていた陰謀者たちとその兵士に対する教訓であった。

翌日も終日門は閉ざされたままで、たしかな通行証明書を持っているものだけに開かれた。告示、

警告、命令が到るところにはり出された。

総督が、職務執行中にヤーメンの塀の外で死んだときには、その遺体は官庁の建物に運び戻さぬことになっていた。この場合はそれだった。老ヤンは、ひつぎに入って、法律学校から直《ただ》ちに道教の寺にはこびこまれ、高い祭壇の前におかれた。道教の儀式に従って、厳粛に埋葬式が行われた。哀悼の黒文字を書いた麻の布が寺中にはりめぐらされた。例のごとく紙製の人形がもち出され、そのほかしきたりどおりの儀式の数々がとり行われた。死んだらフ・シュ・シに葬るようにという故人の希望はかなえられなかった。遺族はペキンに葬りたいと希望した。かれの墓はのちにペキンにつくられた。

しばらくのあいだ、ウルムチには大きな緊張がみられた。戒厳令が布告され、九時以後は何人《なんびと》も外出をゆるされなかった。探検隊本部には、ヘンペル、シュイ・ピン・チャン、フンメルと、二名の学生が生活していたが、かれらは最悪の場合を予想して準備していた。暴動と掠奪がいつ始るかわからなかった。貴重な採集品と記録は、銀行の焼けた部分の地下室に埋めた。しかし、しだいに状況は平静となり、暗殺事件の三ヵ月後、一〇月四日にわたくしがふたたびウルムチに帰ってきたときには、まだ巡察の兵隊がまわっており、城門は早くから閉ざされてはいたが、すでに万事平静であった。

ウルムチにて

故国へかえったわたくしは、ストックホルムで二ヵ月をすごした。その間《かん》に、新疆省のために自動車を買い、それから新しい器具類の試験をし、装備を補充した。科学隊員の新鋭として、ルント出身の若い天文学者、ニルス・P・アンボルト博士が参加することとなった。

すべての準備がととのい、わたくしはふたたび前進をはじめた。一九二八年八月八日、わたくしとアンボルトとは、ストックホルムをあとにして、ヘルシンキを経てレニングラードに行き、そこからモスコーを経て、八月一六日にセミパラチンスクに着いた。駅頭には、わたくしの募集に応じてきた二人のスエーデン人の機械工、カールソンとラーゲルベッグがきて、出迎えていた。かれらは、五台の貨車にいっぱいの荷物とともに、先発して、すでに五日前にここに着き、わたくしたちの到着を待っていたのであった。運賃の支払いがすんでいないので、自動車の組立ての仕事にかかれなかったのだ。

八月一八日には、トラックの最初の一台が組立てを終り、動き出した。八月二八日には、すべての準備が終った。トラック二台、乗用車二台、それにもう一台の傭いトラックは、ウルムチに向けて行進をはじめた。途中たいしたできごともなく、九月三日、中国領土内の最初の都市チュグチャクに到着した。

かねてから探検隊に好意的であった総督ヤンの死が、一行にとって何を意味するかは、この町でさっそく思い知らされた。チュグチャクの知事は、新しい総督の特別の許可がなければ、わたくしたちは旅行をつづけてはいけないと言った。かれはウルムチへ電報をうち、そのあいだわたくしたちは辛抱づよく待っていなければならなかった。一週間まって、九月一〇日、やっと何か指令がきたようであった。四三個に上る荷物の検査がはじまった。検査の目的は、荷物の中に武器弾薬がかくされていないかを調べることだったようである。もちろん、言うに足るほどのものはなかった。検査には、まる二日かかり、一一日の夜に、やっと知事がやって来て、出発してもよろしいという。そこで、必要なガソリンを買う段になると、ガソリンは総督の特別の許可がないと出せないという。また、あした電報を打ちましょう、ということになった。しかし、翌朝には、総督はガソリンを出す許可をした、といってきた。

準備がととのい、いよいよ出発という前の日になって、一つのできごとが起って、計画を全部ぶちこわしてしまった。アンボルトがひどい病気になったのだ。赤痢《せきり》であった。熱は高く、容態は日一日とわるくなって行った。わたくしは、一台の自動車をウルムチに派遣して、医師フンメル博士をつれてこさせることにした。ながいあいだ待ちに待って、九月二二日、かれはついに到着し、わたくしはほっと一息ついた。ありがたいことには、病気はあきらかに峠をこえていた。わたくしは、病人をフンメル博士の手にまかせてチュグチャクにのこし、自分は自動車隊とともにウルムチに向けて出発することにした。しかし、天候が悪くて、なお二、三日滞在しなければならなかった。九月三〇日の午後、ついにこの不愉快な町を後にすることができた。一〇月四日、ウルムチ到着、ぶじに探検隊の本部に入った。

アンボルトはその後フンメル博士の手あつい看護を受けて、健康をとりもどし、わたくしたちのあとを追い、一一月二日にウルムチに到着した。

わたくしは、ウルムチの本部で秋をすごした。秋とともに、新しい総督チンの態度は、探検隊に対してますます非協力的になってきた。形の上では、かれも省政府全体も、まったく懇切ていねいで、表面は愛想よく、文書は友好的な調子にあふれていた。しかし、現実においては、一行の行動の自由の前に横たわる障害物は、いっこうに除かれることなく、仕事は妨げられ、遅れ、費用がかさんだ。隊員たちの旅行に対して、いったん出されていた許可は、撤回された。現地で仕事をしている隊員は、呼びかえされた。

一一月一七日、一行は、総督の祝宴に招待された。町の高官、郵便局長マクローン氏および三人のロシヤ領事館員などみんなで二六人が出席した。主人は、丁重かつ、にこやかに、一行を迎え入れた。ヤンの時代と同じように、料理は、ロシヤ人のコックの手になるもので、ぶどう酒がふんだんに出された。チンは、演説をしたが、その中で、隣邦ロシヤとの善隣関係をうたい、かつ、わたくしの探検隊に好意的なようなことをいった。部屋の中には、一四人の武装兵が警戒していた。

ロシヤ総領事代理セミアチンが、ロシヤ側を代表して謝辞を述べ、探検隊を代表して、わたくしが立った。これに続いて、シュイ・ピン・チャンが、すばらしい演説をした。かれはその中で、探検隊の経てきた旅行と、計画を、とうとうたる雄弁で述べた。かれは、中国における新しい時代の到来について語り、その自由への欲求について語り、また、アジアの徹底的探検の、科学的重要性について語り、さらに、一行の目的と希望、その活動と成果から、新疆が受けるはずの利益について語った。そして、一行は、ここ新疆において、探検隊の事業の遂行を、成功せしめるために必要な、あらゆる

理解と協力とを期待する、と結んだ。

　シュイ教授の談話は、友好的でおだやかな調子であったが、その内容は、重要なものを含んでいた。官僚連の顔色をみていると、たいそうおもしろかった。かれらの注意力は、極度に緊張していた。かれらは、ほほえみ、かれらの顔は、満足で輝いた。かれらは、意味ありげに顔を見合せ、うなずきあった。そしてしばしば、喝采《かつさい》の嵐を浴びせた。

　教授の話は終り、総督がまた話した。今度のかれの演説は、たいへん短かった。新疆は、今や危機的状態にあり、最近、大きな困難事が発生した。しかし、かれは、探検隊のために、役立つ限りの助力をし、隊員各位がその目的を達せられるよう、希望するものである、と述べた。

　数日の後にシュイ教授は、チンに接見を申し出た。チンは、内務長官ワンに会って貰いたいと返事してきた。要求が三つあった。まず、カラ・シャールの知事宛て、ノリンが平穏に仕事を続けられるように、処置を講ぜよという電報を、チンから打ってもらうこと。第二に、ユアンが、ズンガリヤの未知の部分の地図を作るために、測量隊を編成する許可をうること。もう一つは、わたくし、シュイ、フンメル、チェンの四人が、甘粛を通ってペキンまで旅行する許可をうることであった。最初の二つの希望は聞き入れられたが、甘粛経由の旅行は拒絶された。

　一行は、貴重なる時間を折衝のために失い、一一月も過ぎた。ふたたび砂漠へ帰ろうというわたくしの希望は挫《くじ》かれた。他の隊員たちの仕事と計画が、どういうことになって行くか、まったく予想がたたなかった。一行は、たえがたい不確実の状態の中に置かれていた。

　ついに、わたくしとシュイ・ピン・チャンは、ペキンおよびナンキンで、探検隊の委員会および中央政府と相談しようということに決定した。もし、探検隊はその科学的活動を続けよという許可が、

それらの機関から得られたならば、新疆総督も、一行のじゃまだてはできないはずであったのである。

一一月二六日、スエーデンから一通の電報が届いた。わたくしはストックホルムに二ヵ月間暮している間に、科学の各分野における、スエーデンの新しい研究に援助をいただけるように、国王に願い出ていた。今、その返事が届いたのである。スエーデン国王は、探検隊に基金を与えた。この知らせが、探検隊員一同にどのような喜びをもたらしたかは、たやすく想像できるであろう。各地に分散して仕事をしていた隊員たちには、伝令が送られ、この喜ばしい知らせを運んだ。一同は、その事業に対して示された、スエーデン国王および政府の、積極的な関心に対して、深く感謝した。

出発の一週間前、ロシヤ人グミルキンとともに自動車事業の長をしている探検隊の友人ブルハンから、わたくしたちのために、一一月一七日、チュグチャクまでのバスとトラックを用意したと知らせてきた。料金は両方で一一七〇クラウンという値で、三八〇マイル足らずの距離にしては、めっぽう高すぎた。

出発の二日前、チュグチャク行きの道路は、当該地方の官憲の報告するところによれば、通過不可能のゆえをもって、翌年五月まで、自動車交通は中止すべしという、総督の告示が発せられたことを聞いた。これは、わたくしたちのナンキン行きを妨げようという意図の下に打たれた新しい石である、と解しないわけにはいかなかった。わたくしたちは、事態について協議した。もし一行の軟禁状態が続いたとしても、速度は半減してもとにかく仕事を続けることはできる。外界との連絡は、つねに維持されていた。しかし、事態は、それほど絶望的でもなかった。自動車二台は、いつでもわたくしたちの自由に委ねるという、保証がきた。われわれは、一二月一七日に出発することになった。

一二月一七日の夜があけた。朝早く、二台の車は、ガレージの前で準備を整えた。そこから出発す

ることになっていた。しかしわたくしは、長年の経験から、こういう場合の「朝」とは何を意味するかを知っていたので、決して急ぎはしなかった。友人たちがたくさん訪ねてきて、正午には昼飯を食べた。アンボルトとカールソンが、本部の管理と会計の責任をとることになっていたが、わたくしは、この二人に最後の命令を与えた。ユアン教授は、なおしばらく、ウルムチに滞在したのち、その仕事場へ帰って行き、ハウデ博士は、クリスマスの後、ボグド・オーラにおもむき、そののちピーチャンに行くことになっていた。ハスルンドは、カラ・シャールに行き、ノリンの隊に加わるはずである。カールソンは、わたくしの鍵を受け取り、その持物を保管することになった。植物学および動物学上の採集品は、わたくしたちがもっていくことになった。それは、ベルクマンが、ストックホルムに運ぶことになっていた。ノリン、ヘンペル、チェン、フォン・マッセンバッハ、わたくしらが作った地図は、ペキンにもって行き、地学、生物学、考古学などの採集品は、ウルムチに残された。フンメルおよびハスルンドの、人体計測の成果は、ペキンで、スティーブンスン博士に渡して、その校閲を受けるはずであった。

　隊の財政は、かなり満足すべきものであった。ストックホルムでは、わたくしは、四台の自動車と部分品と、ほとんど修繕屋の店が開けるほど完全な道具類を買込んだ。ロシヤの鉄道の運賃と、二人の機械工の給料と旅費を合せると、四五〇〇〇メキシコ・ドル、すなわちちょうど九〇〇〇〇クラウンに上った。この金額の大部分は、わたくしの自著『ゴビ砂漠横断』の、スエーデン語版およびドイツ語版の印税、およびフェルステーグ氏の好意ある寄付によってまかなわれた。この金額は、チン総督によって、二〇〇〇〇メキシコ・ドルまでは新疆リャン（両）で弁済され、アンボルトとカールソンが受け取った。一ドルは、約二・五リャンに当る。二〇〇〇〇リャンは、郵便局に預け入れられた。

そこにはすでに、二〇〇〇〇メキシコ・ドルの預金があった。財政委員のシュイは、ペキンにおいて、二〇〇〇〇ドルを隊の勘定に繰入れることになっており、そのとおり行われた。チンが一行に支払った残りの五〇〇〇〇ドルは、シュイの手許に残した。そのほかに、老ヤンの遺産に対して、なお、四〇〇〇〇リャン以上の貸があった。一言でいえば、探検隊は、スエーデン政府によって提供された基金の援助を必要とする前に、なお数ヵ月間は、なんとかやって行くことができる状態にあった。

ガレージへ行く道で、わたくしたちは、ロシヤの総領事代理セミアチン氏を訪ねた。この人は、きわめて親切に、一行のために必要な書類を作り、ビザや紹介状を作ってくれた。その上、かれは、チュグチャクのロシヤ銀行の小切手までくれた。新疆の通貨は、一リャン紙幣しかなかったので、数千リャンの金となると、相当な重さになるのであった。

出発する一行は、三人のスエーデン人と、三人の中国人とからなっていた。すなわち、わたくし、フンメル、ベルクマンと、シュイ・ピン・チャン教授、地誌学者チャン、それから、シュイの召使のワンであった。乗合バスは快適であった。荷物はトラックの上に積んだ。バスの運転手は、スベストノフという、有能な男であった。

「もう二時です。出発はまだですか？」

「はあ、まだですなあ。荷物は全部、税関の検査を受けなければなりません。」

「ええ、どうぞ、お好きなように！」

何もかも、拡げられる。一方、一同はお茶の招待をうける。三時になって、やっと終った。最後のさようなら。エンジンは唸り始める。車はガレージから滑り出す。

四日ののち、チュグチャクに着いた。それから、馬そりで、セルギオポールに出た。

一二月二八日の夕方、満月を浴びて、一行は、セルギオポールの駅に到着した。ごく最近、セミパラチンスクからの鉄道がここまで開通したのである。われわれが、この鉄道を利用する最初の旅客であった。

シベリヤ鉄道および満鉄経由で、一九二九年一月一〇日、ペキンに到着。ウルムチ出発以来二五日の長い旅を終えた。

ペキンおよびナンキン

ペキンへ帰ることは、わたくしにとってつねに喜びである。この町には、偉大なる過去の幻想がある。固有の高雅なる趣がただよい、奇妙に、心を捕える魅力がある。

わたくしが、初めてペキンを訪れたのは、一八九七年三月のことであった。そのときにはまだ、最後の王朝の炬火《きょか》が燦然《さんぜん》と輝き、このタタールの市街の中央には、宮廷のまわりに高い塀が、秘密と財宝を秘めて立ち巡らされていた。この三年後には「天子」を取り巻いていた幻想的魅力は、あらかた打壊されてしまった。皇帝および皇太后の崩御のときには、わたくしは日本にいた。わたくしはペキンへ行きたいと思ったが、宮中の喪《も》のために果たせなかった。続いて、ユアン・シー・カイ（袁世凱）の支配がきて、やがて一九一一年、共和国となった。

一九二三年、わたくしがふたたびこの誇り高き都を訪れたとき、その外貌は驚くばかりの変化を遂げていた。魅惑的な秘密を巡る乗り越えがたい高い壁は、もはやなかった。人々は禁苑を勝手にさまよい、皇居を参観し、自動車を新しい広い道に乗り入れていた。内乱は全中国で荒れ狂い、ペキンの政府と大統領は有名無実であった。その権力は、市の城壁のかなたにはほとんど及んでいなかった。

さらに三年経った。一九二六年一一月、わたくしはまた、この威厳ある古い都に帰ってきた。このときは、チャン・ツォ・リン（張作霖）元帥が華北における最高権力者で、内乱はなお止むことなく

諸将領の間に続けられていた。ウェリントン・クー（顧維鈞）博士の政府の権力はきわめて制限されたものであった。わたくしの、中国奥地への大科学探検隊に対して、中国学術団体協会がいくつかの全民族的な条件をもち出したときには、政府は、大臣も、元帥さえも、その前に屈しなければならなかったのである。

一九二九年一月一〇日、わたくしは、四たびこの永楽、康熙、乾隆の都に入った。このまえに、ここを発ってから、まだ二年たっていなかった。それにもかかわらず、またしても根本的な変化がおこっていた。共和国の中央権力はナンキンに移ってしまっていた。ペキンはもはや中国の首都ではなく、単に河北省の政庁所在地にすぎなくなっていた。河北はもと直隷といった。その、帝政時代のなごりの名は、ペキンという名とともに、抹殺されていた。それは今は「北方の平和」を意味するペイピンの名でよばれていた。何ごとかが起ったことは、あまりにも明らかであった。まことに、通りや公けの場所での生活は、いままでどおりに行われていたが、すでに昔の賑いはなく、人かげはまばらになっていた。政府の建物は、空屋のまま立っていた。二〇〇〇軒の商店が、お客がいなくなって店を閉めたということである。各国代表はまだ公使館区域にそのままのこっていたが、使節たちが政府と重要な問題で討議しなければならぬ場合には、かれらはナンキンまで下った。その旅行は、いつもつごうよくゆくというわけではなかった。

しかし、どの外国使節たちといえども、政府との協議のために、わたくしたちほど遠路の旅行をしたものはなかった。われわれは、新疆の首都からやってきたのである。ペキンはその第一段階であった。まずそこで、われわれは科学界の代表者たちと相談し、また二年前に探検隊の利益代表として結成された委員会と協議しなければならなかった。これは、全くなんなく片づいた。しかし、ペキンは

危険な都市である。自分がどこにいるかもわからぬうちに、中国人と西洋人の双方のきりのない歓待の、あわれな犠牲者となってしまうのである。

　中国の友人たちから、しばしば招待を受けた。とくに、国立大学のシュイ・ピン・チャンおよびフ・リウ（復劉）の二人の教授、それから、探検隊の一員にしてティエンシャンサウルスの発見者たるツィン・ホア（清華）大学のユアン教授の兄弟、ユアン博士などから招かれた。わたくしは、シュイ教授とともに公式の訪問にまわり、委員会の全委員に名刺を送った。委員会の第一回会合は、一月一六日に、ペイハイ（北海）のお寺に付属する建物でひらかれた。その寺には、硬玉でできた仏様が、荘厳に安置されてある。八人の委員が出席し、そのほかに書記とシュイ・ピン・チャンとわたくしが出た。

　みんなわたくしたちに親しげにあいさつした。雰囲気が以前とは異っていることが明らかに見てとれた。二年前にくらべると、いっそう温く、いっそう同情的であった。この二年間、ヨーロッパ人たちと中国人たちは、探検隊にあって、大いなる調和と協調のうちに仕事をし、いささかも摩擦がその関係をかきみだすこともなかった。われわれは共同の目標に向って進むところの友人同士である。

　出席者は、長いテーブルにすわりお茶とタバコが出された。前河南省長チョウ老人が立って、ペキンへの歓迎の言葉をのべた。その後、フ教授が議長となった。かれは、わたくしに、探検隊の経過とその主なる成果について簡単に報告し、それから将来に対する希望をのべるように求めた。わたくしは、その第一の問題についてはシュイ・ピン・チャン教授が中国語で報告し、そのあとで自分が前もって表にしておいた一二の希望条項を提出する、ということにしてほしいと提議した。シュイの話はわずか半時間で終り、わたくしの番になった。わたくしは、ここでもっとも重要な点だけをのべた。

ここで、一九二七年四月二六日の協定の条項に言及することは余計なことのように思われた。すでに、中国側の空気は、この上もなく寛容であり、好意的であることがわかっていたからである。しかし、この協定のうち、ただ一つの条項だけは、決定的な重要性をもっていた。もし、この条項が変更されなければ、その他の協議はすべて無意味になってしまう。協定の中には、「探検は二年以上にわたらざること」という条項があったのである。わたくしは、そこで、延長を要求した。

「いつまで？」とフ・リウ教授はたずねた。

「一九三〇年五月九日、すなわち探検隊の最初のペキン出発から三ヵ年です。」とわたくしは答えた。

「一九三一年五月九日までと致しましょう。」とフ・リウ教授は提案した。全員それに賛成した。この点に関して、だから、わたくしははじめに望んでいた以上のものを得たのである。

つぎに、探検隊員を増強することの許可を乞うた。すなわち、三人のスエーデン人の地学および古生物学の専門家と、三人の若い中国人の科学者などを追加したいと望んだ。学生のツイはすでに故郷へ帰り、地誌学者のチャンは退職を希望していた。写真師のクンも、シュイ教授の提案により、隊をやめさせられることになるかもしれなかったのである。

これらの提案は、異議なく賛成を得た。

新疆省の新しい総督チン・シュ・ジェンのために、前年の秋、探検隊は大きな困難に逢着することとなった。一行は、一九二七年四月二六日の協定に基き、前の省政府からは、新疆省内を旅行する許可を得ていたし、その上保護をうけていた。探検隊の一行の中にある中国人隊員たちが、自分の国の中を旅行し、仕事をする許可を得ようとして拒絶されるというのは、全く奇怪なことである。それゆえ、ここでわたくしは、委員会に向って、近くシュイ教授とともに新しい省政府に提出するところの

許可申請に対して、支持と勧告とを行ってもらうように要求した。

この点もまた同意を得た。はじめは、委員会の代表がわたくしたちとともにナンキンにおもむいては、という話も出たが、委員会としては、政府はすでに探検隊のすべての要求に同意を与えることがわかっていたから、ただ、チアン・カイ・シェク主席および大臣たちに宛てて、委細をつくした公文書を書き、それを前もってナンキンに送っておく、ということにきまった。もはや、中国において得らるる限りの最高の助力、すなわち政府および民族主義的色彩の強い学界の援助が与えられているのである。中国側に対してわたくしたちがとってきた調和的協調と相互信頼という政策は、おそかれ早かれ、たしかに実をむすぶことになったであろう。

つぎの提案は、地理学および考古学上の偵察のために飛行機をやとうことの許可についてであった。これに対しては、委員会はこう答えた。

「われわれはこの問題に関しては専門家ではない。しかし、委員会は政府に対して、二台の飛行機を無償で探検隊の使用に委ねるように要請を発してはいかがであろうか。」

最後に、政府は探検隊がそれ自身の郵便切手を発行することを許可されたいというわたくしの申請に対して、委員会は大いに努力して援助しようと約束した。これによって上る収益は、そのままそっくり探検隊の中国側参加者の旅費の支払にあて、また探検隊によって設立され、いまでは中国側の管理のもとにあるいくつかの気象観測所の維持費にあてようということを、わたくしは提案していたのである。なお余りがあれば、それは委員会が刊行するつもりの雑誌の費用にあてる。その雑誌は、探検隊に関する事項とその研究成果だけを収録することになるだろう。この収入源に関する思いつきは、イギリスのエヴェレスト遠征隊から得られたものである。それは、自分たちのための郵便切手を発行

し、その一行中の地学者オーデル氏がわたくしに語ったところによると、それで少なからぬ財源が得られたということである。

わたくしが、表にした一二項の希望条項を全部のべ終ってから、委員会は秘密会に入った。それは五分間で終り、その結果はつぎのようなことであった。委員会はわたくしの提案の全部に賛成する。しかしただ、最後の裁可はナンキンの政府から得なければならない。政府への建議書は会議の議事録から抜粋する。委員会は政府の裁可を保証してもよいから、わたくしとシュイ教授がナンキンに出向く必要はなかろうということを、わたくしは数日後に聞いた。しかし、この際チアン・カイ・シェク主席および探検隊に直接関係のある諸大臣たち、とくに、監察院長ツァイ・ユアン・ペイ（蔡元培）氏および教育部長チアン・モン・リン氏らに個人的に面会しておくことは適当であると考えられた。これらの人たちと親しく会っておくことは、必ずや探検隊の地位を強化することになるであろう。

ペキンの中国人がわたくしたちに示した以上の、心からの、また光栄ある接待ぶりは考えることもできない。大学その他の学術研究機関、博物館、図書館などの学長、部長、所長たちが、おたがいに歓待ぶりを競おうとつとめているかのようであった。わたくしたちは、宴会から宴会へともみくちゃになり、あいつぐ豪華な会合の約束に、息をつぐひまもなかった。わたくしとしては、むしろ早くナンキンにゆき、それから新疆の仲間のもとへ帰りたかった。しかし、滞在をひきのばす新しい理由がひっきりなしに出てきた。さあ、昼食会だ。つぎは公式の招待宴だ。訪問だ。今度は学生への講演だ。こうして、貴重なる時間は失われた。しかし、忍耐をもって武装していなければならなかった。厳密に言えば、時間は浪費されたわけではない。そのあいだに、学者たちとは友情のきずなが結ばれた。また、学生たちに対しては、ある種の義務を負うていた。かれらの三人が、隊の観測所にあって働い

ているからである。

　わたくしのところには新聞社の人たちがしばしばインターヴューにやってきた。探検隊に対するかれらの興味は、しだいに大きくなりつつあった。大新聞は、われわれの肖像や、探検隊提供の写真を掲載した。しばしば、若い中国人がやってきて、探検隊に同行させてくれと乞うた。かれらのねがいを断るのは、いつも苦痛であった。

　最初の講演会は議会の建物の大ホールで行われた。聴衆は、国立大学の教授と学生であった。一二〇〇の座席は全部満員で、通路にも学生たちが立っていた。ちょうどわたくしたちが学者たちにつきそわれて演壇のところまできたとき、耳を聾するばかりの騒ぎ声がホールいっぱいにひろがり、学生たちは席から立ち上って、野獣のように絶叫し、わめき、どなった。その態度は、ますます険悪の度を加えてゆくようであった。わたくしは、かたわらの人に、講演者はだれでもこういう大騒ぎで迎えられるのかと聞くと、かれは、この大騒ぎは決してわたくしたちにかかわりがあるのではないと説明した。それは、会場にあってその職務を遂行していた数人の日本人の新聞記者に対して向けられていたのである。一九二九年の一月には、反日感情は非常な高まりを見せていた。それで学生たちは、こういう示威的なやり方で、その招かれざる客が追い出されることを要求したのである。日本人が立っている場所に向って青年たちは殺到しはじめたが、そのありさまを見ていると、まさにそのまま暴動になるのではないかと思われた。一人の教授が演壇に上って静かにするようにいったが、だれも耳をかすものもなく、騒動はますます大きくなった。ついに日本人はうしろの通路から逃げ出し、教授が、もはやホールには一人の日本人ものこっていないことを厳粛に保証すると、やっと嵐はおさまり、若き愛国者たちはその席についた。

この劇的な序曲ののちに、チョウ老人が演壇にのぼり、この会にわたくしたちを迎える歓迎の言葉をのべ、さらに科学の重要性に関して若干の感動的な話をした。つぎはフ・リウ博士の番であった。そのつぎにシュイ・ピン・チャン教授が探検の一般的経過について一時間ほど話し、そのあとで、わたくしが科学的成果について一時間半ほど語った。その英語の講演を、リー・チー博士がよどむところもなく通訳した。講演者はいずれも熱狂的な拍手を送られた。

結びとして、リーベレンツ氏の撮影による映画を供覧したが、そのときには、聴衆はそれまでよりもいっそう熱心な緊張ぶりを見せた。ざんねんなことには、英語あるいは中国語のいずれの字幕も入っていないので、シュイ教授が始終写っているものを説明しなければならなかった。映画は明らかな成功をおさめた。それはのちに中国の各大都市で公開された。

このころ、学生たちは沸きかえり、赤い浪は高まった。青年たちはその教師を承認せず、授業に対してストライキをやっていた。わたくしの友人チャン・キ氏は、ペキンおよび華北における国民党のもっとも傑出した政治的指導者であったが、かれはとくに憤激の的にされていた。ある日の夕方、かれの家にゆくと、街頭では兵士たちが通行を遮断し、邸内の中庭はまるで兵営のようであった。しかし、わたくしはその通行証を見せて中に入った。この気持のよい政治家は、平然たるもので、かれの家のまわりをあれ狂っている嵐には、いささかも動ぜぬふうであった。

シュイ教授は、青年たちの眼に好ましく映った少数の教授たちの一人であった。それでかれはずっと授業をもち講義をつづけていた。

二月二三日、新疆にいるアンボルトから悪い報せがとどいた。総督は、観測気球を上げること、および土を掘ることのいっさいを禁止した、というのである。これで、ハウデ、ノリンおよび三人の中

国人隊員たちの仕事は、実質的に障害にのりあげてしまったわけである。

二月二五日、わたくしはペキンを発って、中央政府と交渉するために、汽車でナンキンに向った。ナンキンでは、まず中央気象台長のコ・チン・チュ博士をたずね、その人とともに中央政府におけるもっとも有力なる大臣、監察院長ツァイ・ユアン・ペイを訪ねた。かれは、かつてペキンの国立大学の学長であり、現在もナンキンの国立研究所の所長である。かれはまた、著述家としてもはなはだ有名であり、高く評価されていた。かれは、たいへん簡素なヨーロッパ風の家に住んでいた。愛想よく笑い、お辞儀しながら、かれは手をさしのべてわたくしたちを迎え、ドイツ語で歓迎の言葉をのべた。われわれは小さい応接室にすわり、お茶とタバコが中国式の習慣に従って、手から手へまわされた。それから、このていねいで親切な政治家は、探検家の仕事と将来の計画について、いろいろたくさんの質問をした。かれは、いつでも探検隊のために弁護の役に当ろうと保証し、また、この際いだいている希望をいっさい遠慮せずに申しのべるようにいった。

わたくしはこの機会をとらえて、まずなによりも、学術的活動に対して、妨害をうけることのない完全なる自由を得たいと望んでいることを告げた。

これに対して、ツァイ・ユアン・ペイは、みなさんはなんら心配はいらないと答えた。政府は総督に対して電報で命令を出すであろう。

「そうですか。しかし、もしかれがそれに従わぬとしたら？　新疆は遠く離れています。そしてヤン総督はその省を全くかれ一人の方針で統治してきました。かれの後継者もまたその同じ方法を踏襲するであろうとは、容易に考えられるところではありませんか。」

「政府はその意志を遂行するための手段を握っています。」

話がここまできたところで、昼になり、食事が出された。
この頃、中国にはまた新しい嵐がふきはじめていた。内乱は今までよりもいっそう範囲の大きいものになりそうであった。今度は、チアン・カイ・シェク（蔣介石）のナンキン派と、湖南および湖北の総督リー・ツン・ジェン（李宗仁）との決定的な闘争が行われる番であった。リーは、ウーハン（武漢）の勢力とむすび、いわゆるクヮンシ・グループを形成していた。今や戦争は一触即発の状態であった。火はいつでも焰と燃え上るばかりになっていた。この際、向背《こうはい》がわからなかったのは、クリスチャン将軍、フォン・ユイ・シアン（馮玉祥）である。かれがどういう態度をとるかは、だれも知らなかった。事実上において、かれは、相争うどちらのグループにとっても、具合のわるい存在であった。

中国国内の政治状勢は、探検隊に影響するところが大きかった。もし、政府の立場が弱くなれば、新疆の総督はもはや政府の命令を守らないで、全くかれの一存で探検隊をあつかうようになるだろう。流言飛語がとび交い、わたくしたちはますます注意の度を加えて、事の成りゆきを見守った。

三月八日、わたくしたちは、中華民国主席チアン・カイ・シェク将軍の接見をうけた。ペキンからシュイ・ピン・チャン教授もわたくしの後を追うてきていたので、いっしょに出かけた。ツァイ・ユアン・ペイ氏がつきそってくれた。ちょうどウーハンおよびクヮンシ軍に対する戦争について、重大な会議が開かれるところであった。内政の緊張はその絶頂に達していた。そのとき、この責任ある指導者がわたくしたちを接見するために時間をさき、かつ、急迫した戦争とはおよそ縁の遠い探検隊のことに耳を傾けてくれるということは、まったく驚くべきことであった。もし、事態がかれに利せずして、フォン・ユイ・シアンが敵に与《くみ》したならば、チアン・カイ・シェクもかれの政府も、もろとも

に大当てはずれということになるのだった。

だから、主席がスン・フオそのほかの関係者を従えてホールに入ってきたときに、かれが深刻な顔をしていても、驚くには当らぬことであった。高い背をしゃんとのばして、きっちりした軍隊的態度で、チアン・カイ・シェクはテーブルに歩みよって、わたくしたちに席をすすめた。かれは灰色の洋風の制服を着ていたが、高い階級を示すしるしは何一つつけていなかった。かれの態度は丁重で遠慮ぶかかったが、儀礼的なお辞儀や古くさいきまり文句で時間を浪費したりはしなかった。スン・ヤッ・ツェンの息子、鉄道部長のスン・フオが通訳したが、かれは直接にわたくしに向って、探検隊について若干の質問をした。かれは、わたくしたちに希望をのべるように言い、それに応じて命令を下そうといった。シュイ教授は探検隊の経過と将来に対する希望をややくわしく述べ、チアンはかれとしばらくの間、話をしていた。最後に主席は、今かれは遺憾ながらほとんど暇がないが、いずれ後の機会に客として招待したい考えである、といった。わたくしたちは辞去し、閣議が始った。

三月一三日、新疆の総督あて、政府の公文電報の命令が発せられた。中国の習慣に従い、それは、結局何をいおうとしているのかはきわめて明白なのであるが、表現はやわらかく、丁重なものであった。

「ティホァ省会議主席チン殿
教育部長チアンは、中国人およびスエーデン人より成る学術探検隊が、甘粛および新疆においてその学術的活動を遂行し、良好なる結果を得たるものと認める。現在その責任者シュイおよびヘディンは、その隊員を増加し、活動の分野を拡大することを希望している。スエーデン人研究

者、ボーリン、ヘルネル、ベルクマン、およびベクセルは、遠からず中国国境チュグチャクに到着する予定。ヘディンおよび他の隊員は、甘粛経由の大道路により新疆に入るはず。この故をもって、予は貴下がその省当局者に命じて、探検隊の旅券を確認し、その隊を保護し、探検隊の学術的活動に関する限り、たとえば発掘あるいは観測気球を上ぐることなどにつき、かれらの努力をたすけ、なんら妨害を受けざるよう、手配を行われんことを乞う。

三月一三日　　　　行政院」

同じような電報がランチョウの甘粛省会議主席リウあてに打たれた。かれからは直ちに承知の返事がきた。しかし新疆からは何も言ってこなかった。ウルムチからの返事が着くまで待つべきかどうかというわたくしの質問にこたえて、大臣は、中央政府の命令は、必ず従うべきものであるから、返事を待つことを要しないといった。しかし、教育部長は、電報が向うに到着したことが確かになるまでは待つべきだ、という考えであった。そして、その後数ヵ月して、七月一六日のウルムチ発のアンボルトの手紙では、六月中旬においてもなお、チンはナンキンからの電報を受けとっていないと言明しているということであった。

ボストン・シカゴ・ストックホルム

この探検の物語は、ここで、きわめて奇妙な段階に到達した。舞台はしばらくアジアを離れて、太平洋を渡るのである。この六ヵ月間のできごとは、地理学的探検とはほどんとなんの関係もないのであるが、これもまた記録の一部であることはまちがいない。ただ、このいそがしい世界一周の旅の記述が、いくらか雑然たる印象を与えることをおそれるのである。

わたくしは、ナンキンにおいて風邪をひいて、一月ちかくも寝込んでしまった。ペキンにもどってから、四月の末には出発して新疆に向うつもりであったが、四月二一日には病気が再発して、新疆ゆきの計画は流れてしまった。

二五日には、ペキン協和医科大学の講堂で講演をする約束になっていたが、わたくしは神経痛で背中がひどく痛み、ベッドにねていた。しかし、講演は二週間も前から広告してあり、公衆を失望させることは、まことに心苦しいことであった。わたくしは無理に起き上った。モルヒネの注射をして、医師につきそわれて、講演場にのりつけた。講演はどうやらぶじに終った。

四月の末から五月のはじめにかけては、きびしい試煉《しれん》の時であった。痛みはつづき、わたくしはもう一度協和医科大学につれてゆかれて、いくつかの検査をうけた。四月二九日にはベルクルント教授が病床のかたわらにやってきて、宣言文をよみあげた。いろいろな検査をやってみた結果、脊椎《せきつい》に腫

瘍があることがわかった。それは手術でとらねばならない、といった。慎重な考慮の結果、わたくしはボストンへ行って、ハーヴェイ・カッシング博士にかかるべきだということになった。この人は、脳および脊椎病に関しては当代随一の外科医であった。電報が送られ、よろこんで引受けるという返事がきた。五月三日には、医者たちはあらためて会議を開いた。ドイツ病院長のディッパー博士も相談によばれた。ディッパーは、これがほんとうに腫瘍であるという確信はもてないように思うといったが、やはりできるかぎり早くボストンへ行って、カッシング博士にかかるのがよいとすすめた。わたくしは、ストックホルムの家へ電報を打って、妹のアルマに、ボストンに来てくれるようにたのんだ。もし手術ということになれば、これは大手術であろう。あとの保養に、海べか山へ行って、三、四ヵ月すごさねばならぬであろう。

いちばんつらい試煉は、探検隊を離れることであった。探検隊は、数人の新しい参加者を加えて、活発な動きに入ろうとしていた。ノリンとベルクマンは、新疆へもどる途中にあり、新しい隊員ヘルナーとベクセルがかれらに加わるはずであった。もう一人の新隊員、ビルガー・ボーリン博士は、外交部長Ｃ・Ｔ・ワン博士から新しい三人の隊員に対する旅券が交付されるまで、ペキンで待てという命令をうけていた。こういう状況のもとに、わたくしはすべてをなげうって、結果のわからぬ、手術を受けるために太平洋を渡らねばならない。わたくしは、エリク・ノリン博士を、その代理者にえらんだ。しかし、探検隊の最高指揮権は、なお自分の手中にのこしておくことにした。それは、電報と数百ドルの金のたすけによって行使することができる。探検隊は、今までに見なかったほどに、広くアジアの中心部に散開している。しかも、その本部は北アメリカの東部に移る。その配置は、なんとしても奇妙なものである。

ふしぎなことには、この措置はりっぱに成功した。それは、ノリンがその任務を見事なやり方で遂行したからである。それから、ウルムチの本部に隊員がだれもいないときには、英・露混血の獣医、エッチーズ博士に本部の管理をたのむことにした。かれは、すでに探検隊の一員に任命されており、まえからすぐれた援助者であった。わたくしがペキンを留守にするあいだ、スエーデン人のレイヨンフーヴード男爵が電報を開封することにした。かれは、その夏じゅうを通じて、ボーリン博士をたすけた。

とにかく、もはやすべてをおいて出発しなければならぬ。しかし、電線はクモの糸のように全世界にはりめぐらされている。五月一三日の午前八時半、わたくしはペキンを出発した。日本を経て、六月三日アメリカ西海岸に上陸、シアトルから汽車でシカゴに向う。六月一〇日午前一一時、ボストンに着いた。

いよいよあとわずかの段階をのこすばかりとなった。ピーター・ベント・ブリガム病院に入る。世界的名医ハーヴェイ・カッシング博士は、ここでその脳および脊椎に関する絶妙なる手術の腕をふるうのである。助手の一人、スカーフ博士が迎えた。部屋の割当てをうけ、一時間ばかり一般的な予診をうける。カッシング博士に見せるために、記録がとられた。

つぎの日は、宣告をうけねばならない日であった。わたくしの妹とフンメルがちょうどやってきた。三人は朝食を終ってから、坐って、一種言いあらわしようのない緊張状態で、判決を待った。運命をその手中に握る偉大なる裁判官は、いったいなんというであろうか。探検隊はどうなるであろうか？地球の向う側に、広大な大陸の中心部にあって、不確定のうちに待機している多くの仲間たちは、いったいどうなるであろうか？

スカーフ博士が、カッシングの到着をつげた。かれはどんな顔つきをしているだろうか？　かれはどんな種類の人間だろうか？　突然、部屋の扉が開いて、小さい、やせた、しかし頑丈な体つきの人物が入ってきた。灰色の髪は短く、眼は明るい褐色で、生き生きと知性的にかがやき、りっぱなわし鼻をもっていた。かるく微笑して、かれはお辞儀をし、別に名を名のらずに腰をおろした。しかし、これがかれであることはただちにわかった。そして、われわれはたちまちにして永年の知りあいのようになった。

　ハーヴェイ・カッシングは、ペキンの医科大学の病院におけるわたくしの病状の日誌をもっていたが、今度は、かれ自身で、いろいろと質問し、ノートした。いよいよ決定的瞬間がきた。フンメルを助手にして、かれは徹底的な診察を行った。そして、それから判決を下した。

「手術の必要はありません。腫瘍の徴候は全く見出せません。切るのはばかげていましょう。」

　フンメルは直ちに出て行って、わたくしの妹に伝えた。かの女の驚きと喜びは、筆舌につくしがたいものがあった。あんまりけっこうな話で、ほんとうであることが実感されるまでに、少し時間がかかった。カッシング博士は、他の話題について語りはじめ、わたくしの旅行のことや、ペキンのこと、妹のボストンへの航海のことなどを語った。最後に、わたくしは、自分はどうしたらよいのかとたずねた。

「あなたはボストンに一〇日間滞在しなければなりませんな。」

「経過を見るためにですか？」

「いいえ。その間にあなたを御案内してボストンの町を見ていただき、おもしろいボストン人をたくさん御紹介いたしたいからです。」

「そして、それから？」
「それからは、あなたは新疆のあなたの探検隊へお帰りなさい。」
宣言は、こういうものだった。新疆への最短コースは、このまま東に旅をつづけ、ストックホルムを経て、ロシヤからシベリヤに行く道である。自分が完全に健康であり、腫瘍は存在しないことを聞くために、地球を完全に一周したのである！　しかし、こういう宣言を聞くためなら、ひとはなんべんでも喜んで地球を一周するであろう。

　わたくしは、アメリカにおいてもっともスエーデン人の多い町、シカゴに立ち寄った。そこで、同国人の実業家ヴィンセント・ベンディックス氏の事務所を訪れた。

　ベンディックス氏は、関心の広い機敏な人であった。かれと語ることは、気持が楽で愉快なことであった。かれと会えば、最初からかれが考えの大きい人であることがわかる。かれは、膨大な企業に対しても瞬き一つしない。かれにとっては、困難などということは存在しない。それはただ、それに打ち勝とうというかれの野心を刺激するだけである。かれは、すべてを楽々ととり上げ、遊びごとのように片づけて行った。かれには、財力自慢のパトロンによく見られる傲慢な尊大さというものがみじんもない。そういう人物には、大きな計画を提示するのは、まことに不愉快になるものである。しかしかれはちがった。一五分間も語ると、ヴィンセント・ベンディックスはさけんだ。

「よろしい。わたしは金をもっています。わたしは、わたしの両親の生れた国に対して、またそのスエーデンの探検隊に対して何か尽さなければならないと、まえから考えていました。しかし、わたしたちはあなたの計画について、もっと詳しく話し合わなければなりません。明日八時半にきていただけますか？　朝食をたべながらお話しましょう。」

約束の時間に、わたくしはベンディックスの豪華なアパートを訪ねた。交渉は午後一時までつづいた。しかし、かれは事がらを決定するまでにもう数日間ほしいといった。数日後、わたくしはユニオン・リーグ・クラブでベンディックスと昼食をともにした。ベンディックスは、その建物の地下室から天井裏まで見せ、図書室から水浴場まで案内した。いちばん上の階の、じゅうたんを敷いた階段の上で、かれは突然立ちどまり、さけんだ。

「あなたは、モンゴルの寺と、そのほかの民族誌的コレクションを買いたいという計画をお話しになりましたが、それに対してわたしは、あなたがスエーデン政府からお受けになったのとほぼ同額を寄付いたしましょう。まちがいなく、お引受けします。」

ヴィンセント・ベンディックスは約束を守る人であった。だれも、かれに頼り、かれの約束をあてにできることを感じた。かれの多額の寄付は、法律的に完全な手つづきを踏んで、債務の形でわたされることになった。そこでかれは、顧問弁護士のカッセル氏に相談して、寄付者とわたくしとの間の契約書をつくった。時間のロスは全くなかった。翌日の朝、わたくしはカッセル氏の事務所に行き、探検隊の構成および新しい民族誌学的研究の計画について、かれが必要とする資料を提供した。ラマ廟《びょう》を二つ、購入するかあるいは複製をつくるかすることになった。一つはストックホルムに、一つはシカゴにおく。おのおのその内部および外部の装飾にいるものいっさい、画像、織物、衣裳、楽器、祭壇の器具などのいっさいを備えることとした。もし、用意された金額でなお余りが出たならば、それで他の民族誌学的の品物を買う。それは二つの市の博物館に、公平に分配されることとする。午後には、書類は清書され、わたくしは署名した。数日後、ベンディックスは自分の署名入りのコピーを一部わたくしに渡し、わたくしの署名の入ったのを自分で保管した。

アジアからは、続々と情報が入ってきた。六月一四日には、ハスルンド中尉から、新総督チンはいかなる外人も新疆に入ることを許可せず、探検隊の全員は、中国人隊員もふくめて、退去しなければならぬ旨、命令したと、電報で知らせてきた。わたくしは直ちに、シュイ・ピン・チャンおよびフ・リウ教授にあてて、政府は探検隊、その隊員および仕事の保護について、何をしたのか、と電報を発した。もはやこれは明らかな証拠である。三月一三日のチンあての政府の訓電を、かれは完全に無視しているのだ。かくて、新疆省に対する中央政府の権威などというものは、全くの幻想にすぎないことがあきらかになった。わたくしたちが、五週間と三〇〇〇メキシコ・ドルを費して行ったナンキン旅行は、なんにもならなかった。新疆省会議主席は、その省の独裁者であり、ナンキンからは命令を受けないのである。

その後、フ・リウ教授からの電報によると、ナンキン政府は新疆総督に対して、探検隊のとりあつかいに関して、新しい、いっそう厳重な命令を発したという。この命令は六月一七日ナンキン発となっている。しかし、独裁者に対しては、これまたなんの印象をも与えることができなかったようである。

その二日後に、ノリンから電報がきた。ノリンおよび、ヘルナー、ベクセルなどの新しい隊員たちは、バフチにあって、中国国境をこえて新疆省に入る許可を持っていた。返事はやってきたが、それは、新疆入りは拒絶するという返事であった。このときには、他の一人の新隊員ボーリンもその一行に加っていて、おなじ運命にあった。ノリンとベルクマンだけは、かろうじて以前の仕事場にもどることを許された。そこでは、アンボルト、ハウデ、それに中国人隊員たちだけが、その当時のこって仕事をつづけていた。ノリンは、ボーリン、ヘルナー、ベクセルと相談した上で、かれらをペキンに

かえらせて、東から内側をつらぬいて新疆に達せしめることにした。ベルクマンもそれに加わることになり、けっきょくノリン一人がウルムチに行き、クルク・ターグに達して、そこでアンボルトに会った。

七月二日、アジアからはまた悪い知らせがきた。シカゴ・トリビューン紙は、スウェン・ヘディン博士の探検隊はナンキン政府により仕事をつづけることを禁ぜられ、したがって解散させられるであろうというペキン報道を掲載した。たった今、多額の寄付を約束したばかりのベンディックスは、もちろん驚愕《きょうがく》して、情報を求めた。わたくしはレイヨンフーヴード男爵に打電して、シカゴ・トリビューン紙の記事が何を意味するかを聞き合せた。何か不明の原因で、ナンキン政府は、もはやこの探検隊の安全を保証できないと考えたのかも知れない。レイヨンフーヴード男爵からはすぐ返事がきた。
「噂はまちがい。」これで、ベンディックスもわたくしも、また安心できた。

わたくしは、アメリカを発って、ヨーロッパへかえった。ストックホルムでは、さらに新しい二人の隊員を得ることができた。ゼーブルグ氏の親切な仲介によって、シカゴのアプルトン氏が二五〇〇〇ドルに上る金額を寄付してくれたので、それによってロシヤ領トルキスタンに向けて独立の考古学的探検隊を出すことができるようになった。皇太子は、カスピ海から河南省に至る間の全アジアにわたって、連続的に一連の新石器時代の調査を行うことに、たいへん興味をもたれて、この新しい企画に対して援助を申し出られた。考古学者T・アルネ博士がその長になることとなった。

東アジアの民族誌的探検を指揮するために、ゲルハルト・リンドブロム博士がえらばれた。しかし、九月一八日になっても、かれはまだ医師から旅行を禁ぜられていたので、わたくしは止むをえず、他の専門家をさがすために、かれおよび男爵エルランド・ノルデンシェルド教授に相談した。そして、

ノルデンシェルドにとっては大きな痛手だったのだが、かれの助手のゲスタ・モンテル博士を探検隊のために手ばなしてくれることになった。

一〇月三〇日、わたくしはフンメルとモンテルを伴って、ふたたび極東への旅に発った。

エツィン・ゴルの悲劇

ここで、わたくしの留守中もアジアの奥地にのこって、各種の科学的な仕事に従事していた他の隊員たちの運命について、述べておこう。

一九二七年一一月、探検隊はエツィン・ゴルを出発してハミに向った。その当時のことは、すでに本書の前半において、くわしく述べたとおりである。そのとき、エツィン・ゴルの第一号気象観測所には、チンメルマン、セーデルボムおよび学生のマーたちがのこって、観測の仕事をつづけることとなった。かれらはその後どうなったであろうか。

本隊が立ち去ってしまうと、のこされたものの上には、寂寥感がひしひしと圧しかぶさってきた。しかし三人は、これからかれらを待ちうけている長い期間、誠実と、変らぬ友情をもちつづけようと、おたがいに固く誓い合った。かれらはただちに仕事にかかった。まず、河岸に近いところに、葉の落ちたポプラのかげに、パオを建てた。チンメルマンのパオの中には、仕事机、椅子が二脚、ベッドがおいてあった。それから、器具棚にアネロイドなどの鋭敏な機械類がおいてあり、ほこりよけにカーテンがしてあった。また、沸点高度計のためのしっかりした台、書棚があり、地面には敷物を敷いた。煙出しの下には、粘土の炉があり、石油かんでつくったストーブがおいてあった。煙突はジャムのかんだった。マーのパオもだいたいこれに似たようなものであった。かれは、ほかの道具類とともに、

硬いのも軟いのもとりまぜ、中国語の本をどっさり持っていた。セーデルボムは地面にたて穴を掘って、その上にテントを張った。パオがもう一つあったが、それは炊事場で、召使たちはこれに寝た。

毎日の観測は、各種あわせると、七五ないし一〇〇回にのぼった。チンメルマンとマーが交替でそれに当った。チンメルマンはまたそのほかに、フンメルのあとをひきついで、医者の仕事もやらなければならなかった。かれは、それによって近所のトルグート族の間に信用を得た。生活は、決して退屈ではなかった。時間はまたたくまにたち、日はとぶように過ぎて行った。かれらはだんだん気楽になり、たくさんのトルグートたちと友だちになった。近所のものの名はみな覚えた。本隊は出発のときに非常に資金に窮迫していたので、エツィン・ゴルにはごくわずかしか残してゆかなかった。それをかれらに気《け》どられまいとするのは、なかなかむつかしかった。肉を買うわけにはゆかなかったので、かんづめと簡単な中国料理とでまに合わせておくほかなかった。コーヒーは、はじめから制限つきであった。

一二月のはじめ、一人の伝令がキャンプに乗りつけてきて、チンメルマン少佐のパオの前に下り、一通の手紙を渡した。それは、トルグートの王からのもので、中国語で書いてあった。マーが声高に読み上げ、セーデルボムが通訳した。それはまことに青天のへきれきであった。トルグート王は、スーチョウの官憲から、この一行を甘粛省の地域から追い出せという厳命をうけとったというのである。文面の調子ははなはだ命令的で、理由はあげず、不平の申し立てようもなかった。三人は途方にくれて坐りこみ、顔を見合せた。どうすればよいか？　本隊の後を追うてハミに行くか？　しかし、六五頭のラクダはそれに耐え得る状態にはない。それに、金がない。

マーが返事をしたために、一行はエツィン・ゴルを出発することが

できない。それは、キャラバンの壊滅を意味するだけだ、と書いた。かれらは、スーチョウの官憲に対し、エツィン・ゴルにおいて探検隊員と交渉し、かれらがたんに科学的目的を追究する以外になんら他意のないことを確かめてもらうために、代表者を派遣していただきたい、と要求した。

この返事はトルグート王に送られ、かれはそれを読むとすぐスーチョウに急使を立てた。使者は、途中で馬をかえながら、八日間でスーチョウに到着する。

一二月一六日、スーチョウから一人の官吏が現場検証のためにやってきた。かれは仕事熱心で、かつ急いでいた。すべてのパオとその中身は調べられた。箱はあけられ、器械は説明を求められた。そのほかには、狩猟用のライフル銃が二丁と、匪賊にそなえて護身用の銃が一丁あるだけなのを見て、かれは、観測所員たちがなんら悪い意図をもつものではないことを理解した。しかし、最後にかれが観測気球用の水素ガスのボンベを見たときに、かれは疑いをもち、これはどうしても戦争用の目的のためのものではないと信ずることができなかった。かれらはすでにランチョウにおいて、探検隊の強力なキャラバンのことを聞いており、それは一つの軍隊の先鋒部隊で、水素ボンベは大砲だという確信をもっていたのである。数時間かかって検査したのち、かれは宣言した。かれは全所員をスーチョウに連行しなければならぬ。もし、三人がこの命令に従いたくなければ、観測所はそっくりラクダとともに西の方、ハミに行ってもらわねばならぬ。

交渉の結果、三人のうち一人がスーチョウに行くことで話の折合いがついた。しかし、だれが行くか？　マーがただちにその役を買って出た。かれがゆくのが、その同国人に対して、いちばん話をつけやすい方法だと考えたのであった。かれは大きな決心をもって、観測所を救うためにあらゆることをやると、他の二人に約束した。役人は、その翌朝、この人質をつれて出発した。

冬のきびしい寒さがやってきた。気温は氷点下二八度にも下った。一月も末になったが、マーからはなんの音さたもなかった。二人はマーの身の上について心配しはじめた。ある日、キャラバンがやってきて、マーからの英語の手紙をもってきた。二人はそれをむさぼるように読んだが、内容は全くがっかりさせられるものであった。マーは、スーチョウの政府当局に、観測所は全く平和的な意図のものであることを信ぜしめようとして、極力努力したが、むだであった。二人のヨーロッパ人を立ちのかせるために、さらに新しい処置が、場合によっては暴力的手段がとられるであろうと、手紙はいってきた。

二月の末になった。小麦粉の貯えが尽きた。二五日、新式のライフル銃をもった五人の武装兵をつれて、新しい政府代表がやってきた。かれは、二人のヨーロッパ人を逮捕してスーチョウに連行するために派遣されてきたのだといった。チンメルマン少佐は平然として、かれはこの観測所を放棄する権限をもたぬこと、もしかれらが暴力に訴えるならば、かれはかれ自身およびかれに委ねられた財産をまもるために、戦うであろうとのべた。政府代表は、びっくりして、平和的交渉に出た。かれは、チンメルマンがてこでも動かぬと見てとって、もしセーデルボムがかれといっしょにスーチョウにきてくれるならば、それで満足するといった。セーデルボムは、かれが観測所のために小麦粉を買うのに一五〇銀ドルを出してくれるという条件なら、行ってもよい、と答えた。かれは捕虜のようにあつかわれ、五人の兵隊にかこまれて、エツィン・ゴルを去って行った。あとにはチンメルマン一人がのこった。

長い冬が終り、春がきた。チンメルマンはきちんきちんとその仕事を遂行していた。かれは観測の仕事のかたわら、百姓仕事をはじめた。かれは畠をたがやして、野菜と花をつくった。時はどんどん

過ぎて、六月になった。

マーとセーデルボムからはなんの便りもなかった。ある日、かれはポプラの木蔭の小さな自製の公園で、坐って書きものをしていた。かれは、遠くで人声を聞いた。それは、いつものモンゴル語ではなかった。かれは聞き耳を立てた。小さなキャラバンが近づきつつあった。ラクダの足もとに、木の小枝がふみしかれる音が聞えるくらいになっていた。木の間から、二人のひとがラクダに乗ってあらわれた。マーとセーデルボムであった。チンメルマンおよび従者たちは急いでとび出して行って、二人を迎えた。チンメルマン少佐にとって、この日はエツィン・ゴル滞在中の最良の日であった。かれらはふたたびいっしょになり、人員はそろった。かれ一人のつらい仕事は終りをつげ、毎日の観測にも、観測所の整備にも、助けを得ることができる。あたかも、ながいあいだ待ちこがれた休暇が始ったような感じであった。

「しかし、どうしたのだ、いったい？」

マーとセーデルボムは物語りを始めた。かれらはランチョウにつれてゆかれて、牢に入れられ、犯罪者としてあつかわれた。ところが、そののちに突然に釈放され、名誉ある客としてあつかわれたというのである。かれらは、アメリカ病院の管理者ランド博士の家にくらした。エツィン・ゴル観測所が危機にさらされているという手紙は、ウルムチにおいて、わたくしたちの手にとどいていた。そこで、シュイ・ピン・チャン教授は、ただちにナンキン政府のツァイ・ユアン・ペイ（蔡元培）大臣に電報を打って助力を乞うたのであった。かれはフォン・ユイ・シアン（馮玉祥）将軍に連絡し、将軍はランチョウの総督に対し、観測所およびその所員を尊敬をもって親切にとりあつかえという指令を発した。それによって、危機はついに解消したのであった。

気象観測は規則ただしく続けられた。やがてまた冬がきて、年をこえ、春が近づいた。金はもはやなくなっていた。セーデルボムはまたスーチョウまで金をとりに行かねばならなかった。チンメルマンは、もはや三人ともこの観測所から立ち去ってよい時がきたと考えた。かれが受けていた指令では、ここの仕事は一八ヵ月ということだったのだ。そこでかれもいっしょにスーチョウに出ようかと考えたが、けっきょく残ることに決め、セーデルボムに電報を打たせることにした。おそくとも六月一日には帰還の旅に出発できるようにしてほしいと書いたのである。

しかし、わたくしの方からはすでに一月にペキンからチンメルマンあてに電報を打ってあった。観測所の設備はスーチョウに移して保管し、かれ自身はすぐにペキンにかえるようにいってあったのだ。もしこの電報がちゃんと着いていたならば、おそらくはなんの不幸もおこらなかったであろう。今となっては、なんともいたし方がない。

チンメルマンは、マーの精神状態にある変化がおこっているのに気がついた。この若い学生は、前よりも無口になり、ひっこみ思案になった。しかし、かれは勤勉に気象観測をつづけ、チンメルマンが検針をするときには、かれが記録をつけ、またその反対もやった。そのあいだにも、チンメルマンはこの中国人の仲間のために尽し、かれに規則正しくドイツ語の授業を行った。マーはまもなくかなり上手にドイツ語を話せるようになった。先生は生徒にドイツのおとぎ話を聞かせ、さらにドイツの歴史、社会生活とその改革、政治、文学、詩および哲学に入っていった。おなじようにして、生徒の方は、中国と、その過去および現在の生活について語った。

三月二七日、マーの精神状態は何か変調をきたしていることが全く明らかとなった。食事のとき、かれの手がふるえているのを見て、少佐は気分が悪いのかと聞き、あまりタバコを吸いすぎて心臓を

いためないように忠告した。あとで少佐が観測に行くと、マーがあとからついてきて、何か重大な顔つきと言い方で、かれのパオまできてくれといった。少佐がゆくと、パオの入口で、かれはさめざめと泣いていた。

「わたしはもう生きて行けない。死なねばならない。もしヘディン博士がわたしたちの悪い報告を受けとられたら、どう思われるだろうか？」

少佐は、静かに、親しげにかれに話しかけて、かれの気分を静めるように努めた。マーは、チンメルマンとセーデルボムに対して、ひどい振舞をしたのを後悔している、といった。チンメルマンは、マーが後悔しなければならないようなことは何一つ気がつかなかったといった。また、たとえ何かあったところで、とっくにゆるし、忘れてしまったことだといった。おそらくかれは、かれが興奮状態にあってペキンの友人たちにあてて書いた手紙の中で、ヨーロッパ人の同行者たちについて、品格をきずつけるような言葉を使ったことを言っているのであろう。

その後毎日、マーはくりかえし一人でいることはできないといって、少佐にいっしょにいてくれとたのんだ。病人は、絶望してこう叫ぶのだった。

「鏡を見ると悪魔が見える。それはわたしだ。わたしは悪魔だ！」

少佐は、冷静に、かつおだやかに答える。

「君は緊張しすぎたのだ。マー君。何もかもわたしに打ち明けてごらん。まもなくすっとするよ。わたしたちはよい仲間で、友だちじゃないか。わたしを頼りにできることは、君も知ってるじゃないか。」

マーはまた訴えた。

「わたしは眠れない。睡眠薬をください。」

「運動をして、疲れて自然に眠れるようにした方がいいよ。」

それでもかれは睡眠薬をのんだ。それは効きめがなかった。かれは絶えず訴えつづけた。

「わたしは悪魔だ。みんなわたしを見ている。みんなわたしを笑っている。」

ある日、かれは泣きわめいていった。

「砂漠へ逃げるのだ。もうこれ以上ここでは耐えられない。」

病状は悪化していた。悪霊がかれを追っかけ、かれを笑い、かれをあざけっていたのだ。

チンメルマンは、マーをその幻想から解放し、その注意をほかへそらすために、あらゆる手段をつくした。かれは、マーに、信頼できる召使を二人ほどつれて、スーチョウとニンシアを経て、故郷へ帰る旅に出てはどうかとすすめた。マーは、この旅行には乗気になったようだった。かれは、二日以内に出発する決心をし、ドーチャとエルジャースンを供にえらんだ。

翌日、かれはこういった。

「わたしは今日出発します。そして、二〇里だけ進みます。まだ書き上っていない手紙があれば、あとで召使に持たせて追いかけて下さい。」

おおいそぎで荷物がつくられ、積まれた。最後に、斧を一丁ほしいといった。かれは斧で何をしようというのだろう？ そう。かれはそれでキャンプ・ファイアの木を切るのだ。そこでかれは斧をもらって、運命の旅路に出発した。キャラバンは六頭のラクダより成り、かれは歩いて行った。チンメルマンは、すこし途中まで送って行った。四月二八日のことであった。

翌朝、マーはラクダを集めるためにエルジャースンをやるのに、こういった。

「キャンプをたたんで、観測所へかえる。」

半時間たって、エルジャースンはラクダをつれてキャンプへ帰ってくると、マーが斧を頭の上にふりまわしながら、テントからとび出してきた。かれは、口から泡をふき、狂いわめきながら、おどりかかってきた。エルジャースンは、これは危いと思って、矢のように森の中に逃げた。二、三〇メートルうしろから、マーがせまっていた。エルジャースンの方が足が速く、追手との距離はしだいに開いた。やっとのことで速度をゆるめて後をふりかえると、狂人は立ちどまって、おそろしい仕方で斧をもって自分自身をめった斬りに斬りはじめていたところであった。エルジャースンは二〇キロをすっとんで帰り、はだしのまま、血の出た足でチンメルマン少佐のパオにかけこんで、息も切れぎれに事件を報告した。かれは、ドーチャを見ていなかった。ドーチャはどうしたろうか？　狂暴な狂人から、うまく逃げおおせただろうか？

少佐は、薬箱を用意して現場に急いだ。かれらは現場についた。しかし、テントがない。たしかに、あの木の間に立っていたはずだ。おや、あそこに地面の黒い場所がある。テントは焼けてしまっていたのだ。チンメルマンは一行にストップを命じた。砂地の足あとを乱さぬようにである。かれ自身は、注意ぶかく近づいて、すべてを記録にとった。かれは殺人現場における探偵のようにふるまった。

ドーチャは、頭と片腕を火のもえかすの中につっこんで転っていた。かれの着物はすっかり燃えて、丸はだかで、死んでいた。マーはテントから五メートルはなれた箱のそばに横たわっていた。かれも死んでいた。かれは、着物はちゃんと着ていたが、帽子はかぶっていなかった。こめかみ、手首、胸に、斧でひどい傷をしていた。血にまみれて、おそろしいようすであった。かれから七歩はなれたところに、血に染った斧があった。かれは箱のそばにきて意識を失うまでに、それを投げ出すか落すか

したものだろう。テントから一〇〇メートルほどのところに、かれの血のあとが、その目標なきさまよいのあとを示していた。かれは、最後には、すこし前にドーチャを殺したテントの場所に、またもどってきて、息たえたのであった。

二人の死体は現場に葬られた。やがて、スーチョウから検視の役人がきて、事件の調査をし、マーの殺人と自殺とを確認した。

しかし、この若い中国人が、かくも突然に精神錯乱におちいったというのは、どうしたのであろうか？　本隊がエツィン・ゴルを出発する際に、かれは、あまり長くここに居たくない、まもなくほかの学生と代ってほしいといっていた。森の孤独と静寂が、かれの精神をくもらしたのであろうか？　かれはまた、故郷から、母が病気だという手紙を受けとっていたといわれる。この悪い知らせが、かれの気持をかき乱したのであろうか？

中央アジアにおける固定観測所第一号の終末は、かくも暗い憂愁にみちたものであった。マーの両親のために、探検隊の委員会は醵金《きょきん》をした。わたくしもペキンにかえってから、隊を代表して寄付をした。死んだドーチャの父親にも金を贈った。それは、たんなる同情の表現にすぎない。死者は金ではもどってこなかった。かれらが生涯の最後の二年間に、そのつらい仕事を忠実につとめてきたエツィン・ゴルの森に、風が悲しげに吹きそよぐばかりであった。

チンメルマン少佐は、一〇月二三日、エツィン・ゴルを出発し、三六日を費して、一二月四日にクェイホア・チョンに到着した。セーデルボムは、そのあとなお整理のためにのこり、スーチョウに往復し、最後に、三七日を費して、三月二〇日ペキンに帰着した。

大キャラバンを送る

エツィン・ゴルのロビンソン・クルーソーたちのほかにも、幾人もの隊員が、アジアの各地において、幾多の腹立たしい障害と戦っていた。

一九二九年の春、スエーデンの科学アカデミーから、地学者ニルス・ヘルナー博士および古植物学者ゲルハルト・ベクセル博士が、新しい隊員として探検隊に参加した。一方わたくしは、ペキンにおいて、過去二年間、中国地質調査所で名声を高めた古生物学者ビルガー・ボーリン博士を隊員に任命した。四月一〇日、ヘルナーとベクセルはストックホルムを出発し、休暇で故郷にかえっていた探検隊の考古学者フォルケ・ベルクマンとともに、ベルリン、セミパラチンスクを経て、五月七日には新疆の国境の町、バフチに到着した。二日後、かれらは中国側のチュグチャクの町に入ったが、新疆省総督チン・シュ・ジェンの命により追いかえされた。かれらはそこでバフチにかえり、改めて交渉がすすむのを待つことになった。

六月一九日には、ストックホルムからノリンが、ペキンからボーリンが、バフチに到着した。ボーリンは、新しい仲間、若い中国人の測地学者チェンをつれてきていた。かれらは中国の国境に向けて進んだが、また追いかえされた。六月二四日、ボーリン、ヘルナー、ベクセルおよびチェンは、バフチを発って、七月九日ペキンに着いた。

ノリンとベルクマンは、バフチにのこって待った。七月八日に至って、総督チンからのメッセージがやっととどいた。探検隊員諸氏はウルムチにこられてよろしい、というのである。かれはおそらく、四人がすでにペキンに向けて発ってしまったことを知っているのだ！　この時期おくれの招待は、ただノリン一人がうけることになった。ベルクマンはボーリンの荷物の到着を待って、それをまたウラジオ経由でペキンまで持ってかえらねばならなかったからである。かれは、七月一四日まで動けず、八月二五日にやっとペキンに到着した。こういう、あっちへ行ったりこっちへ行ったりの不必要な旅行が、いかに時間と費用を浪費してしまったことか！　金はまだしも取りかえしがきくが、失われた時間と仕事とは取りかえしがつかない。

新疆国境における面倒だけではまだ不十分だといわぬばかりに、このような果てしのない遅滞は、一行がペキンに着いてからも続いた。九月四日、ベルクマンとベクセルはカルガンへ行った。かれらはその秋の一時を、そこでラルソン夫妻の家ですごした。九月二四日に、ボーリンはナンキンにおもむき、政府の最高首脳者と交渉をした。一〇月一三日、かれはペキンに帰ってきた。しかし、スエーデン公使フルトマン氏の強力な干渉のおかげで、事態は救われたのである。公使は、外交部長C・T・ワンと一〇月のはじめにナンキンで会見し、ワン氏は、一行がながらく待ちのぞんで得られなかった旅券の下付を約束したのである。そして、その旅券はすぐできた。

一〇月一三日には、ヘルナーがクェイホア・チョンに向い、二〇日にはボーリンがその後を追った。そこで六五頭のラクダを傭い、荷物は全部ベーリ・ミャオに運ばれた。それは一〇月二六日に着いた。ベルクマンとベクセルは一〇月一日にカルガンを発ち、ハッチン・スムに行き、新しく買ったラクダをつれてきた。かれらは一〇月一九日にベーリ・ミャオに到着した。かくて、新しいキャラバンはし

だいに集合しつつあった。

　ボストンからストックホルムを経て、わたくしはまたペキンへかえってきた。わたくしは、隊員たちが近くにいることを知って、すみやかにベーリ・ミャオにおもむき、かれらに会い、必要な指示を与え、かつはそのアジアの最奥部に向けての最後の門出に立ち会おうと決心した。ストックホルムからは、いろいろな器具、写真の原板など、かれらのための品物がたくさん着いていた。

　時間の余裕はなかった。わたくしたちは、ペキンにはわずか四日滞在しただけであった。その間は、最後の夜にいたるまで、幾千の用事に忙しかった。キャラバン指揮者が一人必要であった。ラルソンとフンメルが適当な人物をさがし、モンテルはかれの写真器具を整備した。新しい大キャラバンの全装備は、ラルソンの監督下においた。キャラバン指揮者としては、いろいろ物色したあげく、最後に、デンマーク人ベント・フリース・ヨハンセンを見つけだした。かれは商人としてウルガ、ウリアスタイ、コブドにたびたび旅行し、キャラバンの世話には深い経験をもっていた。かれはちょうど仕事のないところだったので、この職をよろこんで引受けた。契約は成立し、この新しい隊員はみんなに心から歓迎された。

　キャラバンはいよいよ出発の準備がととのった。二人のデンマーク人、ハスルンドとヨハンセンは、自動車に荷物を満載して、カルガンからハッチン・スムに向い、ベーリ・ミャオで一行に合せよとの指令をうけて出発した。わたくし、フンメル、モンテルの三人は、一〇月三〇日の朝、ペキンを出発し、翌日の夕方、クェイホア・チョンに到着、宣教師グスタフ・セーデルボム氏の家に入った。そして、一一月二日、自動車で出発、ベーリ・ミャオのキャラバンのキャンプに向った。

　自動車は、かぎりないステップの広がりをこえて、五時すぎ、寺院の町、ベーリ・ミャオに着いた。

夕闇の中に、丘のふもとに、青いテントと食料の箱の列が見えた。スエーデンの国旗が、二つのテントの上にひるがえっていた。クラクションをきいて、みんなテントからとび出してきた。ベルクマンがいる。それからヘルナー、ベクセル、チェンがいる。この三人は、わたくしは初対面である。ベルクマンは、一九二七年のペキン以来、探検の最初からの古強者《ふるつわもの》である。わたくしは、新しい隊員たちに歓迎のことばをのべ、古い友人ベルクマンにかかえ迎えられた。みんな日にやけて元気そうで、実用的でよく似合う服を着ていた。

ヘルナーとボーリンは一つのテントに住んでいた。ベルクマンとベクセルはもう一つのに同居していた。チェンは別に自分のを持っていた。あとのテントは、ラクダの世話をする九人のモンゴル人たちと、隊のいろいろな仕事をする四人の中国人たちの住居であった。ラクダたちは、ちょうどその眠り場にやってきたところであった。それは八五頭いた。あまりふつうに見ぬほど、りっぱで、大きく、強いラクダたちであった。その毛は厚く、堂々たるふさをなして頸からたれ下っていた。こぶは固く充実して、脂肪にみち、しゃんと立っていた。

すべてのものが、二年半まえの出発点、フチェルトゥ・ゴルをおもいおこさせた。こんどのモンゴル人のうち、何人もがまえのときにもいた。バトーがモンゴル人の頭《かしら》をつとめ、ラクダの第一の責任者である。かれはきわめて有能で信頼できる男で、すでに以前から頭角をあらわしていた。マッテ・ラマは、まえにエッツィン・ゴルへの途上、セラトとともにラクダ泥棒をつかまえた。バンチェはミューレンヴェークル氏の忠実な従者として、ハミの東方の砂漠で、匪賊らしいあやしい一隊に遭った。

モンゴル人の中の四人は、この前の探検行で抜群の成績を上げたので、スエーデン国王より功労章を賜った。マッテ・ラマは金メダルをもらい、他の三人は銀のを受けた。そのモンゴル人たちは前に

よび出され、わたくしは演説をしてそのメダルをかれらの広い胸にむすびつけてやった。バトーが前にすすみ出て、受領者を代表してお礼をのべた。かれは、自分たちはただ義務をつくしただけであるが、王様からかかる名誉を授けられたことを、誇りに思い、かつ感謝するとのべた。

一一月八日、ハスルンド、ヨハンセンの自動車が到着した。

一一月一一日、いよいよキャラバンは出発する。すばらしい天気であった。最後の朝食をともにする。荷積みが始った。ラクダの列が、一列また一列と、荷物をつまれて発ってゆく。テントはたたまれ、巻かれた。わたくしは、出発する人たちをあつめて、短いあいさつをのべ、ヘルナーがそれに答えた。万歳を四唱し、握手をかわしてから、ボーリン、ヘルナー、ベルクマン、ベクセル、チェン、ヨハンセンたちは、徒歩でキャラバンのあとを追って行った。まもなくかれらは、土地の起伏の中の小さい点になってしまった。

西に向う大キャラバンを送り出してから、のこった隊員たちは、東にむけて自動車で出発した。内モンゴルのステップを、ベンディックスの基金により購入するラマ廟の適当なものを求めて、六八〇マイルを走破し、一一月二一日、カルガンに帰着した。

探検隊は、いまや広大なアジアの大陸の各地に散開をはじめた。わたくしは、今は一個の探検家というよりは、各地で仕事をしているいろいろなグループからの糸が交差する一種の扇のかなめのような存在と化し去った。そこから、わたくしは各部隊を監督し、指導したのである。わたくしが青年時代に手をつけ、その後特別の興味をもっているある種の地理学的問題を追求するという、わたくし自身の希望も放棄しなければならなかった。わたくしは管理者であり、組織者であった。その本部は、またペキンにもどってきた。

探検隊は、五つのグループに分れて活動していた。すなわち、

1 エリク・ノリン博士およびニルス・アンボルト博士。かれらは東トルキスタンで働いていた。若いロシヤ人、ウォロトニコフがその助手をつとめた。

2 フォルケ・ベルクマンとゲルハルト・ベクセル。

3 ビルガー・ボーリン博士とニルス・ヘルナー博士。中国人測地学者チェンを助手とし、デンマーク人、フリース・ヨハンセンをキャラバン指揮者とする。この、第二および第三のグループは、甘粛およびゴビ砂漠で活動した。かれらの仕事は、異る線上を進んだが、つねに互いに連絡をとっていた。

4 ダヴィド・フンメル博士。ドイツ人マンフレッド・ベーケンカンプ、学生ハオおよび二名の四川出身の学生を助手をする。かれらのルートは、四川から甘粛に至るもので、本来の仕事の区域は、チベット境のチョニ渓谷であった。

5 ゲスタ・モンテル博士。ゲオルク・セーデルボムを助手とする。このグループは、内モンゴル、ペキン、ジェホール（熱河）をその領域としていた。実際的および政治的理由から、わたくしはこのグループとともに行動し、ここに本部をおいていたが、いずれは新疆に移したいと希望していた。

翌年には、さらにつぎの二つのグループがつけ加わる。すなわち、

6 ワルデマール・ハウデ博士。ドイツ人またはスエーデン人の助手一名。中国人の学生二名。かれらの仕事場所は、北東チベットおよびナンシャンである。

7 T・アルネ博士。二名の若いスエーデン人考古学者を伴う。領域は、ペルシャ・トルキスタン。

なおこのほかに、三人の中国人学者、すなわち、ユアン教授、考古学者ホアン氏、古生物学者ティン氏が、それぞれ独立の班をなして活動していた。アジア大陸の奥深く、科学の使徒たちの情熱的な活動が、忍耐づよく続けられていったのである。

捜索と救出

長年にわたってアジアの奥地に広汎な活動をしめしてきたこの大探検隊も、いよいよけりをつけなければならない時期がきた。一九三三年の一月一九日、わたくしは探検隊に締めくくりをつけるために、アメリカ経由で、ペキンにやってきて、ただちにスエーデン・ハウスに入った。

アジアにはまた新たなる風雲がまきおこっていた。ペキンは、もはや平和の都ではなかった。公使館区域のすぐ外側の堤では、日本軍が、すでにこの古い帝都の支配者であるかのように、機関銃をもって機動演習をやっていた。満州の日本軍は、有名な寺の都ジェホール（熱河）に接近し、それは三月四日にその手におちた。つぎは、ペキンおよび華北五省の番だと考えられていた。

新疆には反乱の炬火がもえ上っていた。中国人の支配に対する反抗は、ステップを焼きつくす野火のように、全新疆省にひろがった。「虎の王侯」ヨルバルス・ハンは、ハミ周辺のその領土を、戦火と剣で荒らされ、天山の山中のかれの要塞にこもって、復讐《ふくしゅう》をたくらんでいた。カラ・シャールのトルグート族の王侯、大ラマのシン・チン・ゲゲンは、ヨルバルス・ハン追討に出陣せよという命令を拒否した。かれは、総督チン・シュ・ジェンから召喚をうけ、ウルムチにきて、そこでかれの従臣たちとともに、卑劣なやり方で射殺されてしまった。

四月一日、チンからナンキン政府にあてて電報がきた。東トルキスタンは崩壊し、かれは、スーチ

ヨウに兵を集結している「大馬」マー・チュン・イン（馬仲英）に対して攻撃を加えるように、甘粛におけるドゥンガンの強力者マー・プー・ファン（馬歩芳）に依頼した、というのである。それに対するナンキンの返答として、かれは反乱を鎮定してその省の秩序を維持するかわりに、むしろ内乱をかきたてようとしている、という非難を受けとった。

この犯罪者の声は、ここで沈黙せしめられてしまった。四月一二日、かれのヤーメンは、武装したロシヤの「亡命者」たちに包囲された。かれ自身は脱出してシベリヤを通ってナンキンにくることに成功したが、そこでかれは投獄の判決をうけた。

ペキンでは、このとき、「大馬」が新疆を征服しようというかれの企図に成功するであろうと一般に信ぜられていた。すでにウルムチは陥落したという噂もあった。

二月二日、エリク・ノリン博士がペキンにかえってきた。かれは、すでにアジアの心臓部において、実り多い研究の幾年を送ってきたのである。かれは、元気そうに日やけして汽車からとび出してきた。その最初の言葉は、こうであった。

「もう一度すぐにわたしをチベットへもどらせてください！」

一週間ののちに、ビルガー・ボーリン博士とかれのキャラバン指揮者、デンマーク人のベント・フリース・ヨハンセンが、元気旺盛でスエーデン・ハウスにかえってきた。ボーリンは、貴重な古生物学上の採集品をどっさりもってかえってきた。

スエーデン・ハウスは、非常な活気を呈していた。箱には標本がぎっしりつまっていた。アジアの山々から掘り出された化石の包みがとかれ、その材料は各方面の研究者に配分された。討論はしばしば深更に及んだ。スエーデン・ハウスの一室は、まるで図画の教室だった。そこでは、ノリン、ボー

リン、ベルクマンが、三つの大テーブルをかまえて、探検隊の全活動領域の巨大な地図をえがいていた。それは、長さ六メートル、幅二メートルあり、四五〇万平方キロをおおうていた。それはスエーデンの一〇倍、あるいはアジアの一〇分の一の地域をふくんでいた。山は、やわらかい褐色で示され、森林と耕地は緑、砂漠は黄色、河と湖は青、一行の通過したルートは明るい鮮紅色であらわされていた。生涯の七年間を捧げたこの地表上の膨大な部分の、この幻惑的な図を、じっと眺めることは、なんとも楽しみなことであった。春に、この地図はシカゴに送られて、ジェホールからもってきたラマ寺のつぎの広間に展覧された。

ニルス・アンボルト博士については、心配が毎日つのってきた。かれからは、数ヵ月間なんの便りもなかったのだ。ちょうど、ドイツ・中国ユーラシア航空会社のルッツ大尉が、スーチョウに飛ぼうとしていたので、わたくしはかれに手紙を托《たく》した。ゲルハルト・ベクセルとマンフレッド・ベーケンカンプが、その地方でまだ仕事をつづけていたからである。手紙には、かれらに、アンボルトとの連絡を試みよと命令が書いてあった。一月に、カシュガルの宣教師から、つぎのような電報がきていた。

「クリスマスの時分にヤルカンドに到着せる二人のものの話によると、アンボルトは一一月八日にチエルチェンにあり、甘粛に向け行進中。」

そこでわたくしは、その宣教師たちに、かれに関してもっと新しい情報を知りたい旨、打電した。

「大馬」は、甘粛から新疆に至るすべての交通路を塞いでしまっているものと思われた。アンボルトは、北部チベットで、その貴重な荷物を全部道ばたに放棄し、裸か同然でチェルチェンに到着したということが聞えてきた。わたくしのはじめの考えでは、三〇〇〇キロ離れたチェルチェンのオアシスまで、自動車で急行するという案であったが、今はもう資金が尽きている。ただ待つほかはなかった。

ペキンの情勢は、ますます興奮の度を加えてきた。ある晴れた日、全市の何千という人力車がいっせいに姿を消した。それは、弾薬輸送のために徴発されてしまったのである。三月一六日、戒厳令が布《し》かれた。暗くなってから通行証なしに外出することは禁止された。ペキン城内および城外のすぐ近くの郵便局は、毎日の売上げ高を、夕方には中央局に送るように命令された。敗走する中国兵たちが市中に氾濫《はんらん》し、掠奪をはじめることを恐れたのである。前に、そういうことがあったのだ。四月三〇日には、日本軍はペキンから八五キロ以内のところまできていた。

　五月一一日の朝、日本の飛行機が偵察にきてペキンの上空をとびまわった。みんな、どういうことになるかと心配した。ベルクマンがエツィン・ゴルで発見した貴重な漢代の木簡は、リン・フ教授によってスエーデン・ハウスにもちこまれた。空中からの爆撃、侵入、掠奪があった場合、スエーデン国旗のもとにある方がより安全だと考えたからである。

　数日後、空中からリーフレットがまかれた。もしナンキンの軍隊が撤退せぬ場合には、爆撃がはじまるであろうと書いてあった。

　五月二〇日、一一機の飛行機が爆音をひびかせて頭上をとんだ。日本軍の先鋒部隊は、市からわずか一六キロのところにいた。敗走する中国兵たちはペキンになだれこんできた。人々は、強制されて宿舎を提供した。

　五月二二日、アメリカのすぐれた著述家オウエン・ラティモア夫妻を昼食に招待した。一同がテーブルにすわったとき、ドイツ大使館から電話がかかってきて、つぎのように指示してきた。

「砲声が二発きこえたらアメリカ大使館の無電塔を見てください。その上に赤三個、白三個の信号灯がついていたら、すぐロックフェラー研究所へ行ってください。軍用自動車がアメリカ大使館につれ

て行ってくれます。今晩はペキンは掠奪されるものと覚悟しなければなりません。」

しかし、夜は静かにすぎて行った。砲声は聞えなかった。市の城門は、日中も閉ざされたままであった。列車はどれもこれも避難民でいっぱいであった。しかし、鉄道はもう完全に軍当局の管理に引きわたされることになっていた。わたくしたちは自動車で市の北部をまわって、バリケードやそのほかの防衛準備を見てまわった。

アンボルトの安否は、ますます心配になってきた。わたくしは、ペシャワル経由でカシュガルの伝道所あて電報を打ったが、その返事として、ペシャワルから、カシュガルとの電信連絡は断絶し、電報はミスガル経由で乗馬の伝令ではこばれ、一二日かかるという報告を受けとっただけであった。中国の無電台は、回教徒の反乱軍によって破壊されていたのである。

また、多くのスエーデンの宣教師たちは、帰国するか、あるいは一時インド国境を越えて避難するかしている、ということであった。五月九日、宣教師のロベルンツがカシュガルから打った電報が着いた。

「一〇月チェルチェンにて以来、アンボルトからのニュースなし。」

かれはいったいどうしたのだろう？　生きているのか、捕われているのか、それとも殺されたのだろうか？　アジアの内奥深く入っているとはいえ、六ヵ月の沈黙はあまりにも長すぎる。アンボルトとの連絡に努力せよというベクセルあての命令は、「大馬」によって阻止されてしまった。かれは外国人の干渉を欲しない。かれは、かれ自身で行方不明者のことを心配しようと約束した。しかし、のちに至ってかれは、捜索を許可した。五月一五日、エリク・ノリン博士は、アンボルトを探し、できればかれを救出するために、希望のない捜索の旅に出た。スエーデン総領事およびドイツ大使館参事

官らの助力によって、かれはまたたくまに必要な旅券とユーラシア航空の座席とを手に入れた。かれはまずスーチョウに飛び、そこからかれの作業を開始する手はずになっていた。

ボーリンは四月二七日スエーデンに帰った。スエーデン・ハウスには、そのかわりの住人がやってきた。五月一一日には、ニルス・ヘルナー博士とパーカー・C・チェン氏とが、砂漠の寂寥の中から帰ってきたのである。かれらは、エツィン・ゴルおよびロプ・ノール湖畔、ペイシャン（北山）およびナンシャン（南山）方面を四年間にわたってさまよい、すばらしい成果をもたらして帰ってきた。中でも、かれらは一つの大発見をした。すなわち、一九二一年に形成された新ロプ・ノールの発見である。

六月のはじめ、雨は単調に灰色の屋根瓦の上に降りそそいでいた。雷鳴がペキンの空に鳴りひびいていた。六月七日の夜、宿舎は墓のように静かであった。わたくしは、はだかでベッドに横になり、本を読んでいた。午前三時であった。木の門が注意深く開かれる音がした。石の上に軟い足音がした。わたくしの書斎のドアが、ほとんど音もなく開かれた。それから再び何もかも静かになった。二つの部屋の間の戸は、開いたままであった。

「だれだい？」わたくしはいった。ああ、なんだ。入ってきたのは門番だった。そして電報を渡した。何か重大なことがあったにちがいない！　ふつうは、電報局は朝まで配達しないものである。わたくしは緊張して電報を開き、読んだ。

「アンボルト無事ホータンにいる。インドを経て帰る。ロベルンツ」

たすかった！　これでみんな安心して息をつくことができる！　わたくしはただちにノリンとベクセルにあてて、止まれという電報を書いた。ヘルナーを呼びにやると、かれは入ってきてわたくしの

部屋でインディアン・ダンスをやった。それから、ベルクマンをよびにやった。かれはパジャマ姿であらわれて、椅子にすわり、半分眠っていた。かれは、この簡潔な、しかし内容重大な知らせを聞いたときに、こういった。

「それだけですか？」

アンボルトは救援もなくチベットからインドに入り、それから故国に帰った。かれは、その物語をかれの著書『キャラバン』の中に記している。ベクセルは、あまり遠くへ行かないうちにふみ止まった。ノリンはすでに東北チベットの山中に姿を消してしまっていた。かれは、テミルリクの東トルコ人の間にあって、生命の危険にさらされながらも、やがて無事に東へと引っかえすことができた。

新しい出発

六月のはじめのある日曜日、雨は中庭の石の上にはねかえっていた。そのとき、一人の灰色の外套《がいとう》を着た、背の高い、ほっそりした人が、大またでやってきて、わたくしの扉の前に立った。フォン・ゼークト将軍である。かれは、大戦中はマッケンゼン将軍の幕僚長であり、数年前にはドイツ国防軍の総司令官であった。かれは、わたくしの大戦中の親友の一人であった。われわれは、マッケンゼンのガリシア進撃の間じゅう、ずっと毎日のように会っていたのである。いま、かれは、しばらくチアン・カイ・シェク（蒋介石）元帥を訪れたのち、ペキンで数週間をすごすためにやってきたところであった。

一九三三年六月二八日、ドイツ大使トラウトマンは、フォン・ゼークト将軍の歓迎のために午餐会を開いた。そして、それは、わたくしの運命に対して、まことに奇妙な影響をあたえることとなったのである。

ドイツ大使の部屋は、あかあかと灯りにかがやいていた。客の中には、軍政部長ホ・イン・チン（何応欽）をはじめ、たくさんの著名な中国人たちの顔が見えた。白い着物を着て、りっぱな顔つきの、背の高い一人の中国人が、わたくしの注意をひいた。わたくしは、大使館員の一人に紹介をたのんだ。かれは、リウ・チュン・チエという名で、外交部の次長であった。かれは、まだ大部分がペキンに駐

在している各国の外交団と、ナンキン政府との間の連絡のために、ペキンに来ているのだった。

　リウとわたくしは、新疆の情勢について語り合った。わたくしは最近までそこにいたし、ずっと以前にも東トルキスタンで数年を送ったことがある。リウ次長は、わたくしの経験と意見とを、まるで反対訊問のような調子で熱心に聞きただした。わたくしはそれに率直に答えた。

「乾隆帝が中華帝国をめぐって半円形にたてめぐらした緩衝国のうちで、いまのこっているのは、ただ一国だけです。共和制が布かれて以来、チベット、外モンゴル、満州、ジェホールが失われました。内モンゴルもまたおびやかされています。新疆はまだ中国領ですが、現に回教徒の反乱と内乱のためずたずたに引きさかれています。今にして省の保衛のためになんらかの手段が講ぜられないならば、その新疆もまた失われるに至るでしょう。」

「どういうことをするべきだとお考えですか？」リウ次長はたずねた。

「とるべき第一の処置、そして可能な処置は、まず、中国本土と新疆との間に第一級の自動車道路をつくり、それを維持することだと考えます。アジアの内奥部に対する鉄道の建設が、第二弾です。」

　われわれは、長いあいだ詳しい討論をした。リウ次長は翌日かれの役所へきてくれるようにいった。そのときには、二人はいっそう徹底的にこの問題について検討した。そして最後にリウ次長は、わたくしに、覚書を作成し、地図の上に最も適当と思われる道路を記入してほしいといった。

　リウ外交部次長と話しているときには、わたくしは、それが、すぐ近い将来の自分の個人の運命にとって、どういう意味をもつものであるか、想像もしなかった。ノリン、ベクセルおよびベーケンカンプの三人がまだ現地にいる。かれらはまもなくペキンに帰ってくるだろう。かれらがみな帰ってくれば、故国へ帰ろう。そこで長期にわたったこの大探検の成果の整理をはじめることができるのだ。

しかし、運命の星には全く別のことが書かれていたのである！　リウ氏は七月の末ナンキンへ行き、わたくしの覚書を主席および首相の前に提示した。それはかれらの興味を喚起し、八月三日、わたくしはつぎの電報を受けとった。

「行政院長ワン・チン・ウェイ（汪精衛）氏はナンキンにおいてできるだけ速やかな機会に貴下にお会いできることを希望さる。リウ・チュン・チエあて返電乞う。」

　そのときわたくしは、自分の運命が全く新しい道程に歩み入ったことを悟った。わたくしはすでに以前から、一八九〇年以来この国の国土にあって受けてきたもろもろの親切に対して、返礼として、いつかはこの中国政府のために奉仕できることがあればうれしいと考えていた。わたくしはたしかに中央アジアに関してかなりの経験をもっている。そして、それを中国の利益のために実際的に役立てたいという希望を、わたくし以上にまじめに考えていた人はなかったであろう。ここでもし新しい探検隊が成立するならば、わたくしはまだ経験したことのない、古代の「絹街道」の一部を見る機会が得られるであろう。そしてそれは、一九二一年以来存在する新しいロプ・ノールの北岸を通じ、タリムの新流路に沿うて通じているはずである。

　八月五日、わたくしはペキンをあとにして、ナンキンに向った。

　ナンキンでは、リウ氏に伴われて、外交部長ロ・ウェン・カン（羅文幹）博士に会った。かれは、政府はその新疆への自動車探検隊の指導をわたくしに託するつもりである、と語った。わたくしの直観は的中し、その希望は今やかなえられようとしている！

　一時間のち、わたくしは行政院長ワン氏と会った。ワン首相は、わたくしが今まで聞いたところをすべて確認した。奥地に向けて鉄道を建設するのは費用がかかりすぎる、とかれはいった。まず自動

車道路から始めることで満足しなければならない。そしてそれは必要である。しかしそれは中国北部または中部の現存する鉄道の終点と接続していなければならぬ。自動車道路の北方コースはクェイホアから出発すべきであり、南方コースはシーアン（西安）を起点とすべきである。仕事はただちに始められねばならぬ。政府はまだ最後的な決心をしていないが、かれ自身はこの問題について専門家と討論をしたいと思っている。確定的な返事は数日後に差上げる、というのであった。

その月の中ごろに、外交部長ロ氏から、政府はこの自動車旅行を実施することに決定したという知らせがあった。そして、鉄道部長から、つぎのような基本的事項が示された。

すなわち、探検隊は完全に中国のものであり、鉄道部長ク・メン・ユイ博士の命令下に入る。かれがペキン訪問の旅行からかえってきてから、この企ては、法律の適用をうけて、正式に裁可されることになる。

わたくしは探検隊の隊長であり、「鉄道部顧問」という肩書をもらう。隊長は、必要と思うだけのスエーデン人、医師一名、地誌学者一名、機械工二名をつれてゆく権利をもつ。探検隊は八ヵ月を越えることはできない。往路はゴビ砂漠を越えてハミに至り、かえりには古代の帝王道路、いわゆる「絹街道」をとおる。途中、タリム河下流の新しい水路および一九二一年に新たに形成されたロプ・ノールについて研究を行う権利を有する。とくに古代において植民されていたロウラン近傍の土地の、灌漑および植民の可能性を検討する。隊員は各自通行許可証と、武器と、自動車許可証を支給され、内国関税を免除される。スエーデン人隊員の給料は五〇〇〇メキシコ・ドルに上る補助金中より支出する。中国人隊員には政府から直接支給する。わたくしは、自動車およびその他の装備の購入の責任をもつ。

わたくしは新しい探検隊の指揮をとることを承諾し、ペキンのスエーデン・ハウスへかえった。ある晴れた日に、二人の中国人、アーヴィン・C・エウ技師と、その同僚E・E・クンがやってきた。両人は、この長途の旅行に同行するように、政府からえらばれてきたものである。それから、ナンキンからパーカー・C・チェンがやってきた。スエーデンのイェムトランドからはフンメル博士が、それからゲオルク・セーデルボムがこのたびはシカゴからやってきて、スエーデン・ハウスに姿をあらわした。モンゴル人の自動車運転手と中国人の召使を傭い入れ、ここに探検隊の全人員がそろったのである。

一九三三年一〇月二一日、わたくしたちはペキンを出発してクェイホアに向った。クェイホアではゲオルクの家が本部となり、準備が進められた。

一〇月三〇日は、第一級の喜びの日であった。朝、ベルクマンが新しい自動車をもってペキンから到着した。われわれは、たそがれの中を、わたくしの書斎にすわっていた。そこへ、チェンがやってきて、いつもの平静さをもっていった。

「ベクセルとベーケンカンプが、ゲオルクといっしょに到着しました。」

ゲオルクは三台のトラックにガソリンと荷物をのせて、ベーリ・ミャオまで運んで行ったのだった。そのかえり道で、かれはこの、長い間消息のなかった二人とそのキャラバンを発見し、荷物をラクダの背から空トラックにつみかえて、山をおりてきたのであった。かれは、かくして、前の探検隊の失われた子らをふたたび見つけて、クェイホアへつれかえることになったのである。

到着の知らせをうけて、わたくしたちは門の外の道路まで出て見た。二台のトラックが、ベクセルの採集品を積んで止っていた。暗黒のアジアの、粗野な危険な地方における四年間のはげしい仕事の

成果である。
三番目の車がちょうど角を曲ってくるところだった。ゲオルクは車輪のところに坐っていた。ほかの二人もとび出してきた。かれらはまるで追いはぎか何かのようであった。ひげはのび、ほこりにまみれ、衣服はぼろぼろだった。しかし、健康で、風雪にきたえられ、ゴビ砂漠の秋の日に、褐色にこげていた。かれらは、これからわたくしたちの行手にまちうけている野生の生活の雰囲気をもってきたようだった。かれらの足の裏にくっついてきた土ぼこりは、少くともその一部分は、未だかつて白人が足をふみこんだことのない地方の土に相違なかった。

「君たちが生きて帰ってくれたとは、全くありがたい！」

かれらはみんなに衛られて、凱旋行列のように中庭を横切って、部屋にはいった。それからはコーヒーのテーブルをかこんで、質問の十字砲火であった。なんという奇遇であろうか！　こういうことは、小説の中ででもめったに起らない。いままた新たなる探検に出ようとしているその同じ町で、しかもほぼ出発の前夜に、七年間つづいた前の探検隊がかえってきて、いま両者は結び合わされて一つの鎖となったのである。これで、現地で作業していた最後の隊員に関する心配はのぞかれた。もはや、捜索隊や救出隊を送り出そうかと思いわずらうこともなかった。アジアの最奥部への門は、広く開かれて通路をあけていた。

一一月一日には、ノリンがアンボルト捜索の旅から帰ってきた。かれは、ツァイダムで、かれの見事な地図の財宝にさらに幾葉かをつけ加える仕事をしてきた。

今やわたくしをとりまいて、一九二七年の春以来のベテランと、新しい探検隊の隊員全部とがいる。はてしなき旅に上るに先立って、またスエーデン人の一大本営が現出したわけである。

モンゴル人のセラトも、また改めて新探検隊に加わることになり、内モンゴルのかれの家から出てきた。かれは、前の探検における数年にわたる忠実さと有能ぶりに対して、スエーデンから金メダルを受け、それを胸にかざっている。

しかし、時間はたちまち過ぎてゆく。かれらはまた別れねばならぬ。二つの探検隊を数日のあいだむすびつけた結び目は、ふたたび解かれた。お別れの晩餐会でわたくしは、ペキンからスエーデンにかえる人々に対しても、わたくしとともに砂漠の奥深く苦しい旅にふたたびおもむこうとしている隊員たちのためにも、その両方の全員に対して幸福を祈った。

一一月九日、三台のトラックは準備がととのい、門の外の道路にならんだ。われわれは、温い室のベッドでの最後の一夜をすごした。つぎの朝には、われわれは霧にとざされた道路を車でゆくのである。つぎの夜には、われわれはモンゴル式のテントの中で、永遠の星のもとにねむるのである。古い、悲しい、砂漠の風の歌声が、耳に聞えてくるであろう。

訳者解説

梅棹忠夫

スウェン・ヘディン博士の名は、中央アジアの探検家として、ならぶものがないほど有名です。しかし、具体的に、どこをどのように探検したかという点になると、その全貌をつかんでいる人は、あまりたくさんはおられぬというのが、実状ではありますまいか。それは、むりもないので、ヘディンという人の活動ぶりが、あんまり大きく、かつ広すぎるのです。探検記だけでもずいぶんたくさんあって、この人の業績を一とおり理解しようと思えば、よほどの根気と旺盛なる読書力が必要なようです。訳者自身も、決してその著書をすべて読んだわけではありません。一八八七年に刊行されたといわれる最初の旅行記、ペルシャ、メソポタミアの横断記などは、まだ本も見たことがないのです。とにかく、ほとんど九〇年にわたる長い生涯の大部分を、中央アジアの探検とその成果の刊行にささげた人物のことですから、書物の上でその足跡をたどるだけでも、容易なことではありません。

ヘディンの紀行の中には、自分の経歴や過去の出来ごとなどが、なかなかたくみにちりばめてあるようです。この本の中にも、何か所もそういうところがあります。それで、本文を読めば、ヘディンの人となりや経歴については、たとえば一生独身であったことなどをもふくめて、大よそのことをうかがい知ることができるようです。しかし、ここでは念のために、若干の注釈を加えておくことにしました。

スウェン・ヘディンは、一八六五年にスエーデンのストックホルムに生まれ、一九五二年

に、やはりストックホルムでなくなりました。

スエーデンという国は、昔から、幾人もの勇敢な探検家を生み出した伝統をもった国です。伝統というものは、それを欠く人たちが永年にわたって粒々辛苦《りゅうりゅうしんく》してやっと獲得できるようなものを、その伝統の中に育ったものは生まれながらにして備えている、というたちのものです。ヘディンはすでに一五歳にして、探検家たることを決心したのでした。ちょうどその年、一八八〇年に、スエーデンの極地探検家ノルデンシェルドの指揮する探検船ヴェガ号が、大成功をおさめてかえってきたのです。ストックホルムの港でそのがいせんの盛んなありさまを見たヘディンは、この日のことを一生忘れ得ないであろうと記しています。これで、かれの一生が決ったのでした。

はじめは、ノルデンシェルドにならって、極地探検家になろうと思っていたようですが、一八八五年に、ふとしたことから、コーカサスのかなた、カスピ海のほとりのバクーに、家庭教師にゆくことになり、ここではじめてアジアの地に足をふみ入れ、アジア探検家としての第一歩をふみ出したのでした。

第一回の本格的な探検は、一八九三年にはじまります。シベリアのオレンブルグからペキンまで、四年かかって横断しました。*Through Asia*（1898）はその記録です。その途中、一八九五年にはタクラマカン砂漠を横断して遭難し、九死に一生を得てホータン・ダリヤに到達しました。このへんのところは、岩村忍教授によって、すでにわが国にも紹介されていますから、御承知の方も多いかと思います。

スウェン・ヘディン、岩村忍訳『中央アジア探検記』角川文庫九七。

なお、日本訳には、おなじ訳者による別の版もあります（創元文庫）。

第二回の探検は、一八九九年から一九〇一年にかけて、主としてチベットを目標に行なわれたが、その中心部はなお未知のままのこされていました。第三回は一九〇六年にはじまり、チベットを縦横にあるき、トランスヒマラヤ山脈を発見し、ブラーマプトラおよびインダスの水源をきわめました。このときの記録が *Transhimalaya*（1909–1913）です。この帰りに東京地学協会の招きをうけて、日本に立ち寄りました。

第四回の大探検が、本書の内容をなすもので、一九二七年にはじまる Sino-Swedish Expedition とよばれるものです。

ここで、この訳書のもととなった本について記しておきます。じつは、この訳は、一冊の本の訳ではありません。三冊の本からちぢめてつくったもので、その意味で、むしろ訳編書と言うべきでしょう。いずれも、もちろん原書はスエーデン語で書かれたものですが、この訳の底本にしたのは、つぎの英語版です。

Across the Gobi Desert. London, Routledge, 1931.

Riddles of the Gobi Desert. London, Routledge, 1933.

The Silk Road. London, Routledge, 1938.

ただし、二番目のものについては、つぎのドイツ語版も参照しました。

Rätsel der Gobi. Leipzig, Brockhaus. 1931.

中国およびスエーデンの共同主催にかかわるこの探検隊のいきさつについては、本文の中にくわしく出ていますから、ここではくりかえしません。この探検隊の記録としては、右の

三冊の本のうち、はじめの二冊がそれに当るので、この訳書も、大部分はこの二冊からとりました。ただ、最後の二章だけが、三冊目の『シルク・ロード』のはじめの部分からとってあります。

仕事なかばで、右の三冊ともすでに戦争中に日本訳が出版されたことがあるのを知って、今さらながら日本文化の消化力のたくましさに驚きました。右に対応する順序であげると、つぎのとおりです。

隅田久尾訳『ゴビ砂漠横断記——瑞・支共同科学探検——』昭和一七年、鎌倉書房刊。

福迫勇雄訳『ゴビの謎』昭和一五年、生活社刊。

高山洋吉訳『赤色ルート踏破記』昭和一四年、育生社刊。

読みくらべてみて、いろいろ教えられるところ多く、とくに隅田氏の訳は、立派なものと思いました。先人の努力に敬意を表したいと思います。すでに訳されたことのあるものを、また訳しなおすことの愚かさを思い、途中で意欲を失いかけましたが、また思いなおしました。一つには、これら戦前の訳書は、今ではほとんど手に入れ難くなっていること、また、それらの訳書は、そのままでは膨大で、この探検隊のアウトラインを知るには決して便利な本ではないこと、訳し方についても、かなり見解を異にする点があること、などの点を考えて、これはこれで存在理由があるように思ったわけです。

とにかく、この訳編書では、全体を三分の一くらいにちぢめ、しかも、記述の順序をかえたり、書きあらためたり、かなりの程度に自由に手を入れました。原著者の真意を誤って伝えることがないかとおそれています。もし、この訳書によって、この偉大な探検隊のことに

興味を持たれたならば、ぜひ右の全訳書あるいは英語版、ドイツ語版について、くわしくお読みくださるように希望します。この訳書がそういうきっかけになるならば、たいへんうれしいと思います。ただ、ひとつ付け加えておきます。右にあげた三冊の全訳書は、いずれも忠実に英語版あるいはドイツ語版によったもののようですが、その英語版、ドイツ語版は、いずれも必ずしもスエーデン語の原著の忠実な全訳ではないようです。*Riddles of the Gobi Desert* と *Rätsel der Gobi* をくらべてみますと、ずいぶんちがうのです。どちらか一方にだけしかない部分が、かなりあります。あるいは、どちらにも省略された部分が、原著にはあったかもしれません。

このときの探検については、隊長へディンのほかに、隊員たちがそれぞれ独自の立場で書いた探検記がいくつもあります。中国人隊員シュイ・ピン・チャン教授は、『西遊日記』というのを書きました。ヨーロッパ人のものでは、

Henning Haslund=Christensen, *Zajagan—Menschen und Götter in der Mongolei.* Stuttgart, 1938.

Gösta Montell, *Durch die Steppen der Mongolei.* Stuttgart, 1938.

などがあります。前者は、日本訳もあります。

ハズルンド著、内藤岩雄訳『蒙古の旅』（上・下）岩波新書八六・八七、昭和一七年、岩波書店。

後者には、英訳本もあるそうです。いずれもへディンとはまたちがった味をもち、すてきにおもしろいものです。ほかに、アンボルトの書いた『キャラバン』という本があることが、本文中に見えていますが、実物は見ていません。また、このときの紀行ではありませんが、

モンゴル公ラルソン氏の著書もあります。

　このときの探検の映画について記しておきます。撮影者はいうまでもなく、本文中で活躍するドイツ人、パウル・リーベレンツ君です。*Across the Gobi Desert* の序文では、この映画の標題は、*With Sven Hedin across the Deserts of Asia* ということになっていますが、それ以上詳しいことは書いていません。幸い、映画評論家の村上忠久氏の御教示により、つぎのようなことを知りました。一九二九年にドイツのリヒト・シュピール映画として発売されたもので、編集はスウェン・ヘディン博士、監督はワルター・ケーフェルトとなっています。題は *Through the Desert of Asia* です。日本にきたものは、題名も字幕も英語であったそうです。日本では、昭和五年に「西蔵と蒙古」の題で封切られました。御記憶の方も多いかと思います。フチェルトゥ・ゴルからウルムチまでの旅行を撮ったものでした。ヘディンの映画は、もう一つ日本にきたようですが、よくわかりません。

　ヘディンの探検の経歴について、もうすこしつづけます。さきにあげたとおり、この訳編書の基礎となったのは、三つの書物ですが、そのうち、『シルク・ロード（絹街道）』に記された内容は、いちおうこの訳書の主題となった Sino-Swedish Expedition とは別に考えたほうが、はっきりするようです。ヘディン自身は、この『シルク・ロード』の探検隊のことを、Sven Hedin's Motor Car Expedition, 1933–1935. とよんでいます。年代的には、この二つの探検隊は、ぴったり接続してしまうわけで、この訳書にも『シルク・ロード』の最初の数章を入れたのは、そのつながり具合の事情をあきらかにするためでした。ただし、年代記としては、さきの *Riddles of the Gobi Desert* が一九三〇年の記述で終り、*The Silk Road* は一九三三年から

はじまっていますから、じつは、そのあいだにはブランクがあるわけです。

この間にはさまるのが、つぎの本です。

Jehol, City of Emperors, London, 1932.

黒川武敏訳『熱河』昭和一八年、地平社刊。

これは一九三〇年に、モンテル、セーデルボムらといっしょに、熱河の承徳を訪れたときのことを書いたものですが、探検記、旅行記というよりは、一種の歴史物語の本であって、たいへん魅力のある文章で、清朝の歴史がのべられています。

さて、『シルク・ロード』の記述にうつります。Motor Car Expedition をひきいて新疆省に突入していったヘディンの一行は、首都ウルムチに入ったが、たちまち戦争の渦中にまきこまれ、監禁生活を送らねばならなくなります。数ヵ月のちにやっと釈放されて、昔のマルコ・ポーロの足跡をたどり、いわゆる絹街道を通ってかえってきました。このときの記録は、あんまり内容がたくさんで、とても一冊にはならぬことがわかったので、主題を異にする三つの部門にわけて書くことにしました。一つは、新疆の政治と戦争のこと。これが、

Big Horse's Flight. London, 1936.

小野忍訳『馬仲英の逃亡』昭和一三年、改造社。

です。つぎが、交通と道路に関すること。これが、右にあげた、

The Silk Road. 1938.

です。最後に、ヘディンが永年手がけてきた地理学上の大問題、ロプ・ノールのことをあつかった第三部が、

The Wandering Lake. London, 1940.
岩村忍・矢崎秀雄訳『彷徨《さまよ》える湖』昭和一八年、筑摩書房。

となったわけです。

じつは、はじめはこの訳編書に、Motor Car Expedition の三部作も、あら筋だけでもおさめたいと思っていたのでしたが、膨大すぎて、味もそっけもない骨ばかりのものとでもせぬかぎりは、とうていおさまりきらぬことなので、あきらめました。

この探検を終えてからは、ヘディンはずっとストックホルムにあって、その巨大な研究成果の整理と刊行とにたずさわっていたようです。学術報告は全五巻の予定で、現在刊行中です（当時）。

訳者は、まえから、現代学術探検隊の一つの典型として、この Sino-Swedish Expedition の全貌をつたえる書物をつくりたいと考えていたので、探検紀行全集の企画にこれが加えられることをたいへん喜んだのですが、さてじっさいに仕事をはじめて、往生しました。こんなややこしい探検隊の経過を、一つづきの原稿用紙の上に書くのは、容易なことではありません。いくつもの小さな隊が、おなじ時に、平行して動いていて、それがときどき、くっついたり離れたりする。隊員は何十人といるので、名まえを覚えるだけでもたいへんです。うっかり省略してすましていると、あとで話が全く通じなくなってしまう。よほど気をつけて、全体のすじがわかるようにしたつもりですが、なおわかりにくい点があるかもしれません。しかし、こういうふうなややこしさは、現代の学術探検では、まぬがれぬところです。いずれ、大部隊が一団となって行動するということは、ほとんどあり得ないのですから。

もう一つ、この訳編書をつくるに当っての感想のようなものをのべさせていただきましょう。いくらか気をつかったのは、どうすれば面白く読めるものになるかという点でした。ヘディンは、たしかに名文家で、紀行文の書き手としてはたいしたものにはちがいありませんが、その探検記は、全部が全部おもしろいというわけにはゆかぬようです。たとえば、本書の後半の材料となった *Riddles of the Gobi Desert* などは、もとの形では、ずいぶんしんきくさいもので、読むだけにもそうとうの根気が要ります。訳本で読んだという二、三の友人にたずねてみたら、みな途中で放り出しているのです。

それは一つには、これらの本の成立の事情にもよるようです。*Across the Gobi Desert* の序文によると、ヘディンは、一九二八年、探検の途中でストックホルムにかえったときにこの本をつくっているわけですが、時間がないので、その記録ノートを出版所に渡して、編集をまかせているのです。こうして、とにかく探検の前半だけの本ができ、さらに、旅行中に書きつづけられて、後半——の一部——だけを収録した別の本、*Riddles of the Gobi Desert* ができたわけです。日記風に、あんまり何でも書いてあり、しかも全体としては、一冊ずつではまとまっていないので、読む方は失望した方が多いのではないかと思います。じつは、こういう点が、わたしがこんな訳編書をつくる必要があると考えた最大の理由なのです。しかし、探検記のほんとうのおもしろさは、こくめいな記述を、地図を片手にこつこつと読んでゆくところにある、というのが訳者の意見なのですが、それに従えば、この訳編書はあまり適当なテキストではありません。そういう探検記のほんとうのファンには、やはりどうしても原著あるいは全訳を読んでいただくほかありますまい。ただし、十分の根気をもって。

この偉大なる探検家の偉大なる探検記に対しても、批判がましいことを言い出せば、わたしたちはわたしたちなりに、まだいろいろ言いたいこともあります。しかし、そういう点については、別に小論を書いてみたいと思っていますので、今は申しますまい。

この書物の舞台になっている中央アジアの探検史については、法顕、玄奘三蔵、マルコ・ポーロの昔から、書けば、長い、おもしろい物語になりましょう。じつは、*Riddles of the Gobi Desert* の introduction の章には、かなり要を得た探検史がのっているのですが、本書では割愛しました。理解をたすけるために、一つだけ書いておきます。それは、中央アジアとスエーデンとの関係です。

もともと、スエーデンという国はスカンジナビアにありながら、アジアと少なからぬ因縁があるようです。ロシヤという国の基礎をつくったのは、スエーデン人であって、Russ という言葉そのものがスエーデン人という意味だと聞いております。シベリアから東トルキスタン方面を旅行したスエーデン人は、昔から幾人もあったらしく、一八世紀には、スエーデン人の士官の手になるすぐれた地図が、いくつかつくられていたようです。こういう事情があったせいか、ヘディンには、中央アジアは、スエーデン人の伝統的な研究舞台であるという意識があったようです。われわれからみると、なんで北欧人が中央アジアの探検をしなければならぬのかと、いくらかは唐突に思えるのですが、それにはそれで歴史があったのでした。

おなじ事情がはたらいているのでしょうが、中央アジアにおけるスエーデン人の宣教師の活動ぶりは、全くおどろくべきものがあります。本書に出てくるセーデルボム君は、クェイ

ホアの生まれですが、お父さんはやはりスエーデン人の宣教師です。モンゴルの奥地に、点々と教会をたてて、中には婦人宣教師がただ一人がんばっているなどという例もあります。こういう人たちが、どれほどヘディンたちの探検をたすけ、便宜をはかったかは、はかり知れぬものがあります。また、ペキンそのほかに駐在している外交官たちの、探検に対する理解と献身的な助力も、たいへんなものでした。けっきょくは、中央アジアおよび探検ということに対する、スエーデン国民の伝統的な理解が、この大事業の成功を大きくたすけていたのでした。

探検史について、もう一つの点を記しておきましょう。今世紀のはじめころは、中央アジアの考古学的探検が最高潮に達しました。本文の中にも名まえが出てきますが、コズロフとか、オーレル・スタイン卿、フォン・ル・コック、グリュンヴェーデル、ペリオなど、多くの探検家たちが競って中央アジアに足をふみ入れ、いずれも第一級の仕事をしたのでした。そして、本書の最初の部分に見られるように、そのことがいたく中国の学者たちを刺戟《しげき》して、中国古代文化の財宝を国外に持ち出さすなという声となり、ヘディンの探検に反対する気運となったのでした。ところが、これらの多くの考古学者を中央アジアに殺到せしめたのは、じつは、ヘディンがまえにロウランなどの古代都市の遺跡を発見したからなので、ペキンにおけるトラブルは、いわばヘディン自身が何十年か前に種をまいたのだ、ということも言えそうです。

それから、さきほど触れた探検史の項の中で、ヘディンは、「イギリス人は、自分の同国人以外の先駆者はすべて無視するという、共通の特徴をそなえている」といって、すこしく

イギリス人に対する嫌味をいっています。じっさい、イギリス製のサーヴェイ・オブ・インディアの中央アジアの地図のタクラマカンのところなども、スタインのルートだけ書いてあって、ヘディンのは書いてなかったりします。しかし、わたしたちからみれば、そのヘディンの探検史が、日本人の探検を完全に無視しているのが、少々なっとくがゆきません。スタイン、ペリオとならんで、おなじ頃に中央アジアの考古学的探検に活躍した大谷探検隊の業績も、それ相応に評価されるべきだと思うのです。

　この本の中でもうかがえるように、ちょうどこの頃から、わたしたちの国と中国とは、悲しむべき関係におちこんでゆきました。戦争は何時《いつ》はてるとも知れず続きました。しかし、中央アジアの研究は中断しませんでした。ヘディンたちヨーロッパ人は帰りましたが、少なくとも東モンゴルの研究については、日本の科学者たちがバトンをひきつぎました。わたしたちも、戦争の最中にカルガンを根拠地にしてモンゴル遊牧民の研究をつづけました。カルガンにはすでに、ヘディンが滞在していたモンゴル公ラルソン氏の邸《やしき》はなく、モンゴルのステップにはすでに、スエーデン人宣教師の住む教会はありませんでした。しかし、ラクダのキャラバンは、ハミからは瓜を、トゥルファンからは乾《ほし》ブドウを積んで、あの荘重で華麗な鈴の音をひびかせながら、砂漠を越え、戦線を通って、やってきました。わたしたちは、これがヘディンの通った道、ラルソンの歩いた道、ハスルンドの行った道だと、心にかみしめながら、いくたびかモンゴルのステップに旅行をしました。時代をこえた人類の営みの根づよさと、国境をこえて流れる学問の流れをうけつぐ者のよろこびを、しみじみと痛感したことでした。今は、新しい中国の科学者たちが、りっぱに仕事をひきついでやっていることだ

ろうと想像します。

つぎに、二、三の凡例のようなことをつけ加えておきます。

まず、砂漠ということば。これはもちろん desert を訳したのですが、日本ではときどきその内容が誤って解されていますので、注釈を要すると思います。砂漠というのは、必ずしも砂の原ではないので、礫を敷きつめたようなところや、岩だらけのところもあるのです。要するに、乾燥のために植物の生え方がきわめて悪い土地のことなのです。よく想像されている砂の山は、あれは sand-dune なので、本書中には砂丘と訳してあります。

一八九五年にヘディンが遭難して九死に一生を得た有名なタクラマカンが砂の砂漠なので、よけいに中央アジアの砂漠は砂ばかりのような印象をあたえているようですが、ゴビはむしろ礫の砂漠です。わずかな草がまばらに生え、植物の目だつのは、ただギョリュウ（檉柳《ていりゅう》）科などの灌木だけです。本文中、タマリスクおよびサクサウルという名で出てくるのは、いずれもそれで、きわめて乾燥に強い植物です。もう一つ、葦 reed というのがときどき出てくるのですが、これはどの植物か決め手がありませんでした。

本文中の固有名詞の読み方は、ただ常識に従ったまでです。スエーデン人の名まえなど、ほんとうはどう読むのか知りません。中国語、モンゴル語、東トルキスタン語による地名・人名も、原文のローマ字綴《つづ》りをそのままカナにおきかえた程度のことです。ヘディンは、東トルキスタン語はじょうずであったらしいが、モンゴル語は頼りないようです。ずいぶん変な書き方をしています。しかし、よほどひどい場合をのぞいて、あまり直しませんでした。

最後に、この訳編書をつくるについて京都大学人文科学研究所の岩村忍教授からは、たえ

ず激励をうけ、いろいろ相談にのっていただきました。おなじく、藤枝晃助教授には、文献の探索など、たいそうお世話になりました。また、とにもかくにもわたしがこういう仕事をできるようにもなったのは、わたしを駆りたてて乾燥アジアの研究に向わせて下さった恩師、おなじく京大人文科学研究所の今西錦司博士のおかげです。ここに記して厚く感謝いたします。

訳者解説追記

この訳編書がはじめて出版されたのは、昭和三〇（一九五五）年二月のことである。河出書房刊『世界探検紀行全集』（全一五巻）の第一一巻としてであった。ここに収録した「解説」も、そのときかいたものであった。

その後、探検記や旅行記の全集がいくつも企画され、出版されたが、そのいずれもがヘディンの作品を収録している。たとえば、筑摩書房の『世界ノンフィクション全集』はその第一巻に「さまよえる湖」（岩村・矢崎訳）を収録し、おなじく筑摩書房の『現代世界ノンフィクション全集』はその第七巻に拙訳「ゴビ砂漠探検記」すなわち本訳編書を抄出して収録した。これらの出版のおかげで、わかい世代の読者のあいだにも、つぎつぎとヘディンの紀行の愛読者がつくりだされてきたのである。

しかし、ヘディンの探検記に関係して、日本の読書界に決定的な影響をおよぼしたのは、白水社の『ヘディン中央アジア探検紀行全集』の刊行であろう。昭和三九（一九六四）年から四一（一九六六）年にかけて、全一一巻が刊行された。深田久弥・榎一雄両氏の監修で、東洋文庫の協力ということになっている。参考までに、その内容を紹介しておく。

1　アジアの砂漠を越えて（上）　横川文雄訳
2　アジアの砂漠をこえて（下）　横川文雄訳

3　チベットの冒険　鈴木武樹訳
4　トランスヒマラヤ（上）　青木秀男訳
5　トランスヒマラヤ（下）　青木秀男訳
6　ゴビ砂漠横断　羽鳥重雄訳
7　ゴビ砂漠の謎　福田宏年訳
8　戦乱の西域を行く　宮原朗訳
9　シルクロード　西義之訳
10　さまよえる湖　関楠生訳
11　探検家としてのわが生涯　山口四郎訳

この全集の刊行によって、日本の読書界は、この大探検家の作品のほぼ全容を日本語でよむことができるようになったのである。

この訳編書と白水社版の『全集』との対応は、すでにおわかりであろう。この本の内容は、白水社版の第六巻にあたるものに、第七巻および第九巻の一部をくわえたものである。白水社版は、ドイツ語版を底本にした完訳である。

＊

さきの「解説」のなかに、アンボルトのかいた『キャラバン』という本があるらしいことをのべたが、その後、これもまた日本語訳がでていることをしった。

ユルス・アンボルト著、水野亮訳『カラヴァン――東部土耳其斯坦の旅――』昭和一七
年、東京堂。

がそれである。

また、本文中で大活躍するハスルンドに関係する本が、日本で出版されたので、紹介しておく。

服部龍太郎著『モンゴルの民謡』開明書院。

ハスルンドは、ヘディンの隊とわかれてからもモンゴル研究をつづけた。スエーデンの放送局の援助で、性能のいい野外用録音機械をもって、モンゴル各地で音楽や民謡を録音してまわった。その録音がスエーデンにのこっていたものを、服部氏が入手され、歌詞には訳をつけ、音楽的考証をくわえて、カセット・テープつきで出版されたものである。

*

もう一つ、この方面のこと――中央アジア探検のこと――をいっそうひろくしりたい人のために、つぎの本を紹介しておく。

『西域探検紀行全集』全一五巻、監修・深田久弥・江上波夫、協力・長沢和俊、白水社、
昭和四一―四二年。

一八六〇年代のアトキンソンの『ユーラシア横断紀行』から、第二次大戦前のスミグノフの『コンロン紀行』まで、各時代の探検記をおさめている。

この全集の監修者の一人、深田久弥氏は、有名な登山家であるが、同時に中央アジアの熱心な研究家であった。まえの『ヘディン中央アジア探検紀行全集』の各巻に解説を執筆されていたが、『西域探検紀行全集』では、別巻として『中央アジア探検史』という著作をだされた。中央アジアの探検の歴史が、簡潔にまとめられている。ヘディンについても一章がさかれているが、その巨大な足跡が要領よく紹介されている。

一九七七年五月

スウェン・ヘディン（1865 － 1952）

スウェーデンに生まれた世界探検史上最大の人物の一人。大学では地理学を専攻。1893年から1933年まで5回にわたる探検旅行をしたが、本書はそのうちの第4回旅行（1927～33年）をまとめたものである。天性探検家の資質に恵まれ、その生涯を中央アジアの探検と調査にささげた。厖大な著作をのこし、日本では『ヘディン中央アジア探検紀行全集』全11巻が刊行されている。

梅棹忠夫（1920 － 2010）

京都市生まれ。生態学者、民族学者。京都大学理学部動物学科卒業。大興安嶺、モンゴル、カラコラム・ヒンズークシなどの探検隊に参加。京都大学人文科学研究所教授を経て、国立民族学博物館館長。著書に『モゴール族探検記』『文明の生態史観』『知的生産の技術』ほか多数。

［監修］　井上靖・梅棹忠夫・前嶋信次・森本哲郎

［ブックデザイン］　大倉真一郎
［カバー装画・肖像画・見返しイラスト］　竹田嘉文
［編集協力］　清水浩史
［地図（見返し）］　株式会社 ESSSand（阿部ともみ）

本書は『世界探検全集12　ゴビ砂漠探検記』（1977年、小社刊）にナビゲーションを加え復刊したものです。本書には、今日の人権意識では不適切と思われる表現が使用されています。しかし、差別助長の意図がなく、資料的・歴史的価値が認められること、および著者・訳者が故人であるため表現の変更ができないことを考慮し、発表時のままといたしました。また、地名・人名をはじめとする固有名詞や用語に関しては、当時と現在とでは呼称に一部相違があるものの、前掲の事情を考慮して発表時のままといたしました。（編集部）

ACROSS THE GOBI DESERT
by Sven Hedin, 1931
RIDDLES OF THE GOBI DESERT
by Sven Hedin, 1933
THE SILK ROAD
by Sven Hedin, 1938

世界探検全集 12
ゴビ砂漠探検記

2023 年 2 月 18 日　初版印刷
2023 年 2 月 28 日　初版発行

著　者　スウェン・ヘディン
訳　者　梅棹忠夫
発行者　小野寺優
発行所　株式会社河出書房新社
〒151-0051
東京都渋谷区千駄ヶ谷 2-32-2
電話 03-3404-1201（営業）
03-3404-8611（編集）
https://www.kawade.co.jp/

印　刷　株式会社亨有堂印刷所
製　本　加藤製本株式会社

Printed in Japan
ISBN978-4-309-71192-8

世界探検全集

01 **東方見聞録**
マルコ・ポーロ　青木富太郎（訳）

02 **三大陸周遊記**
イブン・バットゥータ　前嶋信次（訳）

03 **アジア放浪記**
フェルナン・メンデス・ピント　江上波夫（訳）

04 **カムチャツカからアメリカへの旅**
ゲオルク・ヴィルヘルム・シュテラー　加藤九祚（訳）

05 **ニジェール探検行**
マンゴ・パーク　森本哲郎・廣瀬裕子（訳）

06 **アマゾン探検記**
ウィリアム・ルイス・ハーンドン　泉靖一（訳）

07 **天山紀行**
ピョートル・セミョーノフ＝チャン＝シャンスキイ
樹下節（訳）

08 **アフリカ探検記**
デイヴィッド・リヴィングストン　菅原清治（訳）

09 **黄河源流からロプ湖へ**
ニコライ・プルジェワルスキー　加藤九祚（訳）

10 **世界最悪の旅**
アプスレイ・チェリー＝ガラード　加納一郎（訳）

11 **恐竜探検記**
ロイ・チャップマン・アンドリュース
斎藤常正（監訳）　加藤順（訳）

12 **ゴビ砂漠探検記**
スウェン・ヘディン　梅棹忠夫（訳）

13 **中央アジア自動車横断**
ジョルジュ・ル・フェーヴル　野沢協・宮前勝利（訳）

14 **コン・ティキ号探検記**
トール・ヘイエルダール　水口志計夫（訳）

15 **エベレスト登頂**
ジョン・ハント　田辺主計・望月達夫（訳）

16 **石器時代への旅**
ハインリヒ・ハラー　近藤等・植田重雄（訳）

バイカル湖
イルクーツク
Sven Hedin
ACROSS THE GOBI DESERT,
RIDDLES OF THE GOBI DESERT,
THE SILK ROAD
リヤスタイ
ウルガ（ウランバートル）
外モンゴル
ゴビ砂漠
ソホ・ノール＆ガジュン・ノール
ミンシュイ峠
フチェルトゥ・ゴル
パオトウ（包頭）
カルガン（張家口）
ンホア（敦煌）
スーチョウ（酒泉）
タートゥン（大同）
ペキン（北京）
ティエンツィン（天津）
ニンシア（宁夏）
タイユアン（太原）
黄河
ランチョウ（蘭州）
凡例
ヘディンの経路
その他の隊員の経路